불자의 길

정 엄 편 저

불자의 길

부처님의 가르침을 알고자 하는
모두를 위한 안내서

리즈앤북
ries & book

인간으로 태어나는 것도 어렵고,
인간으로 살아가는 것도 어렵다.

진리를 듣는 것은 더욱 어렵고,
깨닫고 일어나 따르는 것은 더더욱 어렵다.

그러나 가르침은 단순하다.
악행을 멈추고 선행을 익히라.
그러면 마음이 정화되리라

말이나 행동으로 남을 해치지 마라.
알맞게 섭생하라.
내면의 고독 안에서 살라.
가장 깊이 있는 의식을 추구하라.

이것이 가르침이다.

《법구경》

불자들의 5대 신행 목표

1. 삼보에 귀의하고
   정법正法을 배우는 불자를 육성한다.

2. 기복불교를 탈피하고
   교양 있는 불자를 양성한다.

3. 사회를 바르게 이끌어갈
   능력 있는 인재를 육성한다.

4. 불교의 대중화를 선도할
   책임 있는 인재를 배출한다.

5. 불심으로 효를 행하고
   화합하는 불자를 양성한다.

불자들의 열 가지 다짐

1. 나는 불공에 꼭 참석하는 불자가 되겠습니다.

2. 나는 어디서나 포교하는 불자가 되겠습니다.

3. 나는 불교를 배워 지혜로운 불자가 되겠습니다.

4. 나는 바른 진리를 굳게 믿는 불자가 되겠습니다.

5. 나는 진심으로 기도하는 불자가 되겠습니다.

6. 나는 매일 경전을 읽는 불자가 되겠습니다.

7. 나는 목표를 꼭 달성하는 불자가 되겠습니다.

8. 나는 대중들과 화합하는 불자가 되겠습니다.

9. 나는 지역에서 봉사하는 불자가 되겠습니다.

10. 나는 모두에게 회향하는 불자가 되겠습니다.

나는 자비보살이 되겠습니다

부처님 나는 누군가에게
　행복을 수는 사람이 되겠습니다.
부처님 나는 누군가에게
　기쁨을 주는 사람이 되겠습니다.
부처님 나는 누군가에게
　신뢰, 믿음을 주는 사람이 되겠습니다.
부처님 나는 누군가에게
　도움을 주는 사람이 되겠습니다.
부처님 나는 누군가에게
　이익이 되는 사람이 되겠습니다.
그러므로 나는 자비보살이 되겠습니다.
　보살행을 행하여 금생에 성불하겠습니다.

부처님 감사합니다.
부처님 가르침에 감사합니다.
스님 감사합니다.

도반님 성불하세요.

| 차례 |

제1장 사시 불공 · 축원

제2장 아미타경(우리말)

제3장 기도하는 법

제10장 찬불가

제1장 사시 불공·축원

〈백제 금동 용봉봉래산 향로〉

1. 보례진언 普禮眞言

아금일신중 我今一身中	제가 이제 한 몸에서
즉현무진신 卽現無盡身	지금 즉시 무수한 몸을 내어
변재삼보전 遍在三寶前	어느 곳, 어느 때나 계신 삼보님
일일무수례 一一無數禮	한 분 한 분께 절을 올립니다.

옴 바아라 믹 (3번)

* 보례진언은 '두루 예를 올리는 참된 말'이라는 뜻입니다. 불법승 삼보께서는 모든 시공간에 두루 계십니다. 내가 하나의 몸이 아닌 한량없는 몸이 되어 한량없는 삼보님 한 분 한 분께 절을 올립니다.

2. 천수경 千手經

淨口業眞言	정구업진언
(구업을 청정케 하는 진언)	수리수리 마하수리 수수리 사바하 (3번)

五方內外安慰諸神眞言	오방내외안위제신진언
(모든 생명들을 편안하게 하는 진언)	나무 사만다 못다남 옴 도로도로 지미 사바하(3번)

開經偈 (경전을 펴는 게송)	개경게
무상심심미묘법 無上甚深微妙法	위없이 심히 깊은 미묘한 법을
백천만겁난조우 百千萬劫難遭遇	백천만겁 지난들 어찌 만나리
아금문견득수지 我今聞見得受持	제가 이제 보고 듣고 받아 지니니
원해여래진실의 願解如來眞實義	부처님의 진실한 뜻 알아지이다.

開法藏眞言
(가르침을 여는 진언)

개법장진언
옴 아라남 아라다 (3번)

천수천안 관자재보살 광대원만 천수천안 관음보살
千手千眼 觀自在菩薩 廣大圓滿 광대하고 원만하며

무애대비심 대다라니
無碍大悲心 大陀羅尼
걸림 없는 대비심의
다라니를 청하옵니다.

啓請　　　　　　　　계청

계수관음대비주
稽首觀音大悲呪
자비로운 관세음께 절하옵나니

원력홍심상호신
願力弘深相好身
크신 원력 원만상호 갖추시옵고

천비장엄보호지
千臂莊嚴普護持
천 손으로 중생들을 거두시오며

천안광명변관조
千眼光明遍觀照
천 눈으로 광명 비춰 두루 살피네.

진실어중선밀어
眞實語中宣密語
진실하온 말씀 중에 다라니 펴고

무위심내기비심
無爲心內起悲心
함이 없는 마음 중에 자비심 내어

속령만족제희구
速令滿足諸希求
온갖 소원 지체 없이 이뤄주시고

영사멸제제죄업
永使滅除諸罪業
모든 죄업 길이길이 없애주시네.

천룡중성동자호
天龍衆聖同慈護
천룡들과 성현들이 옹호하시고

백천삼매돈훈수
百千三昧頓薰修
백천 삼매 한순간에 이루어지니

수지신시광명당
受持身是光明幢
이 다라니 지닌 몸은 광명당이요

수지심시신통장
受持心是神通藏
이 다라니 지닌 마음 신통장이라

세척진로원제해
洗滌塵勞願濟海
모든 번뇌 씻어내고 고해를 건너

초증보리방편문
超證菩提方便門
보리도의 방편 문을 얻게 되오며

아금칭송서귀의
我今稱誦誓歸依
제가 이제 지송하고 귀의하오니

소원종심실원만
所願從心悉圓滿
온갖 소원 마음 따라 이뤄지이다.

나무대비관세음
南無大悲觀世音
자비하신 관세음께 귀의하오니

원아속지일체법
願我速知一切法
일체법을 어서 속히 알아지이다.

나무대비관세음
南無大悲觀世音　　자비하신 관세음께 귀의하오니

원아조득지혜안
願我早得智慧眼　　지혜의 눈 어서어서 얻어지이다.

나무대비관세음
南無大悲觀世音　　자비하신 관세음께 귀의하오니

원아속도일체중
願我速度一切衆　　모든 중생 어서 속히 건네지이다.

나무대비관세음
南無大悲觀世音　　자비하신 관세음께 귀의하오니

원아조득선방편
願我早得善方便　　좋은 방편 어서어서 얻어지이다.

나무대비관세음
南無大悲觀世音　　자비하신 관세음께 귀의하오니

원아속승반야선
願我速乘般若船　　지혜의 배 어서 속히 올라지이다.

나무대비관세음
南無大悲觀世音　　자비하신 관세음께 귀의하오니

원아조득월고해
願我早得越苦海　　고통 바다 어서어서 건너지이다.

나무대비관세음
南無大悲觀世音　　자비하신 관세음께 귀의하오니

원아속득계정도
願我速得戒定道
계정혜를 어서 속히 얻어지이다.

나무대비관세음
南無大悲觀世音
자비하신 관세음께 귀의하오니

원아조등원적산
願我早登圓寂山
열반 언덕 어서어서 올라지이다.

나무대비관세음
南無大悲觀世音
자비하신 관세음께 귀의하오니

원아속회무위사
願我速會無爲舍
무위 집에 어서 속히 들어지이다.

나무대비관세음
南無大悲觀世音
자비하신 관세음께 귀의하오니

원아조동법성신
願我早同法性身
진리의 몸 어서어서 이뤄지이다.

六向文　　　　　　△ 육향문

아약향도산 도산자최절
我若向刀山 刀山自摧折
칼산 지옥 제가 가면
칼산 절로 꺾이고

아약향화탕 화탕자고갈
我若向火湯 火湯自枯渴
화탕 지옥 제가 가면
화탕 절로 사라지며

아약향지옥　지옥자소멸　　지옥 세계 제가 가면
我若向地獄　地獄自消滅　　지옥 절로 없어지고

아약향아귀　아귀자포만　　아귀 세계 제가 가면
我若向餓鬼　餓鬼自飽滿　　아귀 절로 배부르며

아약향수라　악심자조복　　수라 세계 제가 가면
我若向修羅　惡心自調伏　　악한 마음 선해지고

아약향축생　자득대지혜　　축생 세계 제가 가면
我若向畜生　自得大智慧　　지혜 절로 얻어지이다.

南無 觀世音菩薩 摩訶薩　　나무 관세음보살 마하살

南無 大勢至菩薩 摩訶薩　　나무 대세지보살 마하살

南無 千手菩薩 摩訶薩　　나무 천수보살 마하살

南無 如意輪菩薩 摩訶薩　　나무 여의륜보살 마하살

南無 大輪菩薩 摩訶薩　　나무 대륜보살 마하살

南無 觀自在菩薩 摩訶薩　　나무 관자재보살 마하살

南無 正趣菩薩 摩訶薩　　나무 정취보살 마하살

南無 滿月菩薩 摩訶薩　　나무 만월보살 마하살

南無 水月菩薩 摩訶薩　　나무 수월보살 마하살

南無 軍茶利菩薩 摩訶薩　　나무 군다리보살 마하살

南無 十一面菩薩 摩訶薩　　나무 십일면보살 마하살

南無 諸大菩薩 摩訶薩　　나무 제대보살 마하살

南無 本師阿彌陀佛　　나무 본사아미타불 (3번)

신묘장구대다라니 神妙章句 大陀羅尼

나모 라 다나다라 야야 나막알약 바로기제
새바라야 모지 사다바야 마하 사다바야 마하
가로 니가야

옴ॐ

살바 바예수 다라나 가라야 다사명 나막 가
리다바 이맘알야 바로기제 새바라 다바 니라
간타 나막 하리나야 마발다 이사미 살발타
사다남 수반 아예염 살바 보다남 바바말야
미수다감 다냐타

옴ॐ

아로계 아로가 마지로가 지가란제 혜혜하례
마하모지 사다바 사마라 사마라 하리나야 구
로구로 갈마 사다야 사다야 도로도로 미연
제 마하미연제 다라다라 다린 나례 새바라
자라자라 마라 미마라 아마라 몰제 예 혜혜

로계 새바라 라아 미사미 나사야 나베 사미사
미 나사야 모하자라 미사미 나사야 호로호로
마라호로 하례 바나마 나바 사라사라 시리시
리 소로소로 못쟈못쟈 모다야 모다야 매다라
아 니라간나 가마사 날사남 바라 하리나야 마
낙 사바하

싯다야 사바하 마하싯다야 사바하
싯다유예 새바라야 사바하
니라간타야 사바하
바라하 목카싱하 목카야 사바하
바나마 하따야 사바하
자가 라 욕다야 사바하
상카섭나네 모다나야 사바하
마하라 구타다라야 사바하
바마사간타 이사시체다 가릿나 이나야 사바하
먀가라 잘마 이바사나야 사바하

나모 라 다나다라 야야 나막알야
바로기제 새바라야 사바하 (3번)

四方讚 △ 사방찬
(사방이 깨끗해졌음을 찬탄하는 글)

일쇄동방결도량　　　동방에 물 뿌리니 도량이 맑고
一灑東方潔道場

이쇄남방득청량　　　남방에 물 뿌리니 청량 얻으며
二灑南方得淸凉

삼쇄서방구정토　　　서방에 물 뿌리니 정토 이루고
三灑西方俱淨土

사쇄북방영안강　　　북방에 물 뿌리니 평안해지네.
四灑北方永安康

道場讚 △ 도량찬
(청정한 도량을 찬탄하는 글)

도량청정무하예　　　온 도량이 청정하여 티끌 없으니
道場淸淨無瑕穢

삼보천룡강차지　　　삼보천룡 이 도량에 강림하시네
三寶天龍降此地

아금지송묘진언　　　제가 이제 묘한 진언 외우옵나니
我今持誦妙眞言

원사자비밀가호　　　대자대비 베푸시어 가호하소서
願賜慈悲密加護

懺悔偈   △ 참회게
(나쁜 행위를 뉘우치는 글)

아석소조제악업
我昔所造諸惡業   지난 세월 제가 지은 모든 악업은

개유무시탐진치
皆有無始貪瞋癡   옛적부터 탐진치로 말미암아서

종신구의지소생
從身口意之所生   몸과 말과 생각으로 지었사오니

일체아금개참회
一切我今皆懺悔   제가 이제 모든 죄업 참회합니다.

懺除業障十二尊佛   △ 참제업장십이존불
(열두 부처님을 부르면 업장이 소멸되는 참회법)

南無懺除業障 寶勝藏佛	나무참제업장 보승장불
寶光王 火焰照佛	보광왕 화렴조불
一切香華 自在力王佛	일체향화 자재력왕불
百億恒河沙 決定佛	백억항하사 결정불
振威德佛	진위덕불
金剛堅强 消伏壞散佛	금강견강 소복괴산불
寶光月殿 妙音尊王佛	보광월전 묘음존왕불
歡喜藏摩尼 寶積佛	환희장마니 보적불
無盡香 勝王佛 獅子月佛	무진향 승왕불 사자월불
歡喜 莊嚴珠王佛	환희 장엄주왕불
帝寶幢 摩尼勝光佛	제보당 마니승광불

十惡懺悔
(열 가지 나쁜 업을 참회)

△ 십악참회

살생중죄 금일참회
殺生重罪 今日懺悔

살생으로 지은 죄업
참회합니다

투도중죄 금일참회
偸盜重罪 今日懺悔

도둑질로 지은 죄업
참회합니다

사음중죄 금일참회
邪淫重罪 今日懺悔

사음으로 지은 죄업
참회합니다

망어중죄 금일참회
妄語重罪 今日懺悔

거짓말로 지은 죄업
참회합니다

기어중죄 금일참회
綺語重罪 今日懺悔

꾸민 말로 지은 죄업
참회합니다

양설중죄 금일참회
兩舌重罪 今日懺悔

이간질로 지은 죄업
참회합니다

악구중죄 금일참회
惡口重罪 今日懺悔

악한 말로 지은 죄업
참회합니다

탐애중죄 금일참회
貪愛重罪 今日懺悔

탐욕으로 지은 죄업
참회합니다

진에중죄 금일참회
瞋恚重罪 今日懺悔

성냄으로 지은 죄업
참회합니다

치암중죄 금일참회
癡暗重罪 今日懺悔

어리석어 지은 죄업
참회합니다

백겁적집죄 일념돈탕제
百劫積集罪 一念頓蕩除

오랜 세월 쌓인 죄업
한 생각에 없어지니

여화분고초 멸진무유여
如火焚枯草 滅盡無有餘

마른풀이 타버리듯
남김없이 사라지네

죄무자성 종심기
罪無自性 從心起

죄의 자성 본래 없어
마음 따라 일어나니

심약멸시 죄역망
心若滅是 罪亦亡

마음이 사라지면
죄도 함께 없어지네

죄망심멸 양구공
罪亡心滅 兩俱空

모든 죄가 없어지고
마음조차 사라져서

시즉명위 진참회
是卽名爲 眞懺悔

죄와 마음 공해지면
진실한 참회라네

懺悔眞言　　　　　　　　참회진언
(죄업을 뉘우치는 진언)

옴 살바 못자 모지 사다야 사바하 (3번)

준제공덕취
准提功德聚　　　준제주는 모든 공덕 보고이어라

적정심상송
寂靜心常誦　　　고요한 마음으로 항상 외우면

일체제대난
一切諸大難　　　이 세상 온갖 재난

무능침시인
無能侵是人　　　침범 못하리

천상급인간
天上及人間　　　하늘이나 사람이나 모든 중생이

수복여불등
受福如佛等　　　부처님과 다름없는 복을 받으니

우차여의주
遇此如意珠　　　이와 같은 여의주를 지니는 이는

정획무등등
定獲無等等　　　결정코 최상의 법 이루오리라

南無 七俱胝　　　나무 칠구지

佛母 大准提菩薩　불모 대준제보살 (3번)

淨法界眞言	정법계진언
(법계를 맑게 하는 진언)	옴 람 (3번)

護身眞言	호신진언
(몸을 보호하는 진언)	옴 치림 (3번)

觀世音菩薩 本心微妙 六字大明王眞言	관세음보살 본심미묘 육자대명왕진언
	옴 마니 반메 훔 (3번)

准提眞言
(준제보살 진언)

준제진언

나무 사다남 삼먁삼못다
구치남 다냐타
옴 자례주례 준제 사바하 부림 (3번)

아금지송 대준제
我今持誦 大准提

제가 이제 준제주를 지송하오니

즉발보리 광대원
卽發菩提 廣大願

보리심을 발하오며 큰 원 세우고

원아정혜 속원명
願我定慧 速圓明

선정지혜 어서 속히 밝아지오며

원아공덕 개성취
願我功德 皆成就

모든 공덕 남김없이 성취하옵고

원아승복 변장엄
願我勝福 遍莊嚴

수승한 복 두루두루 장엄하오며

원공중생 성불도
願共衆生 成佛道

모든 중생 깨달음을 이뤄지이다

如來十大發願文 여래십대발원문
(부처님께 열 가지 실천을 다짐)

원아영리 삼악도
願我永離 三惡道　　원하오니 삼악도를 길이 여의고

원아속단 담진치
願我速斷 貪瞋癡　　탐진치 삼독심을 속히 끊으며

원아상문 불법승
願我常聞 佛法僧　　불법승 삼보 이름 항상 듣고서

원아근수 계정혜
願我勤修 戒定慧　　계정혜 삼학도를 힘써 닦으며

원아항수 제불학
願我恒修 諸佛學　　부처님을 따라서 항상 배우고

원아불퇴 보리심
願我不退 菩提心　　원컨대 보리심에 항상 머물며

원아결정 생안양
願我決定 生安養　　결국에는 극락세계 가서 태어나

원아속견 아미타
願我速見 阿彌陀　　아미타 부처님을 친견하옵고

원아분신 변진찰
願我分身 遍塵刹　　온 세계 모든 국토 몸을 나투어

원아광도 제중생
願我廣度 諸衆生　　모든 중생 빠짐없이 건져지이다

發四弘誓願
(네 가지 큰 서원)

발사홍서원

중생무변 서원도
衆生無邊 誓願度

가없는 중생을 건지오리다

번뇌무진 서원단
煩惱無盡 誓願斷

끝없는 번뇌를 끊으오리다

법문무량 서원학
法門無量 誓願學

한없는 법문을 배우오리다

불도무상 서원성
佛道無上 誓願成

위없는 불도를 이루오리다

자성중생 서원도
自性衆生 誓願度

자성의 중생을 건지오리다

자성번뇌 서원단
自性煩惱 誓願斷

자성의 번뇌를 끊으오리다

자성법문 서원학
自性法門 誓願學

자성의 법문을 배우오리다

자성불도 서원성
自性佛道 誓願成

자성의 불도를 이루오리다

發願已 歸命禮三寶
발원이 귀명례삼보

제가 이제 삼보님께
귀명합니다

나무상주 시방불
南無常住 十方佛

시방세계 부처님께 귀명합니다

나무상주 시방법
南無常住 十方法

시방세계 가르침에 귀명합니다

나무상주 시방승
南無常住 十方僧

시방세계 스님들께 귀명합니다
(3번)

淨三業眞言
(삼업을 깨끗하게
맑히는 진언)

정삼업진언

옴 사바바바 수다살바 달마
사바바바 수도함 (3번)

開壇眞言
(법의 단을 여는 진언)

개단진언

옴 바아라 뇌아로 다가다야
삼마야 바라베 사야훔 (3번)

建壇眞言
(법의 단을 세우는 진언)

건단진언

옴 난다난다 나지나지 난다
바리 사바하 (3번)

淨法界眞言
(법계를 깨끗하게 하는 진언)

정법계진언

나자색선백 공점이엄지 羅字色鮮白 空點以嚴之	비단 천에 펼친 옴자 둥근 점을 장엄하니
여피계명주 치지어정상 如彼髻明珠 置之於頂上	상투 위의 구슬처럼 머리 위에 올렸어라
진언동법계 무량중죄제 眞言同法界 無量衆罪除	진언 법계 하나 되어 무량한 죄 소멸하네
일체촉예처 당가차자문 一切觸穢處 當加此字門	오탁악세 일체 경계 옴자로 청정하네
	나무 사만다 못다남 남 (3번)

3. 화엄경 약찬게 華嚴經 略纂偈

대방광불화엄경 용수보살약찬게 나무화장세계해
大方廣佛華嚴經 龍樹菩薩略纂偈 南無華藏世界海

비로자나진법신 현재설법노사나 석가모니제여래
毘盧遮那眞法身 現在說法盧舍那 釋迦牟尼諸如來

과거현재미래세 시방일체제대성 근본화엄전법륜
過去現在未來世 十方一切諸大聖 根本華嚴轉法輪

해인삼매세력고 보현보살제대중 집금강신신중신
海印三昧勢力故 普賢菩薩諸大衆 執金剛神身衆神

족행신중도량신 주성신중주지신 주산신중주림신
足行神衆道場神 主城神衆主地神 主山神衆主林神

주약신중주가신 주하신중주해신 주수신중주화신
主藥神衆主稼神 主河神衆主海神 主水神衆主火神

주풍신중주공신 주방신중주야신 주주신중아수라
主風神衆主空神 主方神衆主夜神 主晝神衆阿修羅

가루라왕긴나라 마후라가야차왕 제대용왕구반다
迦樓羅王緊那羅 摩睺羅伽夜叉王 諸大龍王鳩槃茶

건달바왕월천자 일천자중도리천 야마천왕도솔천
乾達婆王月天子 日天子衆忉利天 夜摩天王兜率天

화락천왕타화천 대범천왕광음천 변정천왕광과천
化樂天王他化天 大梵天王光音天 遍淨天王廣果天

대자재왕불가설 보현문수대보살 법혜공덕금강당
大自在王不可說 普賢文殊大菩薩 法慧功德金剛幢

금강장급금강혜 광염당급수미당 대덕성문사리자
金剛藏及金剛慧 光焰幢及須彌幢 大德聲聞舍利子

급여비구해각등 우바새장우바이 선재동자동남녀
及與比丘海覺等 優婆塞長優婆夷 善財童子童男女

기수무량불가설 선재동자선지식 문수사리최제일
其數無量不可說 善財童子善知識 文殊舍利最第一

덕운해운선주승 미가해탈여해당 휴사비목구사선
德雲海雲善住僧 彌伽解脫與海幢 休舍毘目瞿沙仙

승열바라자행녀 선견자재주동자 구족우바명지사
勝熱婆羅慈行女 善見自在主童子 具足優婆明智士

법보계장여보안 무염족왕대광왕 부동우바변행외
法寶髻長與普眼 無厭足王大光王 不動優婆遍行外

우바라화장자인 바시라선무상승 사자빈신바수밀
優婆羅華長者人 婆施羅船無上勝 獅子嚬伸婆須密

비실지라거사인 관자재존여정취 대천안주주지신
毘瑟祇羅居士人 觀自在尊與正趣 大天安住主地神

바산바연주야신 보덕정광주야신 희목관찰중생신
婆珊婆演主夜神 普德淨光主夜神 喜目觀察眾生神

보구중생묘덕신　적정음해주야신　수호일체주야신
普救衆生妙德神　寂靜音海主夜神　守護一切主夜神

개부수화주야신　대원정진력구호　묘덕원만구바녀
開敷樹華主夜神　大願精進力救護　妙德圓滿瞿婆女

마야부인천수광　변우동자중예각　현승견고해탈장
摩耶夫人天主光　遍友童子衆藝覺　賢勝堅固解脫長

묘월장자무승군　최적정바라문자　덕생동자유덕녀
妙月長者無勝軍　最寂靜婆羅門者　德生童子有德女

미륵보살문수등　보현보살미진중　어차법회운집래
彌勒菩薩文殊等　普賢菩薩微塵衆　於此法會雲集來

상수비로자나불　어연화장세계해　조화장엄대법륜
常隨毘盧遮那佛　於蓮華藏世界海　造化莊嚴大法輪

시방허공제세계　역부여시상설법　육육육사급여삼
十方虛空諸世界　亦復如是常說法　六六六四及與三

일십일일역부일　세주묘엄여래상　보현삼매세계성
一十一一亦復一　世主妙嚴如來相　普賢三昧世界成

화장세계노사나　여래명호사성제　광명각품문명품
華藏世界盧舍那　如來名號四聖諦　光明覺品問明品

정행현수수미정　수미정상게찬품　보살십주범행품
淨行賢首須彌頂　須彌頂上偈讚品　菩薩十住梵行品

발심공덕명법품　불승야마천궁품　야마천궁게찬품
發心功德明法品　佛昇夜摩天宮品　夜摩天宮偈讚品

십행품여무진장 불승도솔천궁품 도솔천궁게찬품
十行品與無盡藏 佛昇兜率天宮品 兜率天宮偈讚品

십회향급십지품 십정십통십인품 아승지품여수량
十回向及十地品 十定十通十忍品 阿僧祇品與壽量

보살주처불부사 여래십신상해품 여래수호공덕품
菩薩住處佛不思 如來十身相海品 如來隨好功德品

보현행급여래출 이세간품입법계 시위십만게송경
普賢行及如來出 離世間品入法界 是爲十萬偈頌經

삼십구품원만교 풍송차경신수지 초발심시변정각
三十九品圓滿教 諷誦此經信受持 初發心時便正覺

안좌여시국토해 시명비로자나불
安坐如是國土海 是名毘盧遮那佛

화엄경 유심게

약인욕요지
若人欲了知
만약 어떤 사람이

삼세일체불
三世一切佛
삼세의 부처님을 알고자 하면

응관법계성
應觀法界性
마땅히 법계의 성품을 보라

일체유심조
一切唯心造
모든 것은 마음이 만든다

4. 의상조사 법성게義湘祖師 法性偈

법성원융무이상　　진리는 원융하여
法性圓融無二相　　차별이 없는 자리

제법부동본래적　　모든 법 본래부터
諸法不動本來寂　　여여한 그 자리

무명무상절일체　　이름과 형상으로
無名無相絶一切　　어떻게 표현하리

증지소지비여경　　아는 이 있다면은
證智所知非餘境　　깨달은 도인일세

진성심심극미묘　　진리는 깊고 깊어
眞性甚深極微妙　　미묘의 극치인데

불수자성수연성　　한자리 고집 않고
不守自性隨緣成　　인연을 따르니

일중일체다중일　　하나 속에 다 있고
一中一切多中一　　모두 속에 하나 있어

일즉일체다즉일　　하나가 일체이고
一卽一切多卽一　　일체가 하나 되니

일미진중함시방　　한 티끌 가운데에
一微塵中含十方　　대우주 잉태하고

일체진중역여시
一切塵中亦如是
대우주 티끌마다
낱낱이 또한 같네

무량원겁즉일념
無量遠劫卽一念
아득한 긴 세월이
한 생각 찰나이고

일념즉시무량겁
一念卽是無量劫
찰나인 한 생각이
무량겁 세월이니

구세십세호상즉
九世十世互相卽
다른 듯 구세 십세
섞이어 서로 하나

잉불잡란격별성
仍不雜亂隔別成
얽힌 듯 산란한 듯
뚜렷한 만상이네

초발심시변정각
初發心時便正覺
초발심 그 순간이
정각의 근본이고

생사열반상공화
生死涅槃常共和
생사와 열반의 길
똑같은 하나 되니

이사명연무분별
理事冥然無分別
본체와 현상계가
있는 듯 분별 없고

십불보현대인경
十佛普賢大人境
부처님과 보살들의
경계일세

능인해인삼매중
能仁海印三昧中
부처님 해인삼매
가운데

번출여의부사의
繁出如意不思議
늘상 부사의
여의주를 뽑아내어

우보익생만허공　　모든 중생 이익되게
雨寶益生滿虛空　　법계에 충만해

중생수기득이익　　각자의 그릇 따라
衆生隨器得利益　　양식을 받아가네

시고행자환본제　　수행자 깨달음을
是故行者還本際　　얻고자 할진데

파식망상필부득　　망상심 쉬지 않고
叵息妄想必不得　　어찌 깨달을고

무연선교착여의　　조건 없는 방편으로
無緣善巧捉如意　　여의주 잡아 쥐면

귀가수분득자량　　영원한 고향 길에
歸家隨分得資糧　　노자를 얻는 걸세

이다라니무진보　　고향에 돌아온 후
以陀羅尼無盡寶　　다라니 보배로써

장엄법계실보전　　법계를 장엄하고
莊嚴法界實寶殿　　보배궁전 세우고서

궁좌실제중도상　　마침내 중도의
窮坐實際中道床　　사자좌에 앉았으니

구래부동명위불　　옛부터 거룩한
舊來不動名爲佛　　부처님일세

法性圓融無二相　諸法不動本來寂
無名無相絶一切　證智所知非餘境
真性甚深極微妙　不守自性隨緣成
一中一切多中一　一卽一切多卽一
一微塵中含十方　一切塵中亦如是
無量遠劫卽一念　一念卽是無量劫
九世十世互相卽　仍不雜亂隔別成
初發心時便正覺　生死涅槃常共和
理事冥然無分別　十佛普賢大人境
能仁海印三昧中　繁出如意不思議
雨寶益生滿虛空　衆生隨器得利益
是故行者還本際　叵息妄想必不得
無緣善巧捉如意　歸家隨分得資糧
以陀羅尼無盡寶　莊嚴法界實寶殿
窮坐實際中道床　舊來不動名爲佛

〈화엄일승법계도〉

5. 관세음보살님을 법회에 청함擧佛

나~~무~~
원통교주 관세음보살 (큰절)

나~~무~~
도량교주 관세음보살 (큰절)

나~~무~~
원통회상 제불제보살 (큰절)

보소청진언普召請眞言
나무 보보제리 가리다리 다타다야 (3번)

6. 관음청觀音請

우러러 생각건대 대성인이신
관세음보살님 자비로운 그 모습은
그지없이 미묘하고
넓고크신 자비원력 한량없이 깊으셔라.

중생들을 접인코자 아미타불 극락정토
어느때나 머무시어 적정삼매 드시오며
흰꽃피는 연화도량 잠시라도 떠나잖코
중생들의 찾는소리 하나하나 응하시어
온누리에 거룩한몸 나투시네.

누구라도 정성다해 공양하고 발원하면
자비롭고 자재하신 신력으로 구하는바
이루도록 가피를 내려주시는
감사하신 관세음보살님

○○사寺에서

오늘 사시(관음)불공 동참 발원자,
설판불공 동참 발원자, 백일 · 천일 불공,
인등 · 칠성단인등 · 신중단인등,
건립불사 동참 발원제자들과
정각사 대법당에 모인 불자들이
모든 소원 이루고자 법의자리 마련하고
관음보살님께 정성공양 올리면서
지극정성으로 청합니다.

일주향을 사르어서 일심정성 올리오니
열기없는 향이오나 온누리에 널리퍼져
달빛같은 거룩한빛 고루고루 비추어 주소서.
간절한 정성 모아 일심으로 청합니다.

나무 일심봉청

거룩하신 관세음께 일심으로 청합니다.
푸른물결 넘실대는 해안강변 외로운곳
모나락가 산허리의 백화도량 교주시여
서른둘의 응화신과 열네가지 무외력과
네가지의 부사의덕 걸림없이 쓰시올제
팔만사천 삭가라수 팔만사천 모다라비
팔만사천 맑은눈매 원만하게 갖추시고
자비롭고 지엄하신 온갖모습 나투시어
중생들의 원하는것 고루고루 응하시며
온갖고통 없애주고 즐거운일 베푸시는
대자대비 대성자모 백의관음 보살님께
엎드려서 원하오니 크나크신 자비로써
소원성취도량 정각사에 강림하시어
저희들의 정성공양 받아주소서.

쌀공양 향공양 꽃공양 떡공양 과일공양
온갖공양 올리면서 지극정성으로 청하옵니다.

淨法界眞言   정법계진언

옴람 (7번)

공양시방 조어사
연양청정 미묘법
삼승사과 해탈승

오늘 대자비로 저희들의
정성공양 받아주소서(3번)

향수나열 재자건성 욕구공양지주원
수장가지지변화 앙유삼보 특사가지

나무시방불
나무시방법
나무시방승

無量威德 自在光明   무량위덕 자재광명
勝妙力 變食眞言   승묘력 변식진언

나막 살바다타 아다 바로기제
옴 삼마라 삼마라 훔 (3번)

施甘露水眞言　　　시감로수진언
　　　　　　　　　나무 소로바야 다타아다야 다냐타
　　　　　　　　　옴 소로소로 바라소로
　　　　　　　　　바라소로 사바하 (3번)

一字水輪觀眞言　　　일자수륜관진언
　　　　　　　　　옴 밤 밤 밤 밤 (3번)

乳海眞言　　　　　　유해진언
　　　　　　　　　나무 사만다 못다남 옴 밤 (3번)

7. 사시巳時 공양 예불문

지심정례 공양　　삼계도사 사생자부
至心頂禮 供養　　三界導師 四生慈父

　　　　　　　　시아본사 석가모니불
　　　　　　　　是我本師 釋迦牟尼佛

지심정례 공양　　시방삼세 제망찰해
至心頂禮 供養　　十方三世 帝網刹海

　　　　　　　　상주일체 불타야중
　　　　　　　　常住一切 佛陀耶衆

지심정례 공양　　시방삼세 제망찰해
至心頂禮 供養　　十方三世 帝網刹海

　　　　　　　　상주일체 달마야중
　　　　　　　　常住一切 達摩耶衆

지심정례 공양　　대지 문수사리보살
至心頂禮 供養　　大智 文殊舍利菩薩

　　　　　　　　대행 보현보살
　　　　　　　　大行 普賢菩薩

　　　　　　　　대비 관세음보살
　　　　　　　　大悲 觀世音菩薩

　　　　　　　　대원본존 지장보살마하살
　　　　　　　　大願本尊 地藏菩薩摩訶薩

우리말 예불문

지극한 마음으로
온 세계 스승이며 모든 중생 어버이신
석가모니 부처님께 절하옵니다.

지극한 마음으로
온 세계 항상 계신
거룩하신 부처님께 절하옵니다.

지극한 마음으로
온 세계 항상 계신
거룩하신 가르침에 절하옵니다.

지극한 마음으로
대지 문수사리보살
대행 보현보살
대비 관세음보살
대원본존 지장보살님께 절하옵니다.

지심정례 공양　영산당시 수불부촉
至心頂禮 供養　靈山當時 受佛付囑

　　　　　　　십대제자 십육성 오백성 독수성 내지
　　　　　　　十大弟子 十六聖 五百聖 獨修聖 乃至

　　　　　　　천이백제 대아라한 무량자비성중
　　　　　　　千二百諸 大阿羅漢 無量慈悲聖衆

지심정례 공양　서건동진 급아해동
至心頂禮 供養　西乾東震 及我海東

　　　　　　　역대전등 제대조사
　　　　　　　歷代傳燈 諸大祖師

　　　　　　　천하종사 일체미진수 제대선지식
　　　　　　　天下宗師 一切微塵數 諸大善知識

지심정례 공양　시방삼세 제망찰해
至心頂禮 供養　十方三世 帝網刹海

　　　　　　　상주일체 승가야중
　　　　　　　常住一切 僧伽耶衆

유원 무진삼보 대자대비 수차공양
唯願 無盡三寶 大慈大悲 受此供養

원공법계 제중생 자타일시 성불도
願共法界 諸衆生 自他一時 成佛道

지극한 마음으로
부처님께 부촉받은 십대제자
십육성 오백성 독수성 내지
천이백 아라한께 절하옵니다.

지극한 마음으로
불법 전한 역대조사 천하종사
한량없는 선지식께 절하옵니다.

지극한 마음으로
온 세계 항상 계신
거룩하신 스님들께 절하옵니다.

다함없는 삼보시여
저희 예경 받으시고
가피력을 내리시어
법계중생 모두 함께 성불하여지이다.

8. 네 가지 진언

普供養眞言　　　　**보공양진언**

　　　　옴 아아나 삼바바 바아라 훔 (3번)

普廻向眞言　　　　**보회향진언**

옴 사마라 사마라 미만나 사라마하 쟈가라 바라 훔 (3번)

所願成就眞言　　　　**소원성취진언**

　　　　옴 아모카 살바다라 사다야 시베 훔 (3번)

補闕眞言　　　　**보궐진언**

　　　　옴 호로호로 사야목계 사바하 (3번)

찰진신념 가수지　우주의 먼지와 생각들
刹塵心念 可數知　숫자로 헤아려 알 수 있고

대해중수 가음진　큰 바다의 무한한 물
大海中水 可飮盡　다 마셔서 없앨 수 있고

허공가량 풍가계　드높은 허공 잴 수 있고
虛空可量 風可繫　거센 바람 묶어 맬 수 있으나

무능진설 불공덕　부처님의 위대한 공덕은
無能盡說 佛功德　말로 다 표현할 수 없다네

9. 지장단地藏壇 사시공양 예불문

至心頂禮 供養	지심정례 공양
地藏願讚 二十三尊	지장원찬 이십삼존
諸位如來佛	제위여래불
至心頂禮 供養	지심정례 공양
幽冥敎主 地藏菩薩 摩訶薩	유명교주 지장보살 마하살
至心頂禮 供養	지심정례 공양
左右補處 道明尊者 無毒鬼王	좌우보처 도명존자 무독귀왕

지장대성 위신력	대원본존 지장 보살님
地藏大聖 威神力	중생구제의 위대한 능력
항하사겁 설난진	아무리 큰 숫자나 비유로도
恒河沙劫 說難盡	도저히 설명할 길 없어.
견문첨례 일념간	지장 보살님 명호 부르고
見聞瞻禮 一念間	잠시 동안 바라만 보아도
이익인천 무량사	지옥에서 천상에까지
利益人天 無量事	이로운 일로 넘쳐난다네.

고아일심 귀명정례	그러므로 저희들이
故我一心 歸命頂禮	지극정성으로 절합니다.

10. 칠성단七星壇 예불문

至心頂禮 供養   지심정례 공양

能滅天災 成就萬德   능멸천재 성취만덕
金輪寶界 熾盛光如來佛   금륜보계 치성광여래불

至心頂禮 供養   지심정례 공양

左補處 日光遍照   좌보처 일광변조
消災菩薩   소재보살
右補處 月光遍照   우보처 월광변조
息災菩薩 摩訶薩   식재보살 마하살

至心頂禮 供養   지심정례 공양

北斗大聖 七元星君   북두대성 칠원성군
左補右弼 三台六星   좌보우필 삼태육성
二十八宿 周天烈位   이십팔수 주천열위
無量無邊 諸星君衆   무량무변 제성군중

영통광대 혜감명　영통함은 광대하고
靈通廣大 慧鑑明　시혜는 거울같이 밝아

주재공중 영무방　허공에 계시며
住在空中 映無方　온 세상 밝히시고

나열벽천 임찰토　하늘에 계시면서
羅列碧天 臨刹土　온 세상에 나투시고

주천인세 수산장　널리 천상계와 인간계
周天人世 壽算長　수명 늘려주시네.

고아일심 귀명정례　그러므로 저희들이
故我一心 歸命頂禮　지극정성으로 절합니다.

11. 신중단神衆壇 예불문

至心頂禮 供養   지심정례 공양

盡法界 虛空界   진법계 허공계

華嚴會上 欲色諸天衆   화엄회상 욕색제천중

至心頂禮 供養   지심정례 공양

盡法界 虛空界 華嚴會上 진법계 허공계

八部四王衆   화엄회상 팔부사왕중

至心頂禮 供養   지심정례 공양

盡法界 虛空界   진법계 허공계

華嚴會上 護法善神衆   화엄회상 호법선신중

원제 천룡팔부중
願諸 天龍八部衆

위아옹호 불리신
爲我擁護 不離身

어제난처 무제난
於諸難處 無諸難

여시대원 능성취
如是大願 能成就

고아일심 귀명정례
故我一心 歸命頂禮

원하오니
하늘의 용 팔부신장님께서

저희들을 보호하사
떠나가지 마시고

어떤 난처한 상황에서도
어려움을 극복하게 하소서.

이러한 저희들의 서원
꼭 성취되게 하소서.

그러므로 저희들이
지극정성으로 절합니다.

12. 반야심경 般若心經

관자재보살 행심반야바라밀다시
觀自在菩薩 行深般若波羅蜜多時

조견오온개공 도일체고액
照見五蘊皆空 度一切苦厄

사리자 색불이공 공불이색
舍利子 色不異空 空不異色

색즉시공 공즉시색 수상행식 역부여시
色卽是空 空卽是色 受想行識 亦復如是

사리자 시제법공상 불생불멸 불구부정 부증불감
舍利子 是諸法空相 不生不滅 不垢不淨 不增不減

시고공중무색 무수상행식 무안이비설신의
是故空中無色 無受想行識 無眼耳鼻舌身意

무색성향미촉법 무안계 내지 무의식계
無色聲香味觸法 無眼界 乃至 無意識界

무무명 역무무명진 내지 무노사역무노사진
無無明 亦無無明盡 乃至 無老死亦無老死盡

무고집멸도 무지역무득
無苦集滅道 無智亦無得

우리말 반야심경(마하반야바라밀다심경)

　관자재보살이 깊은 반야바라밀다를 행할 때, 오온이 공한 것을 비추어 보고 온갖 고통에서 건너느니라.

　사리자여! 색이 공과 다르지 않고 공이 색과 다르지 않으며, 색이 곧 공이요 공이 곧 색이니, 수 · 상 · 행 · 식도 그러하니라.

　사리자여! 모든 법은 공하여 나지도 멸하지도 않으며, 더럽지도 깨끗하지도 않으며, 늘지도 줄지도 않느니라.

　그러므로 공 가운데는 색이 없고 수 · 상 · 행 · 식도 없으며, 안 · 이 · 비 · 설 · 신 · 의도 없고, 색 · 성 · 향 · 미 · 촉 · 법도 없으며, 눈의 경계도 의식의 경계까지도 없고, 무명도 무명이 다함까지도 없으며, 늙고 죽음도 늙고 죽음이 다함까지도 없고, 고 · 집 · 멸 · 도도 없으며, 지혜도 얻음도 없느니라.

이무소득고 보리살타 의반야바라밀다고
以無所得故 菩提薩埵 依般若波羅蜜多故

심무가애 무가애고 무유공포
心無罣碍 無罣碍故 無有恐怖

원리전도몽상 구경열반
遠離顚倒夢想 究竟涅槃

삼세제불 의반야바라밀다고
三世諸佛 依般若波羅蜜多故

득아뇩다라삼먁삼보리
得阿耨多羅三藐三菩提

고지반야바라밀다 시대신주 시대명주
故知般若波羅蜜多 是大神呪 是大明呪

시무상주 시무등등주 능제일체고 진실불허
是無上呪 是無等等呪 能除一切苦 眞實不虛

고설 반야바라밀다주 즉설주왈
故說 般若波羅蜜多呪 卽說呪曰

아제아제 바라아제 바라승아제 모지 사바하 (3번)
揭諦揭諦 波羅揭諦 波羅僧揭諦 菩提 薩婆訶

얻을 것이 없는 까닭에 보살은 반야바라밀다를 의지하므로 마음에 걸림이 없고, 걸림이 없으므로 두려움이 없어서, 뒤바뀐 헛된 생각을 멀리 떠나 완전한 열반에 들어가며,

심세의 모든 부처님도 반야바라밀다를 의지하므로 최상의 깨달음을 얻느니라.

반야바라밀다는 가장 신비하고 밝은 주문이며, 위없는 주문이며, 무엇과도 견줄 수 없는 주문이니, 온갖 괴로움을 없애고 진실하여 허망하지 않음을 알지니라.

이제 반야바라밀다 주呪를 말하리라.

아제아제 바라아제
바라승아제 모지 사바하 (3번)

제2장 아미타경(우리말)

아미타불께서 극락으로 영접하는 내영도來迎圖

부석사 무량수전無量壽殿 국보 18호

1. 빛으로 돌아오소서

광 덕 작사
서창업 작곡

조금느리게

영 원한광 명　　아 미타부처 – 님　그 품에
끝 없는수 명　　아 미타부처 – 님　크 – 신
광 명의나 라　　아 미타극 락 세계　연 – 꽃

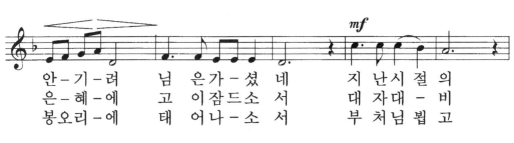

안 – 기 – 려　　님 은가 – 셨 네　지 난시절 의
은 – 혜 – 에　　고 이잠드소 서　대 자대 – 비
봉오리 – 에　　태 어나 – 소 서　부 처님뵙 고

정 다운모 습　　살 아계신 – 듯　가 까이있 네
관 세음보 살　　연 꽃수레 – 로　맞 아주시 네
큰 법깨치 어　　찬 란한빛으 로　돌 아오소 서

2. 아미타경阿彌陀經(우리말)

이와 같이 내가 들었다.
이느 때 부처님께서
천이백오십 인이나 되는
많은 비구스님들과 함께
사위국 기원정사에 계셨다.

그들은 모두 덕이 높은 큰 아라한으로
여러 사람들이 잘 아는 이들이었다.

즉
장로 사리불 · 마하 목건련 · 마하 가섭
마하 가전연 · 마하 구치라 · 리바다
주리반탁가 · 난다 · 아난다 · 라후라
교범바제 · 빈두로파라타 · 가루다이
마하 겁빈나 · 박구라 · 아누루타와 같은
큰 제자들이었다.

이밖에 보살 마하살과

법의 왕자인 문수보살을 비롯하여
미륵보살 · 건타하제보살 · 상정진보살 등
대보살과 제석천왕과 같은
수많은 천상 사람들도 함께 계셨다.

그때 부처님께서
장로 사리불에게 말씀하셨다.

여기에서 서쪽으로 십만억 국토를 지난 곳에
'극락'이라고 하는 세계가 있느니,
극락세계에서는 아미타불께서
지금도 법문을 설하고 계시느니라.

사리불아,
저 세계를 왜 극락이라 하는 줄 아느냐?
극락에 있는 사람들은
아무 괴로움도 없이 즐거운 일만 있으므로
극락세계라고 말한다.

극락세계는
일곱 겹으로 된 난간과

일곱 겹의 구슬로 장식된 그물과
일곱 겹 가로수가 있는데
금 · 은 · 청옥 · 수정 등 네 가지 보석으로
눈부시게 장식되어 있느니라.

극락세계에는
칠보로 된 연못이 있고, 그 연못에는
여덟 가지 공덕이 있는 물로 가득 찼으며
연못 바닥은 금모래가 깔려 있으며
연못 둘레에는 금 · 은 · 청옥 · 수정의
네 가지 보석으로 된
네 개의 층계가 있고
그 위에는 누각이 있는데
금 · 은 · 청옥 · 수정 · 붉은 진주 · 마노
호박으로 찬란하게 꾸며져 있으며

연못 가운데에는
수레바퀴만 한 연꽃이 피어
푸른 꽃에서는 푸른 광채가 나고
노란 꽃에서는 노란 광채가
붉은 꽃에서는 붉은 광채가

흰 꽃에서는 흰 광채가 나는데
참으로 아름답고 향기롭고 정결하니라.

사리불아, **극락세계**는 이와 같은
공덕장엄으로 이루어졌느니라.

사리불아, 또 저 **극락세계**는
항상 천상의 음악이 연주되고
대지는 황금색으로 빛나고
밤낮으로 천상의 만다라 꽃비가 내리는데

극락세계의 사람들은 항상
이른 아침마다 바구니에
여러 가지 아름다운 꽃을 담아 가지고
다른 세계로 다니면서
십만억 부처님께 공양하고,
조반 전에 돌아와
식사를 마치고 산책하느니라.

사리불아, **극락세계**는
아름답고 기묘한 여러 빛깔을 가진

백학 · 공작 · 앵무새 · 사리새 · 가릉빈가 ·
공명조 등이 밤낮을 가리지 않고 항상
화평하고 맑은 소리로 노래하는데

그 노랫소리에서
오근과 오력과 칠보리분과 팔정도를
설하는 법문 소리가 흘러나오느니라.

그 나라 사람들은 그 소리를 들으면
부처님을 생각하고
부처님 가르침을 생각하며
스님들을 생각하게 되느니라.

사리불아,
그대는 그 새들이 죄업으로 인하여
생긴 것이라고 생각하지 말지니라.

왜냐하면 **극락세계**에는 지옥 · 아귀 · 축생 등
삼악도가 없기 때문이니라.

사리불아,

극락세계는 지옥이라는 이름도 없거늘
어떻게 실제로 그런 것이 있겠느냐.

이와 같은 새들은
법문을 설하기 위해 모두 아미타불께서
화현으로 만든 것이니라.

사리불아,
극락세계는 부드러운 바람이 불면
보석으로 장식된 가로수와
보배그물에서 아름다운 소리가 나는데

그것은 마치 백천 가지 악기가
합주되는 듯하여
이 소리를 듣는 사람은 모두
부처님을 생각하고
부처님 가르침을 생각하며
스님들을 생각하는 마음이
저절로 우러나느니라.

사리불아, **극락세계**는 이와 같은

공덕장엄으로 이루어졌느니라.

사리불아, <u>극락세계의 부처님을</u>
<u>어찌하여 '아미타불'이라 하는 줄 아느냐?</u>

<u>**'아미타불'의 광명이 한량없어**</u>
시방 세계를 두루 비추어도
조금도 걸림이 없기 때문에
아미타불이라 하느니라.

또 **'아미타불'의 수명과**
<u>극락세계 사람들의 **수명**이</u>
<u>한량없고 끝이 없는 아승지겁이므로</u>
아미타불이라 하나니,

아미타불이 부처님이 된 지도
벌써 아주 오래되었느니라.

사리불아,
'아미타불'에게는 헤아릴 수 없이 많은
<u>성문 제자들이 있으니 모두 아라한이라.</u>

어떠한 산수로도 그 수효를 헤아릴 수 없으며
보살 대중의 수도 또한 그러하니라.

사리불아, <u>극락세계</u>는
이와 같은 공덕장엄으로 이루어졌느니라.

사리불아,
<u>**극락세계**</u>에 태어나는 사람들은
다 보리심에서 물러나지 않는 사람들이며

그 가운데는
일생보처에 오른 이들도 수없이 많아
숫자와 비유로도 헤아릴 수 없으므로
다만 무량 무변 아승지로
표현할 수밖에 없느니라.

사리불아, 이 말을 들은 사람들은
마땅히 서원을 세워
저 아미타불이 건설하신 극락세계에 가서
나기를 원해야 할 것이니라.

왜냐하면 극락세계에 가면
공덕이 뛰어난 부처님들과 함께
모여 살 수 있기 때문이니라.

사리불이,
작은 선근이나 복덕의 인연으로는
극락세계에 가서 날 수는 없느니라.

그런데 우리들 가운데 누구라도
아미타불에 대한 이야기를 듣고
하루나 이틀 혹은 사흘 나흘
닷새 엿새 이레 동안

한결같은 마음으로
아미타불의 이름을 부르되
조금도 마음이 흐트러지지 아니하면

그가 임종할 때에
아미타불이 여러 거룩한 분들과 함께
그 사람 앞에 나타나느니라.

그러면 그가 목숨을 마칠 때에
마음이 흔들리지 아니하여
곧바로 아미타불 극락세계에 가서
태어나게 될 것이니라.

사리불아, 나는 이러한 이치를 알고
그런 말을 한 것이니

누구든지 이 말을 들으면
마땅히 저 극락세계에 가서
태어나기를 발원해야 할 것이니라.

사리불아, 내가 지금 아미타불의
한량없는 공덕을 찬탄한 것처럼

사리불아, **동방세계에도**
아촉비불 · 수미상불 · 대수미불
수미광불 · 묘음불 같은 항하사 수의
여러 부처님이 계시는데

그 부처님들도 각기 그 세계에서

온 우주까지 크게 울려 퍼지도록
진실한 말씀으로 법을 설하시기를

"누구든지 마땅히 불가사의한 공덕을
칭찬하시는 모든 부처님께서 한결같이
보호하시는 이 법문을 믿어야 한다"
고 설법하시느니라.

사리불아, **남방세계**에도
일월등불 · 명문광불 · 대염견불 ·
수미등불 · 무량정진불 같은
항하사 수의 여러 부처님이 계시는데

그 부처님들도 각기 그 세계에서
온 우주까지 크게 울려 퍼지도록
진실한 말씀으로 법을 설하시기를

"누구든지 마땅히 불가사의한 공덕을
칭찬하시는 모든 부처님께서 한결같이
보호하시는 이 법문을 믿어야 한다"
고 설법하시느니라.

사리불아, 서방세계에도
무량수불 · 무량상불 · 무량당불 ·
대광불 · 대명불 · 보상불 · 정광불 같은
항하사 수의 여러 부처님이 계시는데,

그 부처님들도 각기 그 세계에서
온 우주까지 크게 울려 퍼지도록
진실한 말씀으로 법을 설하시기를

"누구든지 마땅히 불가사의한 공덕을
칭찬하시는 모든 부처님께서 한결같이
보호하시는 이 법문을 믿어야 한다"
고 설법하시느니라.

사리불아, **북방세계에도**
염견불 · 최승음불 · 난저불 · 일생불
망명불 같은 항하사 수의
여러 부처님이 계시는데,

그 부처님들도 각기 그 세계에서
온 우주까지 크게 울려 퍼지도록

진실한 말씀으로 법을 설하시기를

"누구든지 마땅히 불가사의한 공덕을
칭찬하시는 모든 부처님께서 한결같이
보호하시는 이 법문을 믿어야 한다"
고 설법하시느니라.

사리불아, **하방세계**에도
사자불 · 명문불 · 명광불 · 달마불
법당불 · 지법불 같은 항하사 수의
여러 부처님이 계시는데,

그 부처님들도 각기 그 세계에서
온 우주까지 크게 울려 퍼지도록
진실한 말씀으로 법을 설하시기를

"누구든지 마땅히 불가사의한 공덕을
칭찬하시는 모든 부처님께서 한결같이
보호하시는 이 법문을 믿어야 한다"
고 설법하시느니라.

사리불아, **상방세계에도**
범음불 · 수왕불 · 향상불 · 향광불
대염견불 · 잡색보화엄신불 · 사라수왕불
보화덕불 · 견일체의불 · 여수미산불 같은
항하사 수의 여러 부처님이 계시는데,

그 부처님들도 각기 그 세계에서
온 우주까지 크게 울려 퍼지도록
진실한 말씀으로 법을 설하시기를

"누구든지 마땅히 불가사의한 공덕을
칭찬하시는 모든 부처님께서 한결같이
보호하시는 이 법문을 믿어야 한다"
고 설법하시느니라.

사리불아,
이 아미타경을 가리켜
왜 모든 부처님이 한결같이
보호하는 법문이라 하는 줄 아느냐?

우리들 가운데 누구라도 이 법문을 듣고

받아 지니거나 아미타불의 이름을 들으면
모든 부처님의 보호를 받아
바른 깨달음에서
물러나지 않기 때문이니라.

사리불아, 너희들은 내 말과
여러 부처님의 말씀을 잘 믿을지니라.

사리불아, 누구든지
아미타불 극락세계에 가서 나기를
이미 발원하였거나 지금 발원하거나
혹은 장차 발원한다면,

그는 바른 깨달음에서 물러나지 않고
극락세계에 벌써 났거나
지금 나거나 혹은 장차 날 것이니라.

그러므로 신심이 있는 우리 불자들은
마땅히 극락세계에 가서
태어나기를 발원해야 하느니라.

사리불아,
내가 지금 다른 여러 부처님의
위대한 공덕을 칭찬하듯이
다른 세계의 부처님들도 또한
나의 뛰어난 공덕을 칭찬하시기를

"석가모니 부처님께서
어렵고 희유한 일을 하셨다.

시대가 흐리고, 견해가 흐리고,
번뇌가 흐리고, 중생이 흐리고,
생명이 흐린 사바세계의 혼탁한 세상에서
바른 깨달음을 얻고 모든 사람들을 위해
세상에서 믿기 어려운
진리의 말씀을 설하셨다."
고 하시느니라.

사리불아,
내가 이 혼탁한 세상에서 온갖 고행 끝에
바른 깨달음을 얻고 모든 세상을 위해
믿기 어려운 법을 설하는 것은 결코

쉬운 일이 아님을 마땅히 알지니라.

부처님께서
이 아미타경을 말씀해 마치시니,

사리불과 비구스님들과 비구니스님들과
세상의 모든 사람들과
천상 사람들과 아수라들도

부처님의 말씀을 듣고
크게 감동을 받아 기뻐하면서
부처님께 정중하게 예배하고
감사한 마음을 가지고 물러갔느니라.

3. 극락세계 48대원

나무 서방대교주 무량수여래불

나무아미타불　　나무아미타불
나무아미타불　　나무아미타불
나무아미타불　　나무아미타불
나무아미타불　　나무아미타불
나무아미타불　　나무아미타불

(다 함께)

1. 지옥세계 아예없고　　나무아미타불
2. 삼악도에 태어남없으며　　나무아미타불
3. 사람마다 금빛광명　　나무아미타불
4. 모든이들 차별없고　　나무아미타불
5. 숙명통을 성취하고　　나무아미타불
6. 천안통이 얻어지며　　나무아미타불
7. 천이통도 얻어지고　　나무아미타불
8. 타심통도 성취하며　　나무아미타불

9. 신족통이 이뤄지고 　　나무아미타불

10. 누진통을 얻어지며 　　나무아미타불

11. 정각세계 이뤄지고 　　나무아미타불

12. 무량광명 얻어지며 　　나무아미타불

13. 무량수명 성취하고 　　나무아미타불

14. 성문연각 뛰어넘어 　　나무아미타불

15. 사람수명 자유자재 　　나무아미타불

16. 좋은사업 얻어지며 　　나무아미타불

17. 아미타불 찬탄하세 　　나무아미타불

18. 열번염불 극락왕생 　　나무아미타불

19. 임종시엔 미타친견 　　나무아미타불

20. 지심회향 극락왕생 　　나무아미타불

21. 사람마다 거룩한모습 　　나무아미타불

22. 타방보살 일생보처 　　나무아미타불

23. 부처님께 공양하고 　　나무아미타불

24. 너도나도 공양올리세 　　나무아미타불

25. 일체지혜 연설하고 　　나무아미타불

26. 금강처럼 굳센몸을 　　나무아미타불

27. 무량장엄 한량없고	나무아미타불
28. 보리수에서 깨달으며	나무아미타불
29. 지혜변재 뛰어나서	나무아미타불
30. 지혜말씀 한량없네	나무아미타불
31. 국토마다 깨끗하고	나무아미타불
32. 국토장엄 먼저하며	나무아미타불
33. 광명으로 중생구제	나무아미타불
34. 이름듣고 성불하네	나무아미타불
35. 모두성불 극락왕생	나무아미타불
36. 이름듣고 성불하며	나무아미타불
37. 천인들이 공경하네	나무아미타불
38. 생각대로 옷입으며	나무아미타불
39. 즐겁고도 즐겁다네	나무아미타불
40. 불국토를 바로보며	나무아미타불
41. 모든육근 원만하고	나무아미타불
42. 해탈삼매 이뤄지고	나무아미타불
43. 좋은곳에 태어나고	나무아미타불
44. 선근공덕 성취되며	나무아미타불

45. 부처님들 친견하고	나무아미타불
46. 좋은법문 항상듣고	나무아미타불
47. 성불자리 퇴보않고	나무아미타불
48. 사후에는 극락왕생	나무아미타불

찬탄하세 찬탄하세	나무아미타불
아미타불 찬탄하세	나무아미타불
십념왕생원	나무아미타불
왕생극락원	나무아미타불
상품상생원	나무아미타불
광도중생원	나무아미타불

나무 서방정토 극락세계 대자대비
아등도사 금색여래 아미타불

원이차공덕 보급어일체
아등여중생 당생극락국
동견무량수 개공성불도

4. 무상법문 無常法門

영가시여	저희들이	일심으로	염불하니
무명업장	소멸하고	반야지혜	드러내어
생사고해	벗어나서	해탈열반	성취하사
극락왕생	하옵시고	모두성불	하옵소서

사대육신	허망하여	결국에는	사라지니
이육신에	집착말고	참된도리	깨달으면
모든고통	벗어나고	부처님을	친견하리
살아생전	애착하던	사대육신	무엇인고
한순간에	숨거두니	주인없는	목석일세
인연따라	모인것은	인연따라	흩어지니
태어남도	인연이요	돌아감도	인연인걸
그무엇을	애착하고	그무엇을	슬퍼하랴
한마음이	청정하면	온세계가	청정하니
모든업장	참회하여	청정으로	돌아가면
영가님이	가시는길	광명으로	가득하리
가시는길	천리만리	극락정토	어디인가

번뇌망상	없어진 곳	그자리가	극락이니
삼독심을	버리고서	부처님께	귀의하면
무명업장	벗어나서	극락세계	왕생하리
제행은	무상이요	생자는	필멸이라
태어났다	죽는것은	모든생명	이치이니
결국에는	죽는것을	영가님은	모르는가
영가시여	어디에서	이세상에	오셨다가
가신다니	가시는곳	어디인줄	아시는가
일가친척	많이있고	부귀영화	높았어도
죽는길엔	누구하나	힘이되지	못한다네
맺고쌓은	모든감정	가시는길	짐되오니
염불하는	인연으로	남김없이	놓으소서
본마음은	고요하여	옛과지금	없다하니
태어남은	무엇이고	돌아감은	무엇인가
이와같은	높은도리	영가님이	깨달으면
생과사를	넘었거늘	그무엇을	슬퍼하랴
뜬구름이	모였다가	흩어짐이	인연이듯
중생들의	생과사도	인연따라	나타나니
좋은인연	간직하고	나쁜인연	버리시면

이다음에 태어날때 좋은인연 만나리니
나쁜생각 버리시고 청정해진 마음으로
부처님의 품에 안겨 극락왕생 하옵소서
돌고도는 생사윤회 자기업을 따르오니
오고감을 슬퍼말고 환희로써 발심하여
무명업장 밝히시면 무거운짐 모두벗고
삼악도를 뛰어넘어 극락세계 가오리다
물이얼어 얼음되고 얼음녹아 물이되듯
이세상의 삶과죽음 물과얼음 같사오니
육친으로 맺은정을 가벼웁게 거두시고
청정해진 업식으로 극락왕생 하옵소서
영가시여 사바일생 다마치는 임종시에
지은죄업 남김없이 부처님께 참회하고
한순간도 잊지않고 부처님을 생각하면
가고오는 곳곳마다 그대로가 극락이니
첩첩쌓인 푸른산은 부처님의 도량이요
맑은하늘 흰구름은 부처님의 발자취며
뭇생명의 노랫소리 부처님의 설법이고
대자연의 고요함은 부처님의 마음이니
불심으로 바라보면 온세상이 불국토요

중생들이	바라보면	불국토가	속세로다
빈손으로	오셨다가	빈손으로	가시거늘
그무엇에	얽매여서	극락왕생	못하시나
저희들이	일심으로	독송하는	염불따라
지옥세계	무너지고	맺은원결	풀어지며
아미타불	극락세계	상품상생	하옵소서

나무아미타불　　나무아미타불
나무아미타불　　나무아미타불
나무아미타불　　나무아미타불

나무 서방정토 극락세계
대자대비 아등도사 금색여래 아미타불

원이차공덕 보급어일체
아등여중생 당생극락국
동견무량수 개공성불도

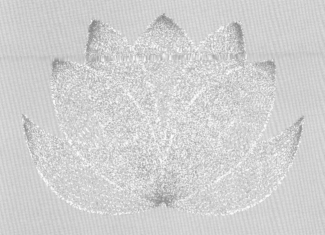

제3장 기도하는 법

1. 기도

기도는 불가능을 가능으로 만드는 작업이다.
기도는 목표가 확실해야 한다.
기도는 마음의 개혁이다.
기도는 확신에 찬 극복이며 성실한 참음이다.
기도는 진심으로의 참회이다.
기도는 헌신적인 참회이다.

기도는 감사의 생활화이다.
기도는 무조건의, 무제한의 용서이다.
기도는 교만심의 타파이다.
기도는 매일매일 새롭게 태어나는 작업이다.

기도는 업장소멸이며 선근의 증장이다.
기도는 내가 나를 이기는 작업이다.
기도는 하나되는 작업이다.
기도는 보이지 않는 세계와의 대화이다.
기도는 법력의 배양이며 추진력의 배양이다.
기도는 적극성의 배양이다.

기도는 불안으로부터의 해방이다.
기도는 불퇴심의 양성이다.
기도는 견고한 신심의 구축이다.

기도의 성취는 산설함에 날려 있다.
기도의 성취는 확신과 투철한 신념에 달려 있다.
기도의 성취를 위해서는 노력이 수반돼야 한다.
기도 성취의 원동력은 자비요, 사랑이다.
기도 성취를 방해하는 요인은 두려움과 의심이다.

기도하는 마음은 효도하는 마음이다.
기도하는 마음은 지계 청정한 마음이다.
기도하는 마음은 이해하는 마음이다.
기도하는 마음은 포용하는 마음이다.
기도하는 마음은 한없이 베푸는 마음이다.

기도하면
부처님은 부쳐주시고 보살님은 보살펴주신다.
기도는 꼭 성취된다.
기도는 성불成佛의 지름길이다.

1) 기도의 의미

기도祈禱란 원하는 바가 이루어지도록 기원하는 것이다. 보통 자신의 힘만으로는 어쩔 수 없는 상황에서, 어떤 위대한 힘에 의지하여 이루고자 하는 행위를 말한다.

이렇듯 간절한 바람으로부터 시작된 기도는 원시종교 탄생의 원동력이 되었다. 인류 문명이 진화하면서 신앙의 대상에 대해 보다 합리적이고 이론적인 체계를 갖추게 되었는데, 그 대표적인 것이 불교의 기도법이다. 이 기도법은 중생 구제를 위한 구체적인 삶의 철학적 바탕이 되고, 삶을 윤택하게 해주는 방법론으로 발전하였다.

기도는 한계 상황에 닥친 인간의 마지막 희망이다. 불교의 자비 정신은 이러한 인간들의 기원을 외면할 수 없었기에 이들의 기원을 들어줄 많은 불·보살님들이 탄생한 것이다. 세상의 모든 고난에서 사람들을 건져내고, 이 세상 사람들이 바라는 최고의 세계를 완성하겠다고 맹세(誓願)하고 정진한 결과 그 목표를 이루신 분들이 바로 불·보살님들이다. 이러한 서원의 힘을 우리는 불·보살님의 '본원력本願力'이라 부른다.

불교에서의 기도란 궁극적으로 부처님처럼 깨달음을 성취하는 수행법이다. 그러므로 유일한 대상 내지는 외부의 대상에게 무엇을 이루어달라고 비는 것이 아니고, 앞서서 그 서원을 실현하신 불·보살님처럼 나도 서원을 세우고 그 원願을 반드시 성취하겠다고 다짐하는 것이다.

기도에 열중하다 보면 일체의 번뇌가 사라지고, 산만하고 불안하던 마음이 안정을 찾게 된다. 정신이 맑아지고 고요해지면서 시간과 공간을 초월한 삼매三昧를 체험하게 된다. 이처럼 기도를 하면 소원도 이루어지며, 궁극적으로는 나의 본질과 우주의 원리를 깨달아 잘못된 모든 속박과 굴레로부터 벗어나게 된다.

2) 기도의 원리 - 자력과 타력은 하나다

기도란 불교의 수행법이다. 모든 부처님이나 보살들은 본원本願과 별원別願을 세워 성취하였기 때문에 무량한 공덕을 갖추고 있다고 확신하며 수행하는 것이다. 기도에는 스스로의 힘으로 수행을 하여 그 서원을 완성하는 자력自力의 관점과 불·보살님의 위신력에 감응하여 가피를 얻기 위한 타력他力이 다 들어 있다.

《관무량수경》에 의하면, 부처님께서 시자侍者였던 아난 존자와 왕비였던 위제희 부인에게 이렇게 말씀하셨다.

"이미 연화대를 관찰하였으면 다음에는 부처님을 생각하여라. 모든 부처님은 바로 온 세계인 법계法界를 몸으로 삼으시며, 일체 중생의 마음속에 계시기 때문이니라. 그러므로 그대들의 마음이 부처님을 생각하면, 그 마음이 바로 부처님의 거룩한 모습인 것이니라. 그래서 이 마음으로 부처를 이루고 이 마음이 바로 부처니라. 모든 부처님의 가장 높고 바른 지혜는 마음에서 생기는 것이니, 마땅히 일심一心으로 생각하여 저 아미타불과 그 지혜 공덕인 여래를 깊이 관찰해야 하느니라."

여기에서 알 수 있듯 불보살의 위신력은 분명히 있으며, 기도를 올리면 가피를 얻게 된다. 그러나 그 가피는 외부에서 온 것이 아니고 바로 자기 마음에서 이루어진 것이다. 그러므로 자력과 타력은 둘이 아니라 하나라는 사실을 알아야 한다.

3) 기도 성취하는 법 - 믿음과 정성

기도를 성취하는 것은 부처님이나 보살님의 위신력威神力 또는 능력이라고 한다. 단, 기도를 할 때는 올바른 믿음을 지니고 정성을 들여야 한다.

'모든 것은 마음에서 만들어진다(一切唯心造)'라고 하였다. 마음에 한 치의 의심도 없어야 부처님처럼 깨달음을 이룰 수도 있고, 관세음보살처럼 능력을 갖출 수도 있게 된다. 올바르고 진실한 믿음을 가지고 간절히 원하라. 그러면 이루어지는 것이다. 《관음경》에서는 "누구라도 내 이름을 간절히 부르면 곧 삼재팔난三災八難을 면하리라"라고 말씀하셨다.

그런데 여기서 의문이 든다. 관세음보살이나 지장보살은 자비의 화신인데, 왜 먼저 와서 구해주지 않고 중생이 그 이름을 불러주기를 기다리는 것인가?

우리들 중생의 마음이란 변덕이 심하고 믿음이 강하지 못하다. 따라서 습관적으로 의심하고 상습적으로 분별하면서 모두 다 아는 체한다. 그러나 이렇게 하면 기도를 이룰 수 없다. 의심과 분별하는 마음을 내려놓고 본심에 의지해야 한다. 물론 오랜 습관으로 인해 근본으로 돌아가기가 쉽지 않다. 그래서 올바른 방편이 필요하다.

가장 좋은 방편은 불가사의한 공덕을 갖춘 불·보살님의 명호를 부르거나 진언을 염송하거나 다라니를 외우는 것이다. 올바른 방편은 본심本心을 여의지 않으므로 바른 길로 인도한다. 본심을 한 마음이라고도 하고, 자성自性이라고도 하고, 주인공이라고도 한다. 나와 너, 안과 밖이 없는 본심에 의지하면 모든 것이 다 이루어진다. 이것이 바로 기도 성취의 원리이다.

4) 기도의 역할

기도를 드리면 근심과 걱정 등 번뇌를 제거하고, 몸과 마음을 맑고 밝게 하며, 두려움을 없애주고, 장애를 극복하게 하고, 낭낭함과 사신감으로 살아가게 한다. 더 구체적으로 설명하면 다음과 같다.

① 소원 성취

살다 보면 자신의 힘으로는 어쩔 수 없는 극한 상황을 만나게 된다. 이것들을 이루고자 기원하는 것이 기도이다. 도저히 불가능해 보이는 일이 일어나는 것을 보고 '기적'이라고 한다. 그러나 그것은 그리 특별한 일이 아니다. 원래 누구나 다 그런 능력을 가지고 있다. 따라서 바른 목적과 방법으로 기도를 드리면 소원은 꼭 이루어진다.

② 업장 소멸

기도를 열심히 하면 자신의 묵은 때가 씻겨 나가 몸과 마음이 정화淨化된다. 이것은 묵은 업장(宿業)이 소멸되고 있기 때문이다. 우리의 몸과 마음에는 오랜 과거부터 쌓아온 온갖 묵은 때가 쌓여 있다. 그런데 잠깐 동안의 올바른 기도로 묵은 업장이 순식간에 녹아 버리는 것이다. 상처받은 마음, 원한 맺힌 일들이 모두 눈 녹듯이 녹아내린다. 그러면서 저절로 참회가 되고, 사랑과 용서의 마음이 솟아오르며, 모든 인연에 감사하는 마음이 일어난다. 아무리 단단한 얼음이라도 불 속에 들어가면 다 녹아버리고 물이 되는 것과 같은 이치이다.

③ 자기 점검으로 깨달음 성취

기도는 일상생활 속에서 자기를 점검하고 반성하는 확인 과정이다. 기도를 통하여 매일 자신을 점검하고 의지를 강하게 하여 '하면 된다'는 신념과 용기를 내게 된다. 기도를 통하여 아침에는 하루 동안 생활할 원칙을 발원하고, 밤에는 그것을 잘 지켰는지 반성하는 것이다. 이처럼 정성들여 기도하면 몸과 마음이 맑고 밝아져서 깨달음으로 연결된다.

5) 기도하는 법

① 부처님과 보살님을 정하되
반드시 스님께 문의한다

기도를 올릴 때는 형편이나 상황에 따라 불·보살님을 정하고 기도처 또는 사찰을 정하는 것이 좋다. 물론 대상을 꼭 정해야 하는 것은 아니지만, 목표를 달성하려면 믿고 의지하고 예배드리고 공양을 올릴 불·보살님을 정하는 것이 좋다. 그리하면 가피와 공덕이 더 빨라지고 소원 성취를 빨리 이룰 수 있기 때문이다. 이때 반드시 스님께 문의하여 정한다.

예를 들면, 부처님의 경우에도 석가모니불, 미륵존불, 아미타불, 약사여래불 등 수많은 부처님이 계시며, 보살님의 경우에도 관세음보살, 미륵보살, 문수보살, 지장보살 등 수많은 보살님이 계신다. 그러므로 어떤 부처님, 어떤 보살님께 기도를 드리는 것이 좋을지 막막하다.

자녀가 시험을 보는 경우, 집안에 우환이 있는 경우, 이사를 하려고 하는 경우, 사업을 시작하는 경우, 사업이 막혀 잘 안 되는 경우, 병자가 있는 경우, 조상님을 위한 기도를 올리는 경우 등등 인생을 살아가는 데 크고 작은 일이 끊임없이 벌어진다.

이때 관음기도를 할 것인지, 지장기도를 할 것인지, 문수기도를 할 것인지, 약사보살께 기도할 것인지, 아미타불께 극락왕생 기도를 할 것인지, 칠성단에서 기도할 것인지, 나한전에서 기도할 것인지, 다라니기도를 할 것인지, 또는 《금강경》을 독송할 것인지, 《천수경》을 독송할 것인지, '능엄신주'를 외울 것인지, '광명진언'을 외울 것인지 아주 막막하다.

이러한 경우 가능하면 스님께 문의를 드리고, 스님의 지도를 받아 정하는 것이 가장 좋다.

② 기도하는 법

우리가 가장 많이 하는 '관음기도'를 할 경우, 먼저 《천수경》을 독송하면 좋다. 시간이 없으면 '개경게'와 '개법장진언'을 독송한 후 일념으로 정성을 다하여 '관세음보살' 명호를 부른다.

관세음보살 관세음보살 관세음보살……

정근할 때는 횟수를 정해 최소한 108번, 500번, 1천 번을 부른다. 형편에 따라 1만 번, 3만 번, 10만 번을 불러도 좋다. 또 5분, 10분, 20분, 30분 또는 1시간 등 시간을 정해 놓고 불러도 좋다. 때로는 '관세음보살' 명호를 부르면서 108배, 300배, 500배, 1천 배, 1만 배 등 절을 하면서 기도를 올리는 경우도 있는데, 이는 매우 효과적인 기도법이다. 요컨대 자신의 형편에 맞추어 기도를 올린다. 그 외에 '지장기도', '다라니기도'를 올릴 때도 마찬가지 방법으로 하면 된다.

기도를 마치려 할 때는 '소원성취 발원문'을 읽거나 기도의 목적에 맞는 발원문을 골라 읽어준다. 시험을 앞둔 자녀를 위해 기도를 할 때는 '시험 합격 발원문'을 읽어주고, 병원에 입원한 환자의 쾌유를 기원하려면 '병 쾌유 발원문'을 읽어주고, 사업 번창을 기원한다면 '사업 번창 발원문'을 읽어주고, 극락왕생을 기원한다면 '극락왕생 발원문'을 읽어준다. 이렇듯 기도하는 대상이나 목적에 따라 적합한 발원문 또는 축원문을 읽어준다.

기도를 마칠 때는 회향의 노래인 '<u>원이차공덕</u><u>願以此</u>

功德 보급어일체普及於一切 아등여중생我等與衆生 당생
극락국當生極樂國'을 읽는다. 이 노래를 모를 경우에는
예불문(57쪽) 맨 뒤에 나오는 '원공법계 제중생願共法界
諸衆生 자타일시 성불도自他一時成佛道'를 부르면 된다.

③ 기도에 좋은 장소

기도를 할 때 장소를 정하는 것도 중요하다. 가능하
면 절이나 기도처에 가서 기도를 올리는 것이 좋다.
그래서 많은 불자들이 명산대찰을 찾아가서 기도를
드리는 것이다. 그런데 현대인들은 바쁜 일상으로 거
리상 산사나 기도처를 찾아가기가 쉬운 일은 아니다.
그럴 땐 가까운 절(사찰)을 이용하면 편리하다.

물론 절이 아닌 가정이나 회사에서도 기도를 드릴
수 있다. 이런 경우, 가급적이면 조용하고 한적한 곳
을 택한다. 방향은 가까운 곳에 절이 있으면 절을 향
하여 기도를 드리면 좋으나, 그렇지 못한 경우에는 경
전을 모신 곳을 향하거나 깨끗한 곳을 향하면 된다.
《금강경》에 말씀하시기를 "경전이 모셔진 곳은 바
로 부처님이 계신 곳이요, 수많은 천인들이 예배하고
향을 올리고 꽃을 뿌리는 곳이다"라고 하였다. 그러므

로 전철이나 버스 안에서 기도할 수도 있고, 길을 걸어가면서, 비행기 안에서, 배 안에서도 기도를 올릴 수 있다.

이처럼 장소에 관계없이 늘 생활 속에서 기도를 올려도 좋다. 단, 기도할 때 옆 사람에게 방해되지 않도록 하는 것이 좋다. 나도 좋아지고 모두가 좋아지자고 올리는 기도가 타인에게 눈쌀을 지푸리게 하는 행위여서는 안 되기 때문이다.

④ 기도하는 시간

절에서 새벽 예불, 사시巳時 불공 등 시간을 정해 놓고 불공을 하듯 매일 시간을 정해서 기도를 올리는 것이 좋다. 다만 현대인들은 시간을 정하고 기도를 하기가 쉬운 일이 아니므로, 일상생활 속에서 시간을 쪼개어 기도해도 좋다.

예를 들면, 아침에 일어나서 '다라니'를 21번 독송하거나, 108 참회기도를 하거나, '관세음보살' 명호를 1천 번 부르면 좋다. 직장에 다니는 분은 30분 정도 출근 시간을 앞당겨서 정성 들여 기도를 올려도 좋고,

점심식사 후 자투리 시간을 이용하거나 퇴근 후 잠시 동안 기도를 올려도 좋다. 시간을 특별히 정하지 않고서도 시간과 장소에 상관없이 수시로 '다라니'를 독송하거나 '관세음보살' 명호를 불러도 좋다. 일상생활 속에서 늘 기도하면 공덕이 쌓여 바로 소원 성취로 연결된다.

6) 복을 짓는 불자가 되자

기도를 올릴 때 기복祈福과 수복修福의 의미를 제대로 이해하는 것이 중요하다. 우리나라에 불교가 처음으로 수용될 때 당시 사람들은 불교를 어떻게 받아들이고 있었을까?

고구려에 불교를 처음 전해준 순도 스님은 인과因果의 가르침을 통하여 복福과 화禍에 대하여 설하고 인과응보因果應報를 강조하였다. 백제의 아신왕은 즉위하자 백성들에게 명하기를 "불교를 믿어 복을 구하라!"라고 칙령을 내렸고, 신라의 법흥왕은 불교를 공인하기 이전부터 절을 세우기를 원했다. 절이 복을 닦고 죄를 소멸하는 곳(修福滅罪)이라 여겼기 때문이다. 아무튼 삼국이 모두 불교를 구복이나 수복과 관련지어 이해하였던 것 같다. 구복求福이란 복을 빌어서 구하기보다는 복을 닦아 얻는 것을 의미한다.

불교가 전해질 때부터 불교가 '복福을 닦고 죄罪를 소멸하는 종교'로 인식되었다는 사실은 매우 중요하다. 만약 불교를 복을 비는 종교, 즉 기복 종교로 이해했다면 기존의 무속 종교에 대한 인식과 다르지 않기 때문이다. 불교는 인간이 받는 길흉화복이 자신이 지은 업에 의해 그 과보를 받을 뿐이라는 '업설'을 토대로 하고 있다.

이에 비해 종래의 민간 신앙이나 무속 종교는 자연숭배·조상숭배·샤머니즘 등의 형태로 유지되면서 현세의 이익을 구하는 기복에 그 목적을 두었다. 이러한 기복 행위는 대개 세시풍속에 따라 정기적으로 행해졌는데, 조선 후기에는 혼란한 사회 상황 속에서 각종 신흥 종교가 발생하는 배경이 되었고, 외래 종교도 민가의 기복적인 요소를 흡수하기도 하였다.

그렇다면 어떻게 현실의 어려움으로부터 벗어날 수 있을까? 무엇이 우리들 삶을 짓누르고 방해하고 있는 것일까?

우리들 앞길을 가로막는 것은 보이지 않는 신의 장난이 아니라, 과거의 잘못된 업이요 과거 역사의 짐이며 굴레 때문이다. 새로운 인생의 길을 개척하기 위해서는 과거 잘못에 대한 반성과 참회가 있어야 한다. 이것이 죄업의 소멸이다.

어떻게 슬픔의 강을 건널 것인가?

우리를 저쪽 언덕(彼岸)으로 건네줄 확실한 다리는 공덕功德이다. 그 공덕은 입에 발린 말이 아니라 육바라밀과 같은 실천에 의해 가능하다. 보시·지계·인욕·정진·선정·지혜 등의 바라밀 수행을 통해 공덕을 닦는 일이 곧 복을 닦는 것이요, 복을 짓는 가장 수승한 실천이 되는 것이다.

사람들은 각기 이루고자 하는 소원이 있어서 기도를 한다. 그렇게 기도하면서도 복을 닦는다. 그 기도가 탐욕에 의한 것이 아니고 올바른 서원에 기초한 것이라면, 그 기도는 성취될 것이다. 그러기에 기복 신앙도 복을 닦고 공덕을 닦는 하나의 징검다리가 될 수 있다. 비록 자신의 소박한 소원을 비는 것일지라도 그것이 지극한 정성으로 이어질 때, 그 노력은 곧 복을 짓고 복을 구하는 공덕으로 이어지는 것이다.

스스로 자기를 사랑할 줄 알고
더불어 자기를 위하듯 이웃을 위할 줄 알며
세상 사람들을 가엾이 여길 줄 알아
많은 사람들의 이익을 위해 나를 바치어라.
정의와 의리를 생각할 줄 알고
남의 행복 속에서 자신의 기쁨을 찾는 사람이라야
세상의 많은 사람들 가운데 으뜸이다.

《선법경》

2. 천수경과 다라니 기도

1) 천수경, 가장 한국적인 경전

《천수경》은 관세음보살의 큰 자비의 주문呪文으로서 불자들에게는 친근한 경전이다. 천수경에 들어 있는 '신묘장구대다라니'의 내용은 관세음보살의 비밀스러운 주문이기 때문에 번역에 어려움이 많다. 따라서 번역본보다는 인도의 고대 언어인 실담문자의 음만 취하여 우리 말로 독송하고 있다.

본래는 '신묘장구대다라니'만 외우던 것을 앞뒤에 좋은 구절을 첨부하여 현재의 《천수경》이 이루어졌다. 추가된 내용은 모든 불자들이 발심하고 참회하여 불·보살께 귀의하면 소원이 꼭 성취된다는 내용이다. 경전의 좋은 구절과 역대 조사들의 훌륭한 글귀를 넣어 '다라니'의 앞과 뒤에 편입시킨 것이다.

그 특징을 설명하면 다음과 같다.

① 천수경은 한국 불교의 역사적 특징과 철학적 우수성을 잘 보여주는 경전이다.

② 천수경은 우리 조상들이 편집한 우리나라 고유의 경전으로, 한국 불교의 독자성을 분명하게 보여주고 있다.

③ 천수경은 우리 민중의 애환과 고난을 함께해 왔으며, 지난한 우리 민족의 역사를 통해 민족의식 속에 깊이 내면화된 경전이다.

④ 천수경은 현재에도 가장 많이 읽고 외우는 경전의 하나로, 사찰에서 행하는 법회나 불공 때 반드시 독송하는 의식 경전이다.

⑤ 천수경은 단순히 복을 빌기 위함이 아니라 서원을 세워 실천해야 함을 역설하고 있다.

⑥ 천수경의 내용은 '신묘장구대다라니'를 중심으로 그 앞과 뒤에 경구들이 배열되어 있다.

⑦ 천수경은 다라니를 지송持誦하는 차원을 넘어 대승 불교의 기본적 수행인 육행六行, 즉 기도 · 발원 · 귀의 · 송주誦呪 · 찬탄 · 참회를 다 갖추고 있다.

2) 관세음보살님께서 설하신 경전

① 천수천안 관세음보살

천수천안千手千眼 관세음보살은 천 개의 손과 천 개의 눈을 갖고 계신 관세음보살님을 지칭한다. 관세음보살님은 천의 눈으로 중생들의 아픔을 보시고 천의 손으로 중생들의 아픔을 어루만져 주시어, 마침내 고통에서 벗어나게 해주시는 자비의 어머니이다.

《천수경》은 자비의 어머니인 관세음보살이 말씀하신 경전이며, 관세음보살을 찬탄하는 경전이며, 관세음보살에게 발원發願하는 경전이다.

② 천수천안을 갖추려면?

천수천안을 갖추려면 꼭 갖추어야 할 마음가짐이 필요하다. 그 마음가짐을 천수경에서는 여섯 가지로 이야기한다.

첫째, 넓은 마음이다. 마음을 넓게 써야 한다.

둘째, 마음을 크게 쓰는 위대한 마음이다.

셋째, 둥근 마음이다. 원만하게 쓰라는 말이다.

넷째, 가득 찬 마음이다. 무슨 일을 해도 마음을 가득 채워 상대방의 마음을 흡족하게 하라.

다섯째, 걸림이 없이 자유자재한 마음이다.

여섯째, 자비로운 마음, 중생을 사랑하는 마음이다.

③ 관세음보살의 여러 모습

흔히 석가모니불을 사생四生(胎·卵·濕·化)의 사비로운 아버지로 표현하는 데 반해, 관세음보살님은 자비로운 어머니(聖慈母)로 표현하고 있다.

그러나 〈관세음보살 보문품〉에는 관세음보살님을 서른두 가지의 모습으로 나투시는 32응신으로 표현하고 있다. 중생의 근기에 따라 다양한 모습으로 나투시기 때문에 보문시현普門示現이며, 그러므로 남성·여성이라고 하는 특정한 성性을 초월하고 있다.

④ 관세음보살 - 자비로운 어머니

관세음보살님은 중생이 처한 상황에 따라 다양한 모습으로 나타나시기 때문에 성性을 초월하고 있지만, 일반적으로 어머니로 표현되고 있다. 그것은 아버지보다 어머니에 대한 이미지가 자비심을 표현하기에 더욱 호소력이 있기 때문이다.

그래서 관세음보살님은 "중생을 마치 어머니가 강보에 싸인 갓난아기를 돌보듯 연민한다(哀愍衆生如赤

子)”라고 말한다.

⑤ 관세음과 관자재

인도의 고대 언어인 산스크리트어 아바로키테스와라Avalokitesvara를 한문으로 ‘관자재觀自在’, ‘광세음光世音’, ‘관세자재觀世自在’, ‘관세음자재觀世音自在’ 등으로 번역한다.

5세기 말경 삼장법사 구마라습이 번역한 《법화경》에서는 ‘관세음보살’로 번역하였고, 당나라 때 삼장법사 현장 스님이 번역한 《반야심경》에는 ‘관자재보살’로 되어 있다.

관자재觀自在는 ‘보는 데 자유롭다’는 뜻이고, 관세음觀世音은 ‘세상의 소리를 관찰하여 본다’는 뜻이다. 일반적으로 정근할 때 ‘관자재보살’보다는 ‘관세음보살’이라고 부른다.

⑥ 관세음보살의 능력

관세음보살은 중생의 근기에 따라 서른두 가지 모습(32應身)으로 나타나시므로 그 모습에서 자유롭다. 또 중생들의 두려움을 없애주는 열네 가지의 능력

(十四無畏力)과 네 가지 위대한 덕(四不思議德)을 모두 다 갖추고 있다.

현세에는 이 같은 신통력과 능력(威神力)으로 중생들을 보살피시고, 임종하면 아미타불이 계신 서방정토 극락세계로 중생을 인도하시는 보살이다.

그래서 우리들은 관세음보살의 능력을 다음과 같이 찬탄한다.

관음묘지력 觀音妙智力	관세음보살의 뛰어난 지혜의 힘은
능구세간고 能救世間苦	능히 세상 사람들 고통을 건져준다네
구족신통력 具足神通力	중생구제의 신통력 다 완비하고
광수지방편 廣修智方便	중생구제를 위한 지혜방편을 갖추었다네
시방제국토 十方諸國土	온 세계 어느 곳 어느 때를 불문하고
무찰불현신 無刹不現身	빠짐없이 그 몸을 나타내신다네

3) 다라니를 수지 · 독송하는 공덕

(1) 신묘장구대다라니를 설한 이유

'신묘장구대다라니'는 문자 그대로 여래의 지혜 · 자비를 갈무린 여래의 본체라 부른다. 한량없는 여래의 대비신력과 위신력을 머금은 '대다라니'이기에 그 신통묘용은 말로 다 헤아릴 길이 없다.

관세음보살님께서는 "대다라니를 설한 이유는 뭇 중생들이 안락함을 얻게 하기 위해, 긴 수명을 얻게 하기 위해, 풍요로움을 얻게 하기 위해, 모든 그릇된 행위로 지은 수많은 죄를 녹여 내리기 위해, 모든 장애와 곤란을 떠나기 위해, 티 없이 청정한 공덕을 늘리기 위해, 모든 선근을 성취하기 위해, 모든 두려움을 먼저 없애기 위해, 간절히 원하는 것을 모두 속히 만족시키기 위해서이니라"라고 설하신다.

(2) 다라니 공덕

다라니를 수지 · 독송하는 사람의 공덕에 대해 관세

음보살님께서는 "나의 자비·방편의 힘으로 필요한 바를 모두 성취케 되며, 삼악도三惡途 중생들이 이 다라니를 들으면 모두 고통을 여의게 되며, 초발심의 자리로부터 부처님의 자리에까지 속히 이르도록 하며, 32상 80종호를 속히 이루게 되리라"라고 설하셨다.

뿐만 아니라 "만약 모든 사람과 하늘 사람 중에 이 다라니를 외워 지니는 자가 강이나 냇물·큰 바다 가운데 목욕하면, 그가 몸을 씻는 물에 적시기만 해도 모든 잘못된 행위와 무거운 죄가 사라지게 되고, 곧 서방 정토에 태어나 극락세계에서 복락을 누리게 된다.

만약 다라니를 외워 지니는 자가 길을 갈 때, 때마침 큰 바람이 그의 몸이나 머리칼·옷에 스치면, 그 바람의 흐름을 스쳐 지나가는 모든 부류의 사람들은 그의 몸을 스쳐 흐른 바람이 몸에 불어 닿기만 해도 모든 무거운 죄와 잘못된 행위가 사라져 다시는 삼악도의 과보를 받지 않고 늘 부처님 세계에 태어나게 되리라. 그러므로 이 다라니를 받아 지니는 자는 복덕의 과보가 말할 수 없고 생각할 수도 없느니라"라고 하셨다.

또한 이 다라니를 외워 지니는 사람은, "부처님의

몸(佛身藏)이며, 광명의 몸(光明身)이며, 자비의 창고(慈悲藏)이며, 오묘한 진리의 창고(妙法藏)이며, 몸과 마음이 안정되는 곳(禪定處)이며, 허공과 같이 넓으며(虛空藏), 두려움이 없으며(無畏藏), 오묘한 진리의 언어(妙語藏)이며, 상주하는 곳(常住藏)이며, 해탈의 창고(解脫藏)이며, 병을 치료하는 창고(藥王藏)이며, 신통이 뛰어나게(神通藏) 된다"라고 하셨다.

이 다라니를 일념으로 수지하면, 태어나는 곳마다 늘 좋은 정치 지도자를 만나며, 늘 좋은 나라에 태어나며, 늘 좋은 때를 만나며, 늘 좋은 벗을 만나며, 몸에 결함이 없으며, 진리를 향하는 마음이 돈독하며, 계戒를 범하지 않으며, 가정이 늘 화목하며, 음식과 재물이 풍요로우며, 늘 다른 사람의 공경과 도움을 받으며, 재물을 도둑맞지 않으며, 바른 뜻으로 구하는 것이 모두 이루어지며, 천룡팔부 신장神將과 좋은 신(善神)들이 보호하며, 태어나는 곳마다 부처님의 가르침(法)을 들으며, 바른 법을 듣고 그 깊은 뜻을 깨치게 된다.

이와 같이 '대다라니'의 공덕은 문자 그대로 무량한

것이어서 관세음보살님께서도 부지런히 독송할 것을
가르치셨다.

(3) 다라니 독송의 의의

'신묘장구'란 신비하고 신통하고 오묘한 말씀이라는
뜻이다. 이 글귀를 외움으로써 신통의 묘한 작용을 불
러일으켜, 인생의 참된 삶을 실천할 수 있기 때문이다.
《천수경》에는 부처님의 한량없는 자비 · 광명 · 해
탈 · 약왕 · 신통의 종자가 들어 있다고 설하신다.

부처님께서는 이 경전을 읽는 이는 이 같은 종자를
싹 틔워 그 백 배, 천 배, 만 배의 복덕을 수확할 수 있
다고 말씀하신다. 왜냐하면 이 다라니는 "부처님과 평
등한 마음(平等心)이고, 하염없는 마음(無爲心)이며, 더
러움이 없는 마음(無染着心)이고, 공의 진리를 깨달은
마음(空觀心)이며, 최상의 지혜를 내는 마음(無上菩提心)
으로서 백천 종류의 삼매가 그 속에 다 들어 있고, 대
비신력이 이 가운데 갖추어져 있어 어떠한 장애障碍도
액난도 미치지 못하기 때문"이라고 하였다.
또 부처님께서는 "너희들은 마땅히 깊은 마음으로

청정하게 이 '대비심다라니'를 받아 지니고 온 세상에 전하라. 이 다라니는 모든 중생들에게 큰 이익이 되느니라. 이 다라니는 먼 과거로부터 선근善根을 심지 않은 사람이면 이름도 듣기 어렵거늘, 하물며 다라니를 수지하고 독송함이겠느냐" 하고 말씀하셨다.

(4) 다라니의 다른 이름

다라니를 수지·독송하는 것은 부처님 몸을 감춘 것이고 자비의 창고를 가진 것이므로, 그에게 백천 가지 삼매가 갖추어져 신통자재하게 되는 것이다.

혹 장수하고자 하여 조용한 곳에서 일심一心으로 다라니를 외우면 그의 수명 또한 길어질 것이다. 그러므로 '다라니의 이름'이 다양하다.

① 중생 구제의 원력이 가득하므로
　'광대원만廣大圓滿 다라니'

② 중생 구제에 걸림이 없으므로
　'무애대비無碍大悲 다라니'

③ 중생을 고통에서 구제해 주므로
  '구고救苦 다라니'

④ 중생들의 수명을 장수하게 하므로
  '연수延壽 다라니'

⑤ 삼악도의 윤회를 끊게 해주므로
  '멸악취滅惡趣 다라니'

⑥ 나쁜 업을 없애주므로
  '파악업장破惡業障 다라니'

⑦ 모든 소원을 꼭 성취하게 하므로
  '만원滿願 다라니'

⑧ 마음먹은 대로 이루게 해주므로
  '수심자재隨心自在 다라니'

⑨ 불도를 이루어 성불하게 하므로
  '속초상지速超上地 다라니'

4) 신묘장구대다라니 한글 번역

가장 거룩하신 삼보三寶께 귀의합니다.
성스러운 관자재(관세음)보살님께 귀의합니다.
보살님과 대보살님께 머리를 조아립니다.
대자대비하신 분께 머리를 조아립니다.

옴ॐ

모든 위난(두려움) 가운데에서 지키어 기르시고
의지가 되시는 분이시여,
바로 당신께 머리를 조아립니다.
성관자재시여! 푸른 목을 가진 분(靑脛尊)이시여
내 이제 마음을 되새기어
머리 조아려 당신의 마음의 진언을 읊나니,
이 마음의 진언(心眞言)은 일체 소망의 성취요, 행복이요,
무적이요, 일체 존재가 존재하는 세계와 길을
청정하게 하는 것입니다.

이 마음의 진언은 이러하니

옴ॐ

다른 세상 빛이여! 다른 세상 빛 지혜여,
세상을 초월하는 분이여,
아! 다른 세상의 끊임없는 빛줄기여,
이리로 이리로 어서 옵소서!
대보살이시여
마음으로 헤아려 주소서! 마음으로 헤아려 주소서!
소원을 이루게 하소서!
소원을 이루게 하소서!
불꽃이여, 불꽃이여
허공에 노니는 분이시여, 허공에 노니는 분이시여
도와주소서! 도와주소서!
제왕자재帝王自在시여 움직이시옵소서! 움직이시옵소서!
본원청정本源淸淨이시여,
청정본체淸淨本體시여 오시옵소서!

나 바라옵나니, 세상의 주인이시여
애착의 독을 사라지게 하옵소서.
증오의 독을 사라지게 하옵소서.

견고한 어리석음의 독을 사라지게 하옵소서.
가져가시옵소서, 가져가시옵소서.
더러움을 가져가소서, 가져가는 분이여
부처님 세계 연꽃이여(佛蓮花)
다가오소서, 다가오소서!
연꽃이여, 연꽃이여
나타나시옵소서, 나타나시옵소서!

참된 지혜로, 참된 지혜로
피어나게 하소서, 피어나게 하소서!
죽음에서 구하소서!
푸른 목의 관음이시여
보살핌 바라 내 온 마음 바치나니
원하는 바 모두 나타나 큰 기쁨 얻게 하소서!

성취하신 분께 사뢰옵나니
크게 성취하신 분께 사뢰옵나니
요가를 성취하여 자재自在하신 분께 사뢰옵나니
목이 푸른 분께 사뢰옵나니
멧돼지 얼굴을 하신 분께 사뢰옵나니
사자의 얼굴을 하신 분께 사뢰옵나니

손에 연꽃을 드신 분께 사뢰옵나니
원반을 지니신 분께 사뢰옵나니
법라法螺 소리로 일깨워 주시기를 사뢰옵나니
큰 방망이를 가지신 분께 사뢰옵나니
왼쪽 어깨에 육사슴 털가죽 걸치신 분께 사뢰옵나니
호랑이 가죽옷 입으신 분께 사뢰옵나니

삼보三寶께 머리를 조아리옵니다.
성스러운 관자재(관세음) 보살님께 머리 조아리옵나니
사뢰는 바 모두 이루어 주옵소서!

(매일 7번 혹은 21번씩 독송하시면
소원은 꼭 성취됩니다.)

5) '옴ॐ' 자에 담긴 뜻

'옴(om)'의 뜻은 무엇일까.

인도의 산스크리트어로는 '아(A)·우(U)·움(M)'으로 표기하는데, '귀의·공양·삼신三身(법신·보신·화신)·깨달음·나쁜 악을 절복시킨다'는 뜻이다.

불교에서는 '부처님의 청정 무결한 몸·말씀·마음'을 상징한다.

고대 인도에서는 종교 의식 전후에 암송하던 신성한 음이었다. '옴' 하고 염송하면 그 공덕이 사후에 미쳐 영혼이 미망의 세계에서 떠도는 것을 막아준다고 믿었다. 인도의 바라문교에서도 아주 신성시한 글자이다.

'옴' 자를 수지하는 방법은 《수호국계주다라니경》에 의하면 "부처님의 삼신을 상징하므로 옴 자를 잘 지니고 관觀하라"라고 하였다.

이 '옴' 자를 수지한 공덕으로 삼업三業이 맑아지고 궁극적으로 성불할 수 있기 때문이다.

3. 여러 가지 기도법

1) 구병시식 - 병자를 치유하는 불공

시식施食이란, 업력業力에 의하여 고통받는 영가(영혼)들에게 부처님 가르침을 듣고 극락왕생하시라고 제사 불공 올리는 것을 말한다. 그러므로 구병시식救病施食은 병을 치유하기 위하여 제사를 올리는 불공 의식을 말한다.

구병시식의 유래는, 배고픈 귀신들을 제사 불공에 초대하여 이들이 진리와 음식을 통하여 굶주림을 채우고 불법에 귀의하여, 원한이 있으면 풀고 하루 속히 극락에 태어나도록 하는 천도 의식이다.

불교에서는 우리 몸에 발생하는 병의 원인을 크게 두 가지로 본다. 하나는 '현세실조병現世失調病'이라 하여 음식이나 몸과 마음가짐을 조절하지 못해 생기는 병이다. 두 번째는 '선세행업병先世行業病'이라 하여 과거에 지은 잘못된 업의 결과가 현세의 질병이라는 과보(결과)로 나타나는 것을 말한다. 특히 누군가를 몹시 괴롭히거나 미워할 경우, 그 업의 힘이 잠복해 있다가 현세에 자기 몸의 병으로 나타난다.

불교에서는 육체와 정신이 따로 떨어져 있는 별개의 실체가 아니라 서로 연관 관계 속에서 작용하고 있다는 연기론적 사고를 바탕으로 파악하고 있다. 따라서 불교적 치료법으로서의 구병시식은, 양방이나 한방 등 의학적 처방과 병행하여, 부처님의 가르침에 귀의하고 복덕을 지음으로써 병고와 액운을 이겨내고 건강한 삶을 살아가게 하려는 데 의미가 있다고 하겠다.

즉, 우리 몸이 병들었을 때 병원이나 약국을 찾는 의학적 처방도 중요하지만, 자신의 업에 대해 참회하고 더불어 주변의 모든 원한 관계를 해소하고, 고통받는 중생들에게 자비를 베풀어 그 공덕으로 병고의 원인을 해소하는 것도 중요하다는 말이다.

구병시식을 올릴 때 영혼에게 독송하는 축원 내용을 살펴보면, "빚진 사람이나 원수 맺은 사람, 미워하는 마음, 증오하는 마음을 그치게 하고자 지금 시식을 베풀어 진리의 음식을 제공하오니, 이 법문 들으시고 모두 큰 깨달음 얻어 원한을 푸소서"라고 축원을 해준다.

구병시식이 전생의 빚을 갚고 원한을 풀어 연새의 병고를 이겨내게 하려는 의식임을 알 수 있다. 여기서 불자들이 지켜야 할 것은, 구병시식은 일반 불자들이 행할 수 있는 의식이 아니라 수행 공덕이 높으신 스님에 의하여 진행해야 한다는 점이다.

2) 영가 천도

(1) 천도 기도법

우리 불자들이 일상생활 속에서 쉽게 할 수 있는 천도법 중 가장 널리 알려져 있는 방법은 '나무아미타불'을 외우는 일이다. 죽은 이가 무량한 수명과 무한한 빛의 부처님인 아미타불께 의지하여 극락왕생하기를 기원하는 것이다.

또 '지장보살'을 부르는 방법도 있다. '모든 중생을 남김없이 해탈시킨 다음 성불하겠다'고 맹세한 지장보살의 원력願力에 의지하는 것이다. 실제로 지장보살은 염라대왕을 비롯한 명부의 10대왕이 심판을 할 때, 심판을 받는 이의 옆에 서서 해탈법문을 설해 주고 염라대왕에게 좋은 판결을 내려줄 것을 부탁한다고 한다.

또한 《지장경》, 《금강경》, 《아미타경》 등의 경전을 읽어주면서 영가의 극락왕생을 기원하는 방법도 있다.

경을 독송할 때는 입으로만 외우지 말고 뜻을 이해하여 한 구절 한 구절을 마음으로 새기면서 읽어야 한다. 경을 읽어주는 것은 곧 설법을 하는 것인데, 읽는 사람이 뜻도 모르고 읽는다면 어떻게 죽은 이의 영혼이 알아듣고 이해할 수가 있겠는가?

이외에도 '다라니'를 외우거나 '사경寫經'을 하거나 영가에게 '보살계菩薩戒'를 주는 천도법이 있다.

(2) 광명진언으로 천도하는 법

'광명진언光明眞言'을 읽어주면 영가 천도에 효과가 좋다. 광명진언은 29글자로 이루어진 매우 짧은 진언이며 그 내용은 다음과 같다.

옴 아모카 바이로차나 마하무드라 마니 파드마 스바라 프라바릍타야 훔

'옴(OM)'은 부처님을 상징하는 말이며, '아모카'는 불공不空을 성취하신 부처님, '바이로차나'는 비로자나 부처님, '마하무드라'는 큰 도장(大印) 지니신 아촉 부처님, '마니'는 보석을 지니신 보생寶生 부처님, '파드마'는 연꽃을 지니신 아미타 부처님을 상징한다. '스바라 프라바릍타야'는 속히 중생을 구제하는 광명을 비춰주시라고 기원하는 말이고, '훔'은 청정하게 해주소서라고 기원하는 말이다.

이 광명진언은 밀교의 핵심 진언이기도 하며, 부처님 지혜의 상징인 광명(빛)을 일체 중생과 나에게 속히 비춰주기를 기원하는 내용이다. 또 부처님의 한량없는 자비와 지혜의 힘으로 새로운 태어남을 얻게 하는 신령스러운 힘을 지니고 있다. 아무리 깊은 죄업과 짙은 어두움이 마음을 덮고 있을지라도, 부처님의 광명 속에 들어가면 저절로 맑아지고 깨어나게 된다는 것이 이 진언을 외워 영험을 얻는 원리이다.

일찍이 신라의 고승 원효 대사는 그의 저서 《유심안락도》에서 이 진언의 공덕을 크게 강조하여 "만일 중생이 이 진언을 두 번이나 세 번, 또는 일곱 번을 귀로 듣기만 하여도 모든 죄업이 없어지게 된다"고 하였다. 원효 대사는 항상 가지고 다니던 바가지에 강변의 깨끗한 모래를 담아 광명진언을 108번 외운 다음 그 모래를 묘지나 시신 위에 뿌려 영가를 천도했다고 한다.

우리 불자들도 집안에 상喪을 당했을 때, 절에서 49재를 지내기 전에 그 49일 동안 집에서 매일 광명진언을 외워주면 매우 좋다. 많은 시간을 할애하지 않아도 좋다. 향 한 자루가 타는 30분이면 족하다. 돌아가신 망인亡人의 사진 앞에 앉아 입으로는 광명진언을 외우고 마음으로는 극락왕생을 기원하면 된다. 틀림없이 크나큰 영험이 있을 것이다.

(3) 천도재의 공덕 및 의의

《부모은중경》에 말씀하시기를 "부모님은 필경의 연민자憐憫者"라 하였다. 나이 많으신 부모님은 아무리 장성한 자녀라도 잠시도 쉬지 않고 걱정하시니, 그 자손들을 불쌍히 여기시고 언제나 가련히 생각하며 항상 살피시는 마음에 끝이 없으시다. 뿐만 아니라 돌아가신 후에도 그 자손을 살피며, 그 자손이 어떻게 되는지 항상 마음이 떠나지 않는다. 바로 우리의 부모님과 우리 이웃의 어르신과 우리 사회의 많은 노인들 모두가 이러하시다.

돌아가신 부모님을 위하여 천도해 드리고 독경해 드려서 그 마음을 깨닫게 해드리고, 부처님의 은덕을 통해서 마침내 그 큰 공덕을 성취하게 해드리는 것은 부모님을 위하는 효성이며, 동시에 자기와 자기 자손과 자기 집안이 밝게 되는 중요한 일이다. 그러므로 늘 이렇게 축원을 올려드리면 좋다.

조상님, 부처님의 광명 받아서 모두 왕생극락 하여지이다. 밝음과 기쁨이 항상 넘쳐지이다.

(4) 백중 천도재의 유래

음력 7월 보름은 '백중'이라 하여 조상님께 천도재를 올리는 날이요, 조상님께 효도하는 날이다. 불교의 우란분절盂蘭盆節, 즉 '조상님의 음덕을 기리는 날, 극락에 태어나시도록 천도재를 올리는 날'에서 유래한 것이다. 이는 《우란분경(목련경)》에 근거하는데, 방탕한 생활로 지옥에 태어난 어머니와 효성 지극한 아들과의 슬픈 사연에서 유래하였다.

부처님께서 활동하시던 시절에 효성스럽기로 소문난 나복이라는 청년이 있었다. 나복은 성품이 온순하고 성실하며 신용과 의리가 있는 청년이었다. 뿐만 아니라 출가한 스님들이나 가난한 사람, 아픈 사람을 보면 외면치 않고 항상 도와주었다. 그의 아버지는 장사를 하여 부자로 살았고, 그 또한 장사를 잘하였다. 세월이 흘러 아버지가 돌아가시자 장사 수완이 좋은 나복은 아버지 때보다 더 큰 부자가 되었다.

그는 일단 장사를 떠나면 빨라야 한 달, 보통은 석 달이나 되어야 집으로 돌아왔다. 어느 때 나복은 얼마나 걸릴지 모르는 땅으로 멀리 떠나게 되었다. 집에는 홀어머니만 남아 있게 되었는데, 효성이 지극한 나복은 어머니와 오래 헤어져야 함을 가슴 아파했다.

나복의 어머니는 성격이 거칠고 가난한 이를 무시하며, 사치하기를 좋아하였다. 어머니의 성격을 잘 알고 있는 나복은 장사를 떠날 때마다 어머니 걱정이 태산 같았다. 나복은 어머니가 생활하는 데 부족함이 없을 정도의 재산과 식량을 준비해 주었다. 또 수행자가 찾아오면 시주하고, 불행한 이나 가난한 이를 만나면 도와주도록 별도의 용돈을 드리면서 어머니께 작별인사를 하였다.

어머니는 아들의 이번 장삿길이 장기간 걸린다는 말에 겉으로는 슬픈 표정을 지으면서도, 내심으로는 마음대로 사치하고 놀 수 있게 됨을 기뻐하였다. 아들이 떠나자 어머니는 아들이 부탁한 복 짓는 일은 안중에 두지 않고, 노름판과 향락가로 돌아다니면서 사치와 방탕한 생활을 즐겼다.

수행자가 찾아오면 시주는커녕 문전박대하고, 병자

나 불행을 당한 이가 도움을 청하면 무시하였으며, 가난한 이가 찾아오면 뺨을 때려 쫓아내는 등 못된 일만 골라서 하였다. 결국 술과 노름, 마약 등 지나치게 사치하고 방탕한 생활만 거듭한 어머니는 아들이 돌아오기도 전에 맡겨 놓은 재산을 다 탕진해 버린 것도 모자라 아들을 담보로 빚을 지고, 설상가상으로 몸에 고칠 수 없는 병이 들어 그만 죽고 말았다.

나복이 장사를 마치고 큰돈을 벌어 기쁜 마음으로 집에 돌아와 보니, 어머니의 모습은 보이지 않고 온 집안에 잡초가 무성하고 인기척이 없었다. 불길한 예감이 들어 황급히 방안에 들어가 보니 거미줄과 먼지가 가득한 방에 어머니의 위패만 처량하게 놓여 있었다. 마을 사람들로부터 자초지종을 들은 나복은 새삼 인생의 무상함을 온몸으로 느끼고, 평소에 존경하던 부처님을 찾아갔다.

부처님께 출가를 허락받은 나복은 목련 스님이 되어 밤을 새워 용맹정진의 수행을 하였다. 목련은 몇 년간 고행한 결과 신통력을 얻어 부처님으로부터 신통제일神通第一로 인정받았다.

평소에 효성이 지극했던 목련은 자신의 신통력으로 돌아가신 어머니가 어디에 계시는지 살펴보았으나 어머니의 모습은 보이지 않았다. 목련은 부처님께 그 사실을 말씀드리고, 어머니의 모습이 보이지 않는 까닭을 여쭈었다. 부처님께서는 큰 신통을 이용하여 목련의 어머니가 고통이 심하기로 알려진 무간지옥無間地獄에서 고통을 받고 있는 모습을 보여주면서 그의 어머니가 생전에 크고 무거운 죄를 짓고 지옥에 떨어진 것이라고 말씀하셨다.

목련은 부처님께 지옥에서 고통받고 있는 어머니를 구제할 방법을 간절히 여쭈었다. 그러자 부처님은 "7월 15일 백중은 1년 중 달이 가장 크고 밝으며, 새로운 곡식이 생산되기 시작하는 시기이다. 음식을 만들어 재齋를 올리기에 가장 좋은 시기이며, 지옥문이 열리는 날이다. 수행자와 신자들이 한자리에 모여서 조상님께 음식을 올리고 경전을 읽으면서 참회하면, 고통받는 지옥 중생들이 지옥문을 나와 극락(부처님 세계)에 올라가게 되리라."라고 말씀하셨다.

목련은 7월 15일을 기하여 수행자 · 신자들과 함

께 음식을 만들어 재를 올리고, 경전을 독송하고, 천도재 불공을 올렸다. 이때 목련의 어머니가 고통스런 지옥을 벗어나 극락으로 올라가면서 고마움의 눈물을 흘리는 모습을 그 자리에 모인 대중이 다 같이 목격하였다.

이후로 사람들은 매년 7월 15일이 되면 조상의 음덕을 기리고, 극락왕생을 위하여 여러 가지 음식물을 준비하여 공양을 올렸으며, 절에 가서는 경전을 독송하고 천도재를 올렸다. 백중은 여러 조상님 전前에 정성스럽게 재를 베풀어 왔던 아름다운 미풍양속이다.

(5) 천도재의 의미 – 조상님에 대한 효의 실천

사람이 죽으면, 죽는 그 순간 영혼이라는 의식 상태를 '사유死有'라고 하고, 죽어서 새 생명을 받아 태어날 때까지의 중간을 '중유中有' 또는 '중음中陰'이라고 한다. 보통 죽어서 헤매고 다니는 영혼들을 '중유'라고 말한다. 나쁜 업이든 좋은 업이든 업이 지은 바가 강하면 바로 새 생명을 받아가지만, 그렇지 못하면 자력으로 가지 못하고 헤매는 경우가 많다.

이 헤매는 기간이 하루이틀이 아니고 일주일, 2주일, 49일인 경우도 있고, 더 긴 경우도 있다. 방황하는 시기가 길어지는 경우가 있는 것이다. 죽는다고 해서 모두가 바로 새 생명으로 태어나는 것이 아니다. 지옥에 기다리도 지옥 길 없이 있어야 지옥에 바로 가는 것이다. 목련존자의 어머니는 중유中有의 과정을 거치지 않고 바로 지옥에 떨어졌다. 지옥에 태어난 목련존자의 어머니를 천도했던 날이 바로 '우란분재(백중)'이다.

우리 한 사람 한 사람이 현실적인 존재인 것처럼 죽은 후에 중음中陰의 상태일 때도 현실적인 존재이고, 다른 생에 태어났을 때도 현실적인 존재이다. 부처님께서는 현재의 상태에서 그 깨달음의 말씀으로 우리를 밝게 해주시는 것처럼, 현재의 우리와 중음의 상태와 새로운 생生까지도 밝게 해주시고 깨닫게 해주시는 분이다. 우리가 지성껏 기원을 올려 우리의 마음이 밝아졌을 때, 밝은 이 마음은 바로 온 우주를 즉시 밝히는 위덕을 가지고 있다.

이 마음이 내 마음인 듯 보여도 그 뿌리는 우주와

제불보살과 일체 중생과 통해 있다. 그러므로 '지성스러운 마음, 일심으로 향한 마음, 정성 기울인 마음'으로 기원을 드리면 걸림 없이 온 우주와 통하고, 그 공덕이 온 세계에 미치고, 큰 공덕을 성취하는 것이다.

우리는 부처님의 그 가르침을 통해 영원히 우리를 보호하시는 부모님과 조상님에 대한 효성을 잊지 말아야겠다.

3) 업장 소멸

나보다 잘난 사람 보면 질투심이 올라온다거나 나보다 못난 사람 보면 '나 잘났다'는 우월감이 올라올 때 '이게 바로 업장이구나' 하고 얼른 지켜볼 수 있어야 해요. 열등감이든 우월감이든 잘 지켜보고, 그래도 안 되면 그 마음에 대고 염불하고, 그래도 안 되면 딱 버티고 앉아 마음 다해 독경을 할 수 있습니다. 그렇게 그 마음 지켜보고 잘 닦아내는 일이 업장 소멸하는 일이지요.

‘업장 소멸’, ‘업장 소멸’ 말로 아무리 해야 내 안에서 경계 따라 문득문득 올라오는 이 생생한 생활 속의 업장을 닦아내지 않으면 절에 수십 년을 다녀도 별 소득이 없어요. 매일매일 마음 닦고 정진하지 않으면 사시 스스로 느끼지 못할지라도 내 안에서는 업장이란 놈이 얼마나 닦아지고 있는지 모르게 돼요. 가만히 올라오는 마음을 지켜보세요. 경계에 닥쳐 마음이 얼마나 여여如如해지고 있는가를…….

생생하게 순간순간 경계 따라 올라오는 마음을 잘 관觀하고 잘 닦아내어 휘둘리지 않을 수 있고 여여할 수 있어야 살아 있는 생활 속의 수행이라 할 수 있습니다. 친구 잘되는 꼴 못 보는 마음인가, 친구 잘될 때 진정으로 함께 기뻐해 주고 격려해 주는 마음인가. 또 사람들 만날 때, 특히 나보다 상황이 좋지 않은 사람을 만날 때 ‘나 잘난 마음’, ‘상대를 깔보는 마음’으로 대하고 있지는 않은가 살펴보아야 합니다. ‘나 잘났다’ 하는 사람은 공부 절대 못해요. 물론 자신이 못난 데 집착하는 사람도 공부 잘한다고 할 수는 없어요.

그렇더라도 나 잘난 마음을 가지지 말고 나 못난 줄 아는 마음으로 살아야 해요. 설령 남 잘되는 꼴 보고 속이 좀 메스껍더라도 자꾸 기뻐해 주고 격려해 주는 마음 연습을 해야 하고, 못난 사람 만나더라도 절대 부처님으로 공경하는 마음을 연습해야 해요. 그렇게 연습하다 보면 마음이 중심을 딱 잡게 돼요. 마음이 잘나고 못난 경계를 허물게 돼요. 그래야 여여해지고, 내 안에 있는 잘나고 못난 업장이 소멸될 수 있는 겁니다. 일단 남들 보고 좋고 싫은 마음이 일어날 때는 무조건 깜짝 놀라 지켜볼 수 있어야 돼요. 그렇게 그런 마음 닦는 것이 바로 업장 소멸하는 첫 번째 길이에요. 보지도 못하는데 닦는 일은 얼마나 먼 길이겠어요. 그러나 일단 알아차릴 수 있다면 반 이상은 벌써 끝났다고 볼 수 있어요.

그러니 알아차리면서 "난 아직도 이것밖에 안 돼" 하고 그걸 가지고 또다시 분별할 필요는 없어요. 딱 알아차렸으면 그놈이 어디서 왔나, 어떻게 머물다가 어떻게 변하고 또 어떻게 소멸되는가를 물 샐 틈 없이 지켜보세요. 지켜봄이 깊어지면 그냥 녹아 없어지고 소멸되지요. 그런데도 안 된다 싶으면 그 마음을 관하면서 염불하시고, 또 모자라고 석연치 않은 찌꺼기 마음이 남아 있다면 딱 버티고 앉아 마음을 다해 독경을 하면 그 어떤 업장이라도 분명 소멸시키고 녹일 수 있어요.

그것이 생활 속의 정진이에요. 그럴 수 있는 사람이 생활수행자이지요. 경계를 두려워하지 마세요. 경계 앞에서 당당해지고, 떳떳하게 마주하여 정진으로 닦아내시기 바랍니다.

〈일타 큰스님의 『생활 속의 기도법』 중에서〉

4) 시험 합격

잠들기 전에 어떻게 기도해야 하는가?

그 비결은 집중과 간절함에 있다. 나는 종종 대학 시험 준비를 하는 학생들과 기도 이야기를 나누곤 한다.

"시험공부 하느라 힘들지? 공부는 잘되느냐?"

"스트레스만 쌓일 뿐 공부가 잘되지 않습니다."

"내가 공부 잘되는 방법을 가르쳐 줄까? 잠들기

전에 '내일 새벽 몇 시에 일어나서 공부해야지' 하고 잠들면 그 시간에 눈이 번쩍 떠지는 일을 경험해 본 적이 있느냐?"

"예, 자주 있습니다."

"바로 그와 같은 방법을 쓰면 된다. 잠들기 직전에 관세음보살을 부르되, 먼저 허리를 쭉 펴고 심호흡을 세 번 이상 해라. 그리고 숨을 깊이 들이킨 다음 침을 꿀꺽 삼켜. 그래서 숨을 막아. 그럼 당연히 숨이 꽉 찼지? 꽉 찬 숨을 아껴서 한 번의 숨을 다 내쉬는 동안 관세음보살을 108번을 부른다. 왜 한숨에 108번을 부르라는 것인고 하니, 천천히 부르면 잡념이 많이 생기지만 한숨에 아주 빨리 108번을 부르면 집중이 잘 되고, 간절한 마음이 우러나기 때문이다.

처음에는 관-세음-보-살, 관-세음-보-살 하면서 천천히 시작하여 서너 번 지나면 점점 빨리 불러. 그래서 마침내는 한 번 한 번 부르는 관세음보살 소리가 앞뒤 간격이 없을 만큼 빠르게 불러야 한다. 너는 관세음보살을 부르고 있지만, 옆에서 듣는 사람은 무슨 소리인지 알아듣지 못할 정도로 빨리! 이렇게 빨리 부르면 능히 한숨에 108번을 부를 수 있게 된다. 물론 처음에는 30번, 40번밖에 부를 수 없을 거야. 그렇지만 능력껏 부르고 숨을 깊이 들이키면서 속으로 기원을 해라.

'관세음보살님! 공부가 재미있습니다. 공부가 잘 됩니다. 이번 시험은 틀림없이 붙습니다.' 이렇게 세 번 기원을 해라. 그리고 다시 앞의 요령대로 관세음보살을 108번을 부르고 기원을 하고, 또 108번을 부르고 기원하고…… 이와 같이 세 차례 또는 일곱 차례 반복하면 공부도 잘되고 관세음보살님의 가피를 입어 능히 좋은 결과를 얻을 수 있다. 시간은 5분 또는 10분 정도 걸리지. 한번 해보겠느냐?"

"예."

"어떤 일이 있더라도 매일 잠자기 전에 꼭 하고 자야 한다. 혹 여행 또는 다른 집에 가거나 하여 기도할 장소가 마땅치 않을 때도 있을 거야. 그럴 때는 화장실이나 목욕탕에 들어가서 해도 괜찮고, 이불 속에 들어가서 해도 괜찮아. 방에서 할 때 는 바닥 또는 책상 의자에 앉아서 하고, 잠자리에 들어서도 속으로 기원을 해라. 그래야 잠드는 순 간과 접속이 되어 잠재의식 속으로 딱 붙게 되니 까……"

나는 아직까지 이 기도법을 실천한 학생들 중에서 원하는 대학이나 취직 시험, 혹은 국가고시에 합격하지 못하였다는 이야기를 듣지 못하였다. 하루 5분, 10분의 잠자기 전 기도가 예상 밖의 좋은 결과를 가져온 것이다.

〈일타 큰스님의『생활 속의 기도법』중에서〉

5) 가족을 위한 기도

가족을 위한 기도는 남의 기도를 대신 해준다는 점이다. 그러나 대신 해주는 기도라 하여 효과가 떨어지는 것은 아니다. 대신 해주는 기도의 원리는, 햇빛을 거울로 받아 어두운 방을 비춰 줌으로써 그 방을 환하게 밝히는 것과 같은 이치이다.

내가 가족 중 한 사람을 생각하며 관세음보살을 부르면 관세음보살의 밝은 가피가 그에게로 향한다. 남편이나 자식이 직접 기도를 하지는 않지만, 내가 기도하는 힘으로 모두 잘될 수 있는 것이다. 특히 가족끼리는 뇌파 작용이 어느 누구보다도 강하다. 기도하면서 이 텔레파시를 보내면 불·보살의 밝은 광명이 그 가족에게 전달되고, 그 가족이 밝은 광명을 받게 되면 어둡던 장애가 사라져 뜻과 같이 이룰 수 있게 되는 것이다.

기도의 대상으로는 이처럼 가족을 중심에 두되, 친가·시가·외가를 막론하고 마음이 가는 사람 모두를 위해 기도해 주는 것이 좋다. 결코 편협한 마음으로 기도 대상에서 제외한다거나 미워하는 마음을 가져서는 안 된다.

한 번은 해인사 지족암에서 법문을 하면서 "식구들마다 기도해 주라"고 했더니만, 법회가 끝난 뒤 노보살 한 분이 찾아왔다.
"스님, 우리 큰사위 기도는 안 해줄랍니다."
"왜 그러십니까?"
"하루는 제가 딸네집을 찾아갔더니 사위가 참외를 깎아 줍디다. 그런데 깎은 참외를 칼로 푹 찔러서 '어머니, 잡수소' 하지 않겠습니까? 그런 불학무식한 놈이 어디 있습니까? 꼴도 보기 싫은데, 어찌 기도가 되겠습니까?"

"기도 해주고 안 해주고는 보살 마음이지만, 미운 사람일수록 극락왕생토록 기도해 주라는 옛 스님 말씀도 있지요."

그런데 그 노보살이 다음달 법회에 참석하여 말하였다.

"지난달 법회한 날부터 스님 말씀대로 가족 한 사람 한 사람에 대해 기도를 하였는데, 큰사위 기도는 하지 않았습니다. 그런데 3일 뒤 큰사위가 교통사고를 만났지 뭡니까? 차는 많이 부서졌지만 다행히 사람은 다치지 않았습니다. 그런데 가슴이 철렁 내려앉습디다. '저 사위 죽으면 내 딸은 어떻게 될꼬?' 그래서 그날부터 큰사위를 위한 기도도 해주고 있습니다."

약간은 우스운 이야기지만, 좋고 싫은 것이 많은 우리로서는 한 번쯤 되새겨 봄직한 이야기이다.

가족을 위한 기도에 대해 조금 더 구체화시켜 보자. 예를 들어 '나'의 가족이 시아버지·시어머니·남편과 큰아들·작은아들·딸이고, 어머니인

'나'가 기도한다고 하자. 이 경우 시아버지 · 시어머니의 건강과 장수를 시작으로 가장인 남편을 위해 축원하고, 그 다음으로 큰아들 · 작은아들 · 딸, 친정 부모님이나 형제자매를 위한 기원을 한다. 그리고 마지막에는 당사자인 '나'에 대한 기원을 하면 된다.

기원문은 사람의 형편에 따라 적절히 정하되, 한 사람에 대하여 '관세음보살' 108번과 세 번의 축원을 잊어서는 안 된다. 반드시 그 가족의 얼굴을 떠올리면서 간절히 관세음보살을 외운 다음, "잘되게 해주십시오. 잘되게 해주십시오. 잘되게 해주십시오." 이렇게 세 번 정도 기원을 하면 된다.

만약 가족 구성원 중 특별한 처지에 있는 사람이 있다면 그를 위해서는 더 많이 기원해 주어야 한다. 예를 들어 작은아들이 큰 시험을 앞두고 있다면, 그 아들을 위해서는 '관세음보살' 108번을 부르고 세 차례 절도 하고 "꼭 시험에 붙게 해주십시오" 하면서 기원하는 것이 좋다.

내가 기도해서 우리 가족이 잘된다면 얼마나 보람 있고 가치 있는 일이겠는가? 만약 우리 불자들 중에서 아직까지 이와 같은 기도를 하지 않고 지내는 분이 있다면 지금부터라도 꼭 기도하고 자는 습관을 들이도록 간곡히 당부드린다. 그리고 이와 같은 기도를 할 때 꼭 권하고 싶은 것은, '한 번의 108염불'을 더하여 중생을 위해 축원하라는 것이다.

"모든 사람들이 행복하게 해주십시오."
"모든 사람들이 행복하게 해주십시오."
"모든 사람들이 행복하게 해주십시오."

가족과 나의 이익을 위한 기도가 아니라 직접적인 이해관계가 없는 중생을 위한 기도! 이것이 세상을 밝히고 아름답게 만든다. 이것이 나의 불성佛性을 깨어나게 만든다. 남을 이롭게 하는 한마디의 축원이 '나'를 참된 보살菩薩의 지위로 끌어올리는 것이다. 꼭 중생 축원의 기도를 곁들이기 바란다.

〈일타 큰스님의 『생활 속의 기도법』 중에서〉

4. 육법六法 공양문

육법공양六法供養이란, 불자들이 정성스럽게 준비한 향·등(초)·차·과일·꽃·쌀 등 여섯 가지 공양물을 부처님께 올리는 것으로, '위로는 부처님께 정성스런 공양을 올리는 것임과 동시에 나 자신의 법신法身 부처님에게도 공양을 올린다'는 뜻입니다.

卍 향香 공양

지극한 정성으로 해탈의 향을 예경禮敬하여 올립니다.

시주施主의 경건한 정성, 향로에 서리어서 사르는 이 순간, 온 우주에 널리 펴져 이 향기로 이 세상을 맑히옵고, 중생들의 악업惡業이 소멸되어 해탈解脫의 선정禪定에 어서 올라지이다.

오직 바라옵건대 여러 부처님이시여,

이 공양을 받으소서.

卍 등燈 공양

지극한 정성으로 반야의 등을 예경하여 올립니다.

등불이 자신을 녹이면서 어둠을 밝혀주듯이 제가

이제 스스로 등잔이 되어 온누리를 두루 밝게 비추오니, 악업은 소멸하고 복덕福德이 무량하여 반야般若의 큰 지혜에 어서 올라지이다

오직 바라옵건대 여러 부처님이시여,

이 공양을 받으소서.

卍 차(茶) 공양

지극한 정성으로 감로차를 예경하여 올립니다.

시방세계 모든 부처님과 청정한 미묘법과 해탈하신 스님들께 감로의 청정한 차를 공양하오니, 이 공덕 무량하여 선정의 맑은 차에 지혜광명 드리우사 일체중생 모두 함께 성불成佛하여지이다.

오직 바라옵건대 여러 부처님이시여,

이 공양을 받으소서.

卍 과일(果) 공양

지극한 정성으로 보리의 과일을 예경하여 올립니다.

어려운 고난 속에서도 향기롭고 맛있는 열매를 맺은 과일나무처럼 저희가 지은 공덕功德 바라는 마음 없이 모든 이웃에게 회향回向하나이다.

오직 바라옵건대 여러 부처님이시여,

이 공양을 받으소서.

卍 꽃(花) 공양
지극한 정성으로 만행의 꽃을 예경하여 올립니다.

이 세상 만물 가운데서 가장 아름답고 향기로운 꽃처럼 거룩하신 부처님의 제자로서 만행의 선덕을 이루어 불국정토佛國淨土에 아름다운 꽃을 피워 장엄莊嚴하게 하여지이다.

오직 바라옵건대 여러 부처님이시여,

이 공양을 받으소서.

卍 쌀(米) 공양
지극한 정성으로 선열의 쌀을 예경하여 올립니다.

한 방울의 물에도 천지天地의 은혜가 스며 있고 한 톨의 곡식에도 일체중생의 무한한 공덕이 담겨 있습니다. 이제 부처님께 백미로써 정성껏 공양 올리오니, 이 공덕 시방세계 회향回向되어 선열禪悅의 큰 바다 이루어지이다.

오직 바라옵건대 여러 부처님이시여,

이 공양을 받으소서.

부처님 꼭 그리되게 하소서.
나무 석가모니불
나무 석가모니불
나무 시아본사 석가모니불

사람이 복을 짓는 것은 오직 그 마음에 있고
재물의 많고 적음에 있지 않다.
아무리 많은 물질을 베풀어도 마음속으로 아까워하면
뒤에 받는 복은 대단한 것이 못된다.

비록 보시하는 물질은 적으나
마음이 넓고 평등하여 모든 것에 두루 베풀어주고
자기를 위하지 않으면
뒤에 가서 얻는 복은 이루 다 말할 수 없을 것이다.

《출요경》

5. 기도문

1) 달라이 라마의 기도문

사람을 만날 때마다
언제나 나 자신을 가장 미천한 사람으로 여기고
내 마음 깊은 곳에서
상대방을 최고의 존재로 여기게 하소서.

나쁜 성격을 갖고
죄와 고통에 억눌린 존재를 볼 때면
마치 귀한 보석을 발견한 것처럼
그들을 귀하게 여기게 하소서.

다른 사람이 시기심으로 나를 욕하고 비난해도
기쁜 마음으로 나를 패배하게 하고
승리는 그들에게 주소서.

내가 큰 희망을 갖고 도와준 사람이
나를 심하게 해칠 때

그를 최고의 스승으로 여기게 하소서.

그리고 나로 하여금 직접 또는 간접적으로
모든 존재에게
도움과 행복을 줄 수 있게 하소서.

남들이 알지 못하게
모든 존재의 불편함과 고통을
나로 하여금 떠맡게 하소서.

용서는 단지 자기에게 상처 준 사람을
받아들이는 것만이 아니다.
용서는 그를 향한 미움과 원망의 마음에서
스스로를 놓아주는 일이다.
그러므로 용서는
자기 자신에게 베푸는
가장 큰 베품이자 사랑이다.

– 달라이 라마

2) 명상 기도문

저는 오늘 이렇게 동료들과 함께 일할 수 있고
만날 수 있게 되어 기쁘게 생각하며 감사드립니다.

감사합니다
나의 가장 행복한 시간을 떠올려 보세요.
나를 가장 사랑해 주신 분,
내가 은혜 입은 분을 떠올립니다.
그분께 감사하다고 말해보세요.

참회합니다
내가 살아오면서 크게 잘못한 것도 없는데
나를 미워한 사람,
나를 원망하는 사람을 떠올려 봅니다.
그분께 미안하고 죄송하다고 참회하세요.

용서합니다
가족이나 직장에서 내가 가장 미워한 사람,
내가 원망하고 있는 사람을 떠올립니다.

이제부터는 원망하지 않겠습니다.
용서하겠다고 말합니다.

축원합니다
가족 중에서, 이웃 중에서 잘해주고 싶은 사람,
도와주고 싶은 분을 떠올립니다.
지금 그분께 잘되라고
행복하시기를, 건강하시기를 진심으로 축원드립니다.

화가가 자기 마음대로 그림을 그리듯이
중생의 마음은 갖가지 세상만사를 그려낸다.

세상만사를 분별하는 바로 그 마음이 부처를 만드나니
마음과 중생과 부처는 본래 차별이 없느니라.

만약 그대들이 거룩한 부처를 찾고자 한다면
자기 자신을 외면하여 밖으로 헤매지 말고
그대 각자의 마음속에 부처가 있음을 깨달으라.

《화엄경》

3) 소원 성취 기도문(혼자 기도할 때)

거룩하신 부처님과 가르침과 스님들께 귀의합니다.
우주에 충만하사 아니 계신 곳 없으시고
영겁에 항상하사 아니 계신 때 없으신 부처님!
부처님 전에 발원하옵니다.

저는 늘 부처님 말씀에 의지하여
올바르게 살아갈 것을 다짐합니다.
누구에게나 자비심을 가지고
부모형제나 친척을 만난 듯
늘 감사하는 마음, 고마워하는 마음으로 대하겠습니다.

대자대비로 온 세상을 두루 보살펴 주시는 부처님!
부처님 말씀 따라 질서를 잘 지키어
재앙에서 벗어나고자 합니다.
살아 있는 생명을 소중히 여기고,
필요 이상으로 욕심내지 않으며,
거짓말, 이간질하는 말,
이치에 맞지 않는 행동은 하지 않겠습니다.

큰 신통력으로 행복의 세계로 인도해 주시는 부처님!
일상생활 속의 온갖 고통과 괴로움에서
하루빨리 구제해 주시고,
불안과 좌절과 실망에서 벗어나도록
복과 희망과 용기를 내려주시고,
부처님의 큰 지혜와 원력으로
소원하는 모든 것들이 꼭 이루어지게 해주소서!

오늘 발원제자 ○○○와 가족 ○○○은
두 손 모아 간절히 발원합니다.
저의 기도가 반드시 성취되게 하소서.
우리 가족은 여섯 가지 바라밀을 실천하겠으며
오늘의 기도 공덕은 이웃에게 회향하겠습니다.
우리 가족의 행복이 오늘 기도를 통하여
활짝 열리게 하소서!

○○○와 가족 ○○○의 액운이
이 기도를 통하여 소멸되게 하소서.
부처님의 크신 가피력으로
우리 가족이 어려운 난관을 만나더라도
부처님의 원력으로 능히 극복할 수 있도록

큰 지혜와 용기를 주소서.
태양이 천지를 밝혀주듯이
오늘 이 기도로 절망이 희망으로 바뀌게 하소서.

물방울이 바위를 뚫듯이
저의 정성스런 기도로
불가능을 가능으로 바꾸게 하소서.
저의 간절한 소원이 오늘
이 기도를 통하여 완성되게 하소서.
새벽이 어두움을 열 듯이 저의 간절한 기도가
부처님의 뜻과 통하여
우리 가족이 행복의 문을 활짝 열어가게 해주소서.
거룩하신 부처님과 가르침과 스님들께
거듭하여 귀의합니다.

나무 마하반야바라밀 (3번)
(혼자 불공·기도할 때 큰 소리로 읽습니다.)

4) 건강 쾌유 기도문

천千의 눈으로 고통당하는 중생을 살피시고,
천의 손으로 아파하는 중생을 건지시는
대자대비하신 관세음보살님!
여기 당신의 사랑하는 제자 ○○○님께서 큰 병고로
시련 속에 빠져 괴로워하고 있사오니,
속히 그 자비로운 마음으로 쾌유하게 하여 주옵소서!

관세음보살님! 당신께서는 일찍이 《관음경》에서
"고통과 환난 속에 헤매는 사람들아,
일심으로 나의 명호를 부르라.
내가 서른두 가지 몸을 나투어
즉시 너희 곁으로 달려가리라"라고 말씀하셨습니다.

관세음보살님!
지금 당신의 사랑하는 제자 ○○○님을 위하여
저희가 지극한 마음으로 당신의 명호를 부르오니,
부처님 제자의 아픔을 저희가 대신하게 하시고,
이 병고 액난의 고통에서 벗어날 수 있도록

당신의 자비의 손길로 잡아 주시고 치유하여 주소서!

병상에서 고생하고 있는 제자 ○○○님을 위하여
청정한 감로의 물을 넘쳐 흐르게 하시고,
영원한 생명의 빛을 밝혀 주시고,
하루 빨리 병고를 떨쳐버리고
자비로우신 당신의 품에서
새로운 삶을 살아가게 하소서!

지극 정성스런 마음으로 병고가 치유되기를
부처님께 관세음보살님께 두 손 모아 축원하옵니다.

나무 보문시현 원력홍심 대자대비 구고구난

관세음보살 ……(108번 1천 번, 혹은 1만 번)

구족신통력 광수지방편
시방제국토 무찰불현신
고아일심 귀명정례
(합장 3배)

5) 행복한 가정을 위한 기도문

언제나 큰 자비로 중생을 이롭게 하시며
감로 법비 내리시어 평등하게 적시어주시는 부처님
자비로 하나되어 서로 사랑하며 행복한 가정 이루게 하신
부처님의 가호하심을 감사하나이다.

즐거운 곳 내 집뿐이라 노래 부르며 떠나고 싶지 않고
항상 머물고 싶은 사랑의 가정,
가족생활의 보금자리는
제불보살의 크신 가피임을 아옵나니
저희 가족 항상 불법의 가르침에 예경하옵나이다.

세간의 큰 복전이신 부처님,
저희 가정에 부처님의 자비로운 위신력으로
허물을 덮는 사랑, 잘못을 용서하는 자비로
행복한 가정 되기를 발원하옵나이다.

우러러 원하옵나니,
저희들 신심을 날로 깊어지게 하시고

서로 돕는 화평 속에 자손은 건강하게 배움에 정진하며
일하는 사업 번창하도록 가피를 내리소서 .
이웃 돌보며 사는 우리 가정,
뜻하는 모든 일들이 크게 이루어지는
가정이 되게 하소서.

항상 바라옵건대, 저희 가정 무엇을 하든지
진실과 공명과 밝은 편에 서서 보살의 뜻을 나투어
가슴속에 지닌 원력 크게 빛나게 하시고
가는 길마다 막힘 없게 하옵소서.
만나는 사람마다 진실한 뜻 함께하여
머물고 가는 곳에 행복의 노래 이어지며
널리 모든 사람의 참 빛 되어
정토를 이룩하는 가정이 되게 하소서.
저희 가족 모두가 부처님의 가호 속에
아름다운 생활의 열매 맺어
복과 덕이 충만한 행복을 누리게 하소서.

부처님을 믿고 의지하는 저희들
지심至心으로 귀의하고 발원하옵나이다.
나무 석가모니불 (3번)

6) 자녀를 위한 기도문

밝은 지혜와 자비를 두루 갖추신 부처님,
저희 가정 저희 부부에게 사랑하는 자녀 있음을
감사하옵니다.

모두가 제불보살님의 가피이시니
어린 아이들에게도 가피를 내리시어
나쁜 무리들 멀리하게 하시고
부처님 자비의 품에서
밝고 지혜로운 아이로 성장하게 하옵소서.

정법을 깨닫고자 지혜 구하는 사리불처럼
용맹스런 사자의 지혜 갖춘 자녀이게 하옵소서.
정의로운 금강역사처럼
강건하며 사랑을 나눌 줄 아는 자녀 되게 하소서.

온갖 고난과 유혹에도 이겨내는 슬기와 용기로
말과 뜻과 행동이 당신의 자비를 닮아 가도록
지켜주소서.

가장 귀한 부처님의 가르침 배워서
이웃에 봉사하고 지혜와 인격을 갖춘
훌륭한 자녀가 되게 하여 주시옵소서.

끝없는 공녀과 광병의 길을
열어주시고 인도해 주시는 부처님,
언제 어디서 무슨 일이나 최선을 다하여
자신의 인생을 책임지고
우리 사회의 건강한 일꾼으로 자라날 수 있도록
부처님의 고귀한 가르침을
늘 간직하고 염송하게 하소서.

거룩하신 부처님께 지극정성 들여 발원합니다.

나무 마하반야바라밀 (3번)

7) 시험 합격 기도문

우주에 충만하사 두루 존재하시고
만유에 평등하사 모든 사람 살피시는 부처님
자비의 문을 열어 구원의 손길로 어루만져 주소서!

지금 ○○○는 시험을 앞두고
진실한 마음으로 부처님의 지혜를 빌려
열과 성을 다하여 학업에 열중하고 있사옵니다.

지금 ○○○는 지금부터
더 많은 지혜와 실력을 갖추고자 합니다.
부처님의 가호와 위신력으로
시험 합격을 위한 모든 지식을 습득하게 해주소서.

지혜와 광명으로 저희를 비추어 주시는 부처님!
○○○는 다가오는 시험에서
부처님의 큰 능력을 빌어 고득점을 달성하도록
저의 가슴에 용기와 자비와 지혜를 주소서.

진리의 화신이시며 지혜의 표상이신 부처님!
○○○는 다가오는 시험에서
부처님의 가피력으로 고득점을 달성하여
부처님의 자비慈悲를 온 세상에 실현하게 하소서.

우러러 간절히 바라옵나니
저에게 문수보살의 밝은 지혜와
보현보살의 크신 원력으로
바라는 바 모든 소원이 성취되게 하여 주시옵소서.

저는 오늘 발원한 원력으로
민족과 국가의 큰 동량棟梁이 되고
부처님의 정법正法을 실현하는
진실한 제자가 되게 하시고,
나보다 불우한 처지의 이웃을 위하여
이 땅의 자유와 정의를 위하여
일할 수 있는 용기와 능력을 갖게 하소서!

나무 마하반야바라밀 (3번)

8) 대학 합격 기도문

삼계의 대도사시고 사생의 자부이신 거룩하신 부처님!
부처님의 자녀들이 대학 입학 수능시험까지 치르도록
이끌어주심을 감사드립니다.
저들과 부모들이 지금 두렵고 떨리는 마음으로
시험의 날을 기다리고 있사오니, 자비하신 부처님께서
어린 그 마음을 보듬어 주시어서, 모든 것을 맡기고
편안한 마음으로 임할 수 있게 하옵소서.
시험 전날에도 특별히 함께하시어서 단잠 자게 하시고
당일 아침 상쾌한 마음으로 일어나
시험장으로 가볍게 나아가게 도와주소서.
시험장에 도착하여 지극히 평온한 마음으로
시험을 치르는 한 시간마다 긴장하거나
지치지 않게 붙들어 주시어서
포기하는 일 없이 최선을 다하게 하옵소서.
자비와 지혜가 구족하신 부처님!
당일에 자녀들이 기억력, 판단력, 추리력,
계산 능력, 적용 능력 등을 최고조가 되게 하시어서
그동안 눈물 흘리고 공부한 것을

다 답안지에 옮겨 놓을 수 있도록
부처님께서 도와주시기를 간절히 기도드리옵나이다.
모르는 문제에 너무 매이지 않게 하시고,
아는 문제부터 하나하나 풀어가게 하시고,
할 수 있는 최선의 실력을
남김 없이 발휘할 수 있게 해주소서.
특별히 지금부터 시험이 끝나는 그 시간까지
건강 지켜주시어서 머리 아픈 일이나 배탈 나는 일,
감기에 걸리는 일 등 일체 없게 하시어서
최고의 컨디션으로 시험에 응할 수 있게 하시옵소서.
그리하여 자신이 원하는 대학의 원하는 학과에
합격 입성하여 스스로 그리는 미래를
잡을 수 있도록 도와주소서.
미래의 기둥이 될 자녀들과 그들의 부모들,
이번 일로 인하여 더욱 부처님을 의지하며
부처님 가르침에 따라 살아가는
성숙한 불자가 되게 하시옵소서.
최고보다 최선을, 성공한 사람보다
소중한 사람이 되게 하소서.

나무 마하반야바라밀 (3번)

9) 축하 기도문(입학 · 취직 · 승진 · 합격)

오랜 세월 참기 어려움을 능히 참으시고
어려운 것을 능히 행하시며
마침내 화장세계 보위에 이르시어
중생의 고난을 건지시고
45년 동안 고행을 통하여 수행을 완성하시고
팔만사천의 법장을 보이신 부처님!

오늘 불자 ○○○는 부처님의 원만구족하시고
자비하신 가피가 있으사
새롭게 일할 수 있는 복전의 길
노력한 능력을 발휘할 수 있는 축복의 길을 주시오니
진심으로 감사드립니다.

생각하면 이 세상에서 티끌만한 땅이라도
제불보살은 중생을 건지려는 서원으로
땀 흘리지 않은 곳 없다 하셨나니
오늘의 이 광영은 오직 제불보살님의 가피임을
깊이 믿사옵니다.

모든 중생의 복전이신 부처님,
○○○ 불자가 언제 어디서 무슨 일을 하거나
편견을 버리고 바른 길을 걷게 하시며
지혜와 용기로 더욱 의로운 일을 하게 하고
큰일을 할 수 있는 능력을 갖게 하옵소서.

항상 서원 세움이 부처님같이 되어
오늘의 행복을 만중생에게도 회향할 수 있는
지혜의 길 걷게 해주소서.
부처님 제자임을 잊지 않게 하소서.

부처님께 진심으로 감사드립니다.

나무 마하반야바라밀 (3번)

10) 생일 축하 기도문

영겁토록 중생 구하시는 대자대비 부처님,
오늘 사바 인연 깊어 새 몸을 받아 태어난 날이오니
제불보살님께 감사드립니다.
사바세계가 고해苦海이지만
사람 몸을 받고 만나기 어려운 불법佛法을 만났사오니
여러 생에 지은 업보 소멸하사
육신을 튼튼히 하고 지혜 이루어
세상을 맑게 하는 사람이 되도록 인도하여 주소서.
큰 사람이 되기 위해 청정하게 살게 하며
하는 일마다 지혜롭게 하옵시고
부처님의 가르침 속에서
모든 중생의 은혜에 보답할 줄 아는
진정한 보살이 되게 하옵소서.
부처님께 간절히 발원하옵나니
끝없는 자비심으로 몸과 마음 건강하게 지켜주시고
어려움 가운데서도 지금까지 지켜온 신심과 원력으로
기쁨과 행복이 충만한 나날이 되게 하소서.
나무 마하반야바라밀 (3번)

11) 극락왕생 기도문

○○ 후인(유인) ○○○님 영가시여!
年月日에 행효지 ▶구(가족관세) 등이
삼가 다과진수와 향과 음식을 마련하여
생전生前의 친지들이 정성으로 올리오니
이 공양 받으시고 감응感應하소서!

아! 슬프도다, 슬프도다, 슬프도다.
무상의 바람이 이렇게 불어닥쳐
이제 ○○○님께서 세상의 인연이 다하였으니,
해와 달이 빛을 잃고, 천지가 어둠으로 덮혔습니다.

그토록 밝으신 모습 찾을 길 없고,
맑으신 음성 멀리 여의니,
유족과 친지들의 적막한 심정을
무엇으로 비유하오리까?
하늘을 우러르고, 땅을 치며,
스스로 마음 가눌 길을 잃었나이다.

그러하오나 다시 정신을 가다듬고
나무아미타불 나무아미타불 하고 부르는
염불소리에 마음을 돌이키니,
이 한마디 염불소리에서 바야흐로 길이 열리고,
마음이 잡히는 것을 알겠나이다.

○○○님 영가시여,
꽃 맺힌 나뭇가지를 보고 봄이 온 것을 알고,
낙엽 한 잎 뜨락을 뒹구니,
온 천하가 겨울이 다가오는 것을 알겠나이다.
그러나 오고 가는 한 물건, 마음은 무엇이오리까?
이 한 물건, 마음은 가고 옴에 상관하지 아니하며,
세월이 흐르고 천지가 바뀌어도
동요가 없는 한 물건인 마음이 아니겠습니까?
이 도리는 부처님을 생각하고,
일심一心으로 나무아미타불을 부를 때,
더욱 뚜렷하게 드러납니다.

○○○님 영가시여,
바라건대 아미타 부처님의 대자대비하신
원력에 의지하여 극락세계 상품상생하시고,

대자재무량공덕을 이룩하시옵소서.

육신의 몸은 비록 사라졌다 하나,
본래 몸은 사라짐이 없어 법신法身이 항상 머물고,
맑고 밝은 한 마음은 만고萬古에 태평하여
환희가 너울치며,
시간과 장소를 초월을 자재自在하나이다.

○○○님 영가께서는 이제 허공보다 앞서 있고,
태양보다 다시 밝은 본분 광명으로 자존自存하나이다.

나무아미타불 나무아미타불 나무아미타불
이렇게 부르는 한마디의 염불 소리에서
광명의 길이 열리고, 다시 걸음걸음 연꽃이 피어나며,
곧바로 극락세계에 이르러
연꽃 봉우리에 태어나시리다.

○○○님 영가께서는
부처님 법문 듣고 크신 지혜 깨달아
모든 중생을 제도濟度하게 되시리니,
바라건대 이 땅의 인연을 버리지 마시고

찬란한 빛이 되어 돌아오시사
국토중생을 성숙시키는 큰 뜻을 거듭 밝히소서.

당신의 사랑하는 가족들이 서로서로 화합하고,
가문家門은 날로 번창하고,
소원이 모두 성취되도록 앞길을 인도하여 주시고,
빛으로 비추어 주소서!

○○○님 영가시여
관세음보살님과 대세지보살님의 영접을 받아
아미타부처님 계시는 서방정토 극락세계에
구품九品 연화대蓮花臺에 상품상생上品上生하소서.

나무아미타불
나무아미타불
나무서방정토 극락세계 대자대비 아미타불

온갖 생각을 끊되
무기력에 빠지지 말고

욕심 속에 살되
욕심을 초월하며

티끌 같은 세상에 살되
티끌 세상을 뛰어넘어야 한다.

역경에도 끄달리지 말고
순경에도 끄달리지 말라

그리고 만물에
끝없는 자비를 주어라.

차별 있는 환경에서
차별 없는 고요함을 얻어라

차별 없는 고요함에서
다시 차별 있는 지혜를 보여라.

《아함경》

제4장 부처님, 그 분

1. 팔상성도八相成道

팔성도八聖道 혹은 팔상성도八相成道란, 석가모니 부처님의 일생 가운데서 가장 중요하다고 생각되는 일을 여덟 장면으로 나타내어 표현한 그림을 말한다. 석가팔상釋迦八相 · **여래팔상**如來八相 · **팔상시현**八相示現 · 팔상작불八相作佛이라고도 한다.

석가모니 부처님은 역사상 실존하는 인물로, 생의 덧없음을 느끼고 극한 고행 끝에 깨달음을 얻어 부처가 되었기에 사람들에게 그만큼 커다란 감동을 주었다.

석가모니 부처님의 생애는 그 자체로 불교의 요체를 알려줌과 동시에 교훈적이기도 하여, 오랜 옛날부터 팔상성도를 즐겨 그렸던 것으로 보인다. 그림으로 표현한 팔상성도가 보다 많은 사람들에게 불교를 널리 알리고, 그 믿음을 심화시켜 주었을 것이다.

우리나라 각 절에 팔상전이 있으며, 법주사 팔상전 捌相殿은 크고 웅장하기로 유명하다.

* 捌은 八의 옛 글자(古字)

1) 도솔래의상兜率來儀相

　석가모니 부처님은 전생에 많은 공덕을 쌓아 그 공덕으로 도솔천궁에서 대중들을 제도하고 있었다. 그런데 지구의 중생이 고통받고 있음을 보고 측은히 여겨 인간들이 사는 남섬부주南贍部洲에 태어나 제도하기 위하여 도솔천에서 이빨이 여섯 개인 흰 코끼리(六牙白象)를 타고 여러 권속들의 호위를 받으면서 이 사바세계로 내려오는 장면이다.
　인간의 모습으로 나타나기 위해, 졸고 있는 마야부인의 몸속으로 들어가는 모습을 담고 있는 그림도 있다.

2) 비람강생상 毘藍降生相

　석가모니 부처님이 룸비니 동산에서 탄생하는 장면이다. 갓 태어난 석가모니가 땅에서 솟아나온 연꽃을 밟고 서서, 한 손으로 하늘을 가리키고 또 다른 한 손으로 땅을 가리키면서 '천상천하 유아독존天上天下唯我獨尊'이라고 선언하는 장면, 공중에서 오색구름이 일며 그 가운데서 아홉 마리 용(九龍)이 나타나 깨끗한 물을 뿜어 석가모니를 씻기는 장면, 사천왕이 석가모니를 가마에 태우고 왕궁으로 향하는 장면, 아버지 정반왕淨飯王이 아시타 선인에게 석가모니의 운명을 물어보는 장면 등이 있다.

3) 사문유관상四門遊觀相

　석가모니 부처님이 안락한 궁정생활을 버리고 깨달음을 얻고자 출가하여 고행의 길로 들어서게 되는 직접적 동기가 되는 장면이다. 백성의 생활상을 알아보기 위해 궁성의 동서남북 사문四門에서 노老 · 병病 · 사死의 괴로움을 깨닫고, 사문 수행자를 만나 출가를 결심하게 된 일을 말한다.

　동문에서 백발 노인을 만나는 장면, 남문에서 병든 사람을 만나는 장면, 서문에서 죽은 사람을 보는 장면, 북문에서 스님을 만나 생로병사를 해탈할 수 있는 방법을 묻는 장면 등이 있다.

4) 유성출가상踰城出家相

　석가모니 부처님이 스물아홉 살에 윤회의 굴레에
묶여 괴로워하는 중생을 구제하기 위하여 출가를 결
심하고, 사천왕과 천인天人의 도움을 받아 한밤중에
애마인 건척乾陟을 타고 시종 차익車匿을 데리고 성을
넘어가는 장면이다.

　이는 삶을 얽어매고 있는 온갖 속박에서 벗어나고
자 출가하는 모습이다.

5) 설산수도상雪山修道相

　석가모니 부처님이 출가하여 일체의 번뇌煩惱와 망상妄想을 떨쳐버리기 위하여 가장 먼저 머리를 깎고, 자신이 입고 있는 비단 옷을 사냥꾼과 바꿔 입는다. 그리고 이후 석가모니는 세속을 떠나 눈이 쌓여 있는 설산(히말라야산)에서 6년 동안의 다양한 수행과 고행을 하게 된다.

　머리를 깎고 옷을 바꿔 입었다 하여 일명 '낙발무의落髮貿衣'라고도 한다.

6) 수하항마상 樹下降魔相

　석가모니 부처님은 6년 동안의 고행苦行을 마치고 심신心身을 새롭게 한 다음 보리수 나무 아래에 앉아 명상 끝에 깨달음을 얻었다. 이때 석가모니의 정각을 방해하고자 마왕魔王 파순이 무리들을 보내어 훼방을 놓았다. 그러나 석가모니는 이들을 물리치고 오히려 항복을 받아내었다. 즉, 자기 자신을 이겨내는 장면이다.

　서로의 도력을 시험하기 위해 마군魔軍이 금병을 넘어뜨리기로 하였는데, 그들이 아무리 안간힘을 써서 끌어당겨도 석가모니 부처님을 넘어뜨리지 못하는 장면도 있다.

7) 녹원전법상鹿苑傳法相

석가모니 부처님이 깨달음을 얻고 성불한 뒤 녹야원(사슴동산)에서 아나 콘단냐, 잇사지 등 다섯 명의 제자들에게 처음으로 설법하는 장면이다. 부처님이 다섯 비구에게 중도中道의 이치와 팔정도八正道, 사성제四聖諦를 설하신 초전법륜初轉法輪의 성지이다.

다섯 명의 비구는 부처님의 법문을 듣고 깨달음을 얻었으며, 처음으로 부처님께 귀의한 제자가 되었다.

8) 쌍림열반상雙林涅槃相

　석가모니 부처님이 최후의 설법을 마치고, 쿠시나
가라의 사라쌍수沙羅雙樹 아래에서 열반涅槃에 드는
장면이다. 사라수 아래의 칠보평상 위에 석가모니 부
처님이 누워 있고, 그 주위로 슬퍼하는 제자들의 모습
이 그려져 있다.

　슬퍼하는 가섭에게 관 속에 있는 석가모니 부처님
이 한 발을 들어 보이는 장면, 관에 불이 붙지 않는 이
적異跡의 장면, 열반한 석가모니 부처님이 제자들에
의해 다비(화장)되고, 다비 뒤에 나온 사리를 8대왕들
이 나누어 갖는 모습 등의 장면이 있다.

2. 출가 이전

1) 탄생

2,600년 전, 히말라야 남쪽 기슭에 사캬족이 살고 있었다. 그들은 지금의 네팔 타라이 지방에 카필라라는 조그마한 왕국을 이루고 있었다. 카필라는 쌀을 주식으로 하는 농업국이었고, 숫도다나 왕은 어진 정치를 베풀어 백성들이 태평한 세월을 즐길 수 있었다. 다만, 이웃에 코살라와 같은 큰 나라가 있어 침해를 받지 않을까 두려웠고, 왕권을 이을 왕자가 없는 것이 걱정이었다.

어느 날 마야 왕비가 기이한 꿈을 꾸었는데, 여섯 개의 이를 가진 눈이 부시도록 흰 코끼리가 왕비의 오른쪽 옆구리로 들어오는 꿈이었다. 이때부터 왕비에게 태기가 있었고, 그 태몽은 아들을 낳게 될 꿈이라 하여 사람들은 훌륭한 왕자가 태어날 것을 기대하였다.

산달이 가까워지자 마야 왕비는 그 나라의 풍습에 따라 해산解産을 위해 친정인 콜리성으로 길을 떠났다. 늦은 봄 화창한 날씨였다. 왕비 일행은 카필라와 콜리의 경계에 이르렀다. 저 멀리 히말라야의 봉우리들이 흰 눈을 이고 우뚝우뚝 장엄하게 솟아 있는 모습이 보였고, 가까이에는 평화로운 룸비니 동산이 있었다. 동산에는 이름 모를 꽃들이 다투어 피었고, 뭇 새들은 왕비 일행을 축복하는 듯 지저귀며 날았다. 룸비니 동산의 아름다움에 도취된 일행은 그곳에서 잠시 쉬어 가기로 했다. 마침 가까운 곳에 있던 무우수 나무에서 꽃이 활짝 피어 아름다운 향기를 뿜고 있었다.

아름다운 꽃가지를 만지려고 오른손을 뻗친 순간 왕비는 갑자기 산기産氣를 느꼈고, 일행은 곧 나무 아래에 휘장을 쳐 산실을 마련했다. 이때 태어난 왕자가 뒷날 임금의 자리를 버리고 출가 수행하여 부처가 된 후 무수한 중생을 교화한 석가모니 부처님이시다. 지금으로부터 2,600여 년 전의 일이다. '모든 일이 다 이루어지리라'라는 뜻에서 왕자의 이름을 '싯다르타'라고 지었다.

그러나 뜻하지 않은 불행이 닥쳐 왔다. 왕자를 낳은 지 이레 만에 건강이 나빠진 마야 왕비가 이 세상을 떠나고 만 것이다. 한 사람의 위대한 성자를 낳은 어머니는 그 성자의 삶과 자신의 목숨을 맞바꾼 셈이다.

세상에 태어난 지 이레밖에 안 된 어린 싯다르타 앞에 생과 사에 대한 문제가 주어진 것이다. 태자의 양육은 왕비의 동생인 마하파자파티가 맡게 되었다. 이모가 태자의 새어머니로 들어온 것이다. 이는 당시 카필라의 풍습이었다.

왕은 이름난 점성가를 불러 태자의 장래를 알아보고 싶었다. 태자의 얼굴을 본 사람들은 저마다 놀라면서 이렇게 말했다.

"태자는 뛰어난 위인威人의 상相을 갖추고 있습니다. 왕위에 오르면 무력을 쓰지 않고 온 세상을 다스리는 전륜성왕이 될 것이고, 출가하여 수행하면 반드시 부처님이 되어 모든 중생을 구제해 줄 것입니다."

이 말을 들은 왕과 신하들은 모두들 한마음으로 기뻐했다.

어느 날 아시타라는 선인仙人이 카필라성으로 찾아왔다. 그는 히말라야 깊숙한 곳에서 세상과 인연을 끊고 수도에만 전념하고 있었는데, 천신天神들이 '부처님이 세상에 출현했다'고 말하는 소리를 듣게 된다. 이때 카필라의 왕궁에 태자가 태어난 것을 천안天眼으로 알게 된 선인은 태자의 얼굴을 보려고 왕궁을 찾아온 것이다. 덕망이 높은 아시타 선인이 찾아온 것을 기뻐한 왕은 곧 태자를 보도록 허락하였다.

백 살도 훨씬 넘어 백발이 성성한 아시타 선인은 태자를 팔에 안고 그 얼굴을 이모저모로 유심히 들여다보았다. 곁에 있던 사람들은 숨을 죽이고 그 모양을 지켜보았다. 한참 동안 말없이 태자의 얼굴만을 들여다보던 아시타 선인이 갑자기 눈물을 흘렸다. 왕을 비롯하여 그 자리에 있던 사람들은 불길한 예감이 들었다. 왕은 참다못해 선인에게 물었다.

"태자를 본 사람마다 크게 기뻐하며 야단인데, 선인은 왜 말 한마디 없이 울기만 하시오? 어디 그 까닭을 속 시원히 말해 보시오."

그제야 선인은 입을 열었다.

"대왕님, 염려하실 일은 아닙니다. 제가 슬퍼하는 것은 여생餘生이 얼마 남지 않아 부처님의 출현出現을 못 보게 된 것이 한스러워 그럽니다. 태자는 장차 모든 중생을 구제할 부처님이 되실 분입니다. 부처님이 이 세상에 출현한다는 것은 참으로 귀하고 드문 일입니다. 그러나 저는 너무도 늙었습니다. 태자가 도를 이루어 부처님이 되실 그날까지 살지 못할 것을 생각하니 슬퍼서 눈물이 저절로 나온 것입니다."

그런 뒤에 데리고 온 어린 제자에게 당부했다.

"네가 커서 부처님이 출현하셨다는 소문을 듣거든 지체 말고 찾아가 그분의 제자가 되어라."

싯다르타 태자가 선륜성왕보다 훨씬 뛰어난 상을 가졌다는 아시타 선인의 말을 듣고 왕과 신하들은 모두 기뻐하였다. 그러나 왕위를 이어받아 나라를 다스리지 않고 출가하여 부처님이 되리라는 말에는 어쩐지 섭섭한 생각이 들었다.

이웃나라인 코살라의 침략을 늘 두려워하던 카필라에 사는 사캬족들은 이상적인 전륜성왕이 출현하여 코살라뿐만 아니라 온 세상을 평화롭게 다스려 줄 것을 고대했었기 때문이다. 이러한 상황에서 태어난 왕자가 나라를 다스릴 인물이 아니고, 출가하여 종교적인 성자가 되리라는 예언預言은 모두에게 기쁨과 동시에 아쉬움도 안겨주었다.

2) 명상에 잠긴 싯다르타

어머니를 일찍 여읜 태자는 모든 사람들에게서 깊

은 사랑을 받았다. 이모인 마하파자파티도 태자를 극진히 사랑하고 잘 보살펴주었다. 마하파자파티는 그 뒤 왕자와 공주를 낳았지만 싯다르타에 대한 사랑은 조금도 변함이 없었다. 태자는 지나치게 총명하였고, 무슨 일에든 열심이었다. 하나를 들으면 열을 알았다. 그에게는 보통 사람으로는 미칠 수 없는 어떤 비범非凡한 힘이 있는 것 같았다.

그러나 왕은 이따금 태자의 얼굴에서 쓸쓸하고 그늘진 표정을 보았고, 그때마다 가슴이 아팠다. 이 세상을 떠난 어머니에 대한 그리움 때문인가 싶은 생각이 들 때마다 태자가 더욱 애처롭게 여겨졌다.

태자가 열두 살 되던 해 봄, 숫도다나 왕은 많은 신하를 거느리고 들에 나가 〈농민의 날〉 행사를 참관하게 되었다. 농업국인 카필라에서는 왕이 그 해 봄에 첫 삽을 흙에 꽂음으로써 밭갈이가 시작되는 것이다. 어린 태자 싯다르타도 그 행사를 보기 위해 부왕父王을 따라 농부들이 사는 마을에까지 내려갔다.

왕궁 밖에 나가 구경해 보는 전원 풍경은 그지없이 신선하고 아름다웠다. 그러나 농부들이 땀을 흘리며 일하는 것을 보자 그들의 처지가 자기와는 다르다는 것을 알았다.

뜨거운 햇볕 아래서 고된 일을 하고 있는 농부들을 본 싯다르타의 어린 마음이 어두워졌다. 이렇게 조용히 지켜보고 있으려니까 쟁기 끝에 파헤쳐진 흙 속에서 벌레가 꿈틀거리고 있었다. 바로 이때 난데없이 새 한 마리가 날아들더니 그 벌레를 쪼아 물고 공중으로 날아갔다.

이 같은 광경을 보게 된 어린 싯다르타는 마음에 심한 충격을 받았다. 그는 그곳에 더 머물러 있을 수가 없었다. 방금 눈앞에서 일어난 일을 생각하면서 일행을 떠나 숲으로 발길을 옮겼다. 숲속 깊숙이 들어가 큰 나무 아래 앉았다.

어린 태자의 가슴에는 형언할 수 없는 여러 갈래의 문제가 한꺼번에 뒤얽혔다. 태자의 눈에는 아직도 또렷하게 어른거리고 있었다. 먹고 살기 위해 뙤약볕 아래서 땀을 흘리며 일하던 농부들, 흙 속에서 나와 꿈틀거리던 벌레, 그 벌레를 물고 사라진 날짐승… 이런 일들이 하나같이 어린 태자의 마음을 어둡게 했다.

'어째서 살아 있는 것들은 서로 먹고 먹히며 괴로운 삶을 이어가야만 할까? 무슨 이유로 그렇게 살아가야 하는 것일까?'

그의 눈에는 모든 것이 괴로움으로 비쳤다. 산다는 것 자체가 어쩐지 괴로움만 같았다. 소년 싯다르타는 무슨 일에든 한번 의문을 품기 시작하면 끝까지 파고들었다. 그는 깊은 생각에 잠긴 채 다른 일은 모두 잊어버렸다. 행사가 끝나 왕을 모시고 궁중으로 돌아가려던 신하들은 그제서야 어린 태자의 모습이 보이지 않는 것을 알고 깜짝 놀랐다.

태자를 잃어버린 왕과 신하들은 어찌할 바를 몰랐다. 사방으로 흩어져 여기저기 찾아 헤매던 끝에 큰 나무 아래 앉아 깊은 명상冥想에 잠겨 있는 태자를 보았다. 그런데 그 모습이 너무 거룩하고 평화스러워 왕은 반가운 중에도 차마 불러서 일으켜 세울 수가 없었다. 왕은 조심스레 아들 곁으로 다가가서 말했다.

"싯다르타, 이제 해도 저물었으니 그만 일어나 궁宮으로 돌아가자."

태자는 그때서야 비로소 왕의 얼굴을 쳐다보고 나무 아래서 일어섰다. 그러나 그의 모습은 그저 담담해 보일 뿐이었다. 이 일을 겪고 난 부왕父王의 마음은 무겁고 답답했다. 모든 일을 잊어버리고 명상에 잠긴 아들의 모습에서 문득 성자聖者의 상相을 보는 것 같았기 때문이다. 한편으로는 대견스럽게도 생각되었지만 태자와 먼 거리를 두고 떨어져 있는 것만 같아 안타까웠다.

왕은 그 동안 까맣게 잊었던 아시타 선인의 예언을 다시 생각하지 않을 수 없었다. 그리고 어린 동안에 어떻게든지 싯다르타의 마음을 돌이켜야겠다고 결심했다. 그렇지 않으면 태자는 영영 자기 곁을 떠나가 버릴 것만 같았다.

옛날부터 인도의 수행자들은 흰 눈을 머리에 이고 하늘 높이 솟아 있는 히말라야를 멀리 바라보면서 명상에 잠기기를 즐겼다. 그들은 찌는 듯한 더위를 피해 우거진 숲속과 나무 그늘 아래에서 깊은 명상에 잠기거나 혹은 제자들과 대화를 나누었다.

인도 사람들은 이와 같은 숲속의 수행자와 사상가를 진심으로 존경하고 숭배했다. 아내와 아이들을 위해 생계를 꾸려 나가다가도 틈만 있으면 숲속을 찾아가 성자들의 말씀을 들었다. 그러다가 아들이 나이가 차서 집안일을 돌보게 되면 그들은 가정을 떠나 숲으로 들어가 버린다.

그들은 여생餘生을 숲속의 수행자나 성자들과 함께 보내는 것이 뜻있고 슬기로운 생활이라고 여겼다. 인도의 종교와 사상은 이처럼 히말라야가 바라보이는 대자연 속에서 이루어진 것이다.

3) 네 개의 문

싯다르타는 숲속에서 명상에 잠겼다가 돌아온 뒤부터 남의 눈에 뜨이지 않는 곳에서 홀로 깊은 생각에 잠기는 일이 잦았다. 싯다르타가 깊은 생각에 잠기는 일이 자주 일어날수록 숫도다나 왕의 마음은 점점 어두워졌다. 왕은 그를 즐겁게 하여 홀로 사색思索에 빠지는 일이 없도록 항상 마음을 썼다. 대신의 자녀들 중 같은 또래를 곁에 머물게 하여 그를 즐겁게 해주려고 애썼다. 그러나 그러면 그럴수록 싯다르타는 홀로 있고 싶어 했다.

오랫동안 궁전 속에만 있던 싯다르타는 어느 날 문득 궁전 밖에 나가 바람이나 쐬었으면 하고 생각했다. 그 뜻을 부왕에게 말씀드리자 왕은 기꺼이 허락해 주었다. 왕은 곧 화려한 수레를 마련하게 하는 한편 신하들에게 분부하여 태자가 이르는 곳마다 값진 향을 뿌리고 아름다운 꽃으로 장식하여 태자의 마음을 기쁘게 해주도록 일렀다.

싯다르타를 태운 수레가 <u>동쪽 성문</u>을 막 벗어났을 때였다. 머리는 마른 풀처럼 빛이 바래고 몸은 그가 짚은 지팡이처럼 바짝 마른 노인이 숨을 헐떡거리면서 저쪽에서 오고 있었다. 화려한 궁중에서만 자란 태자는 일찍이 그와 같이 참혹한 노인을 본 적이 없었다.

그는 시종에게 물었다.

"왜 저 사람은 저토록 비참한 모양을 하고 있느냐?"

시종은 대답했다.

"사람이 늙으면 저렇게 됩니다. 나이를 먹으면 점점 기운이 빠지고 숨이 차 헐떡거리게 되고, 눈이 어두워져 앞을 잘 못 보게 되며, 이가 빠져 굳은 것은 먹을 수도 없습니다. 그래서 저렇게 초라하게 되고 맙니다."

이 말을 들은 태자의 마음에는 어두운 그늘이 스며들었다. "사람이 늙으면 누구나 저렇게 된다?" 침통하게 혼잣말을 했다. "그렇다면 나도 결국은 저와 같은 늙은이가 되겠구나!"

시종은 자신도 모르게 태자의 말을 받았다.

"그렇습니다. 이 세상에 태어난 사람이면 태자이건 시종이건 신분身分의 높고 낮음을 가릴 것 없이 누구나 저런 노인의 모양을 면할 수 없습니다."

시종의 말을 듣고 난 태자는 한동안 멍하니 먼 하늘을 바라보다가 힘없는 소리로 "수레를 왕궁으로 돌려라!" 하고 일렀다. 모처럼의 소풍길에서 되돌아선 태자의 마음에는 또 한 겹의 어둠이 덮인 것이다.

싯다르타의 고뇌苦惱하는 모습을 본 부왕은 아시타 선인의 예언대로 싯다르타가 혹시 출가를 하게 되지나 않을까 걱정했다. 그리하여 태자의 생활이 전보다 한층 더 호화롭고 기쁨에 차도록 마음을 썼다. 그러던 어느 날 태자는 또 답답한 궁중을 벗어나 자연을 즐기려 했다. 왕은 신하들에게 명령을 내려, 이번에는 길가에 궂은 것은 하나도 눈에 띄지 않도록 단단히 당부를 해놓았다.

수레는 남쪽 성문 밖으로 나갔다. 얼마쯤 가다 보니 길가에 누더기를 뒤집어 쓴 채 쓰러져 신음하는 사람이 있었다. 얼굴은 병색이 완연하고 팔다리는 뼈만 앙상했다.

싯다르타는 수레를 멈추게 하고 시종에게 물었다.

"저 이는 웬 사람인가?"

시종은 지난번 일도 있고 해서 꺼림칙한 생각이 들었지만 솔직하게 대답하지 않을 수 없었다.

"저 사람은 지금 병에 걸려 앓고 있습니다. 육신肉身을 가진 사람은 한평생을 사는 동안 전혀 앓지 않고 지낼 수는 없습니다. 앓는다는 것은 몹시 괴로운 일입니다. 저 사람은 지금 아픔을 못 이겨 신음하고 있는 중입니다."

태자는 그 자리에서 깊은 생각에 잠겼다. '사람은 왜 병에 걸려 고통을 받아야만 할까? 늙음의 고통이나 질병의 고통은 왜 생기는 것일까? 그러한 고통에서 벗어나는 길은 없을까?' 그날도 태자는 도중途中에서 돌아오고 말았다. 날씨는 맑게 개어 화창했지만 태자의 눈에는 모든 것들이 병들어 빛이 바래 보였다.

또 어느 날 싯다르타는 서쪽 성문을 벗어나 들로 나갔다. 수레를 끌고 달리는 말처럼 오늘만은 어쩐지 그의 마음도 가벼웠다. 태자의 수레가 들길을 지나 인적이 드문 고요한 숲에 이르렀다. 바로 그때, 죽은 시체를 앞세우고 슬피 울며 지나가는 행렬과 마주치게 되었다.

깜짝 놀란 싯다르타는 시종에게 물었다.

"저건 무엇이냐?"

시체인 줄 뻔히 알고 있는 시종은 태자의 반응이

두려워 입을 열지 못했다. 태자는 성급하게 다시 물었다.

"도대체 무엇이기에 대답을 주저하느냐?"

시종은 하는 수 없이 말문을 열었다.

"죽은 사람이올시다. 죽음이란 생명이 끊어지고 영혼靈魂이 육체에서 떠나가는 것입니다. 죽음은 영원한 이별을 가져다주는 가장 슬픈 일입니다."

싯다르타는 자기 자신의 죽음을 본 것처럼 가슴이 내려앉았다. 지금 자기는 살고 있는 것이 아니라 순간순간 죽음의 길을 걷고 있다는 사실을 비로소 깨달은 것이다. 해가 기운 뒤에야 수레가 돌아오는 걸 보고 부왕은 흐뭇하게 생각했다. 그러나 수레가 가까이 다다랐을 때 싯다르타의 얼굴은 비참하게 그늘져 있었다. 이날부터 그는 혼자 있는 시간이 더욱 잦아졌다.

며칠 뒤 싯다르타는 북쪽 성문을 거쳐 밖으로 나갔다. 북쪽 성문을 나서자 우람한 수목들이 숲을 이루고 있었다. 숲속으로 난 오솔길로 텁수룩한 머리에 다 해진 누더기를 걸친 사람이 걸어오고 있었다. 옷은 비록 남루하지만 걸음걸이는 의젓했고 얼굴에는 거룩한 기품이 감돌며 눈매가 빛났다. 수레 가까이 온 그 사람은 태자를 쳐다보았다. 그런데 그 모습이 너무도 의젓했으므로 태자는 자신도 모르게 수레에서 내려 그에게 머리를 숙였다.

"당신은 어떤 분이십니까?"

그 사람은 낭랑한 음성으로 대답했다.

"나는 출가出家 사문沙門이오."

출가 사문이란 세상의 모든 일을 버리고 집을 나와 도道 닦는 수행자를 말한다. 싯다르타는 다시 물었다.

"출가한 사문에게는 무슨 이익이 있습니까?"

"나는 일찍이 세상에서 늙음과 질병과 죽음의 고통을 자신과 이웃을 통해 맛보았소. 그리고 모든 것이 덧없다는 것을 알았소. 그래서 부모와 형제를 이별하고 집을 떠나, 고요한 곳에서 이 고통으로부터 벗어나기 위해 수도修道를 했소. 내가 가는 길은 세속에 물들지 않는 평안의 길이오, 나는 이제 그 길에 이르러 영원한 평안을 얻었소."

이 말을 남기고 사문은 태자의 곁을 떠나 휘적휘적 가버렸다. 사문의 말을 듣고 난 싯다르타의 가슴에는 시원한 강물이 흐르는 듯했다. 그의 눈에는 감격의 눈물이 맺혔다. 사문의 뒷모습을 바라보는 태자의 마음에 무엇인가 굳은 결심이 생겼다.

4) 학문에 대한 회의

숫도다나 왕은 태자를 위해서라면 무슨 일이든 가리지를 않았다. 태자에게는 어떤 괴로움이나 불편도 주지 않으려고 했다. 부처님은 뒷날 태자 시절을 회상하면서 이렇게 말씀하신 적이 있다.

"나는 이루 말할 수 없이 호사스런 나날을 보냈었다. 아버지의 왕궁에는 커다란 연못이 있었는데 거기에는 여러 가지 빛깔의 연꽃이 피어 있었다. 그런 것들은 모두가 나를 즐겁게 하기 위해 마련된 것이었다. 나는 카시 지방에서 나는 향香밖에는 쓰지 않았다. 내가 입던 옷감도 역시 카시에서 생산되는 것이었다. 내가 밖으로 나갈 땐 언제나 양산을 들어주는 시종이 따랐다. 게다가 나는 겨울과 여름과 장마철에 따라 그때그때 편리하도록 꾸며진 궁전을 세 채나 가지고 있었다. 나는 아름다운 여자들에게 둘러싸여 장마철에도 지루하지 않게 보낼 수 있었다."

태자 시절이 얼마나 호사스러웠던가를 넉넉히 짐작할 만하다. 그러나 한번 깊이 품은 인생에 대한 회의懷疑는 그런 화려한 생활과 즐거움으로도 어떻게 메워질 수 없었다. 쾌락이 지나간 다음에 스며드는 허전함을 맛볼 때마다 태자의 회의는 더욱 깊어갈 뿐이었다. 출가한 사문을 만난 뒤부터 태자는 더욱 혼자 있기를 좋아하는 것 같았다.

왕은 태자의 관심을 나른 데로 쏠리게 하기 위해 태자에게 심오한 학문을 가르치기로 했다. 슛도다나 왕은 나라에서 가장 학식이 뛰어난 비슈바미트라라는 학자를 모셔다 태자의 스승으로 삼았다.

태자에게 글을 가르치던 첫날, 스승은 태자의 총명聰明함을 보고 놀랐다. 그는 지금까지 많은 왕자들을 가르쳐 보았지만 싯다르타처럼 뛰어난 천재는 일찍이 보지 못했기 때문이다. 태자는 인도의 가장 오래된 고전인 베다 성전을 줄줄 욀 만큼 기억력도 비상했다. 스승 비슈바미트라가 알고 있는 깊은 학문도 오래지 않아 거의 다 배우게 됐다. 싯다르타의 학문은 나날이 깊어졌다.

슛도다나 왕은 스승을 불러 나라의 임금으로서 필요한 제왕帝王의 길도 가르쳐 줄 것을 부탁했다. 그리고 얼마 후에는 크샨티데바라는 군사학의 대가大家를 불러 무예와 병법도 가르쳤다. 태자는 다른 학문 못지않게 무예武藝와 병법兵法에도 뛰어난 소질을 갖추고 있었다. 그에게는 처음 배우는 지식이라 전부 신기하기만 했다. 그러므로 새것을 알고 싶어 하는 소년다운 호기심으로 더욱 열심히 공부했다.

스승으로부터 이런 소식을 전해들은 왕은 몹시 기뻐했다. 이 세상에서 견줄 데 없이 총명한 태자가 다른 길을 걸으려는 생각을 버리고, 자기의 뒤를 이어 카필라를 잘 다스려 주기만 한다면 더 이상 바랄 것이 없었다.

그러나 부왕의 안심安心은 오래 가지 못했다. 글을 배워 지식이 넓어져 감에 따라 태자의 회의는 없어지기는커녕 더욱 깊어져 가는 것이었다. 깊은 학문을 쌓은 태자는, 학문이란 한낱 지식을 넓혀줄 뿐 인생의 근본적인 문제에 대해서는 무력하다는 것을 알게 되었다.

사람은 어째서 늙고, 병들어 죽어 가는가? 무엇 때문에 태어나는 것일까? 이런 인생의 근원적인 문제에 대해서는 어떤 책에서도 어떠한 학문에서도 해답을 주지 못했다. 태자는 이와 같은 인생의 문제에 대해 입을 다물고 학문을 끝까지 좋아할 수가 없었다. 어디엔가 자신의 의문을 풀어 줄 수 있는 길이 있을 것만 같이 생각되었다.

이제 싯다르타는 스승으로부터 더 이상 배울 만한 새로운 학문이 없음을 알았다. 스승도 역시 그 이상 가르쳐 줄 것이 없다고 떠나가 버렸다. 결국 태자는 또다시 명상에 잠기게 되었다.

다시 불안해신 숫노다다 왕은 어떻게 하면 태자의 마음을 궁중에 붙잡아 둘 수 있을까 하고 여러 가지로 궁리한 끝에 한 가지 좋은 생각을 떠올렸다. 그것은 아름다운 아가씨와 결혼을 시키는 일이었다. 아름다운 여성이 태자의 아내가 되어 곁에 있으면 명상에 잠길 겨를도, 출가하여 사문이 되려는 생각도 없어지고 말 것이라고 믿었다.

5) 결혼

싯다르타가 열아홉 살이 되자 부왕父王은 서둘러 태자비를 물색하기로 했다. 태자는 결혼이 마음에 내키지 않았지만 부왕의 간곡한 권유를 뿌리칠 수 없었다. 한편 부왕을 기쁘게 해드리고 싶은 마음도 없지 않아 부왕의 뜻에 따르기로 했다.

가문 좋고 아름답고 슬기로운 규수를 물색한 끝에

같은 사캬족 대신大臣의 딸 야쇼다라를 태자비로 정했지만, 싯다르타에게는 결혼이라는 것이 전혀 남의 일 같아서 좀처럼 실감이 나지 않았다. 태자는 결혼한 다음에도 여전히 사색에 잠기거나 침울한 생각에 빠질 때가 있었다. 그때마다 슬기로운 야쇼다라는 보다 상냥하게 태자의 마음을 위로하는 데 정성을 다했다.

그러나 행복해야만 할 싯다르타는 날이 갈수록 무엇엔가 마음을 잃은 듯 침울한 표정을 지을 때가 잦았다. 수많은 궁녀宮女들이 그의 둘레에 모여들어 춤과 노래로 위로하려 했지만 그의 마음속에 자리잡은 생각만은 어쩔 수가 없었다. 싯다르타 역시 쾌락의 재미를 모르는 바 아니지만 쾌락 뒤의 공허空虛를 더욱 잘 알고 있었다. 인간이 영원히 살 수 있고 모든 사람이 한결같이 행복하다면, 그도 역시 마음 놓고 쾌락을 즐길 수 있었을 것이다.

그러나 태자는 이 세상에 태어나면서부터 인생의 덧없음을 몸소 겪었던 것이다. 어머니의 죽음, 그것은 어린 시절부터 싯다르타의 눈을 인생의 근원적인 문제로 돌리게 했다. 인간은 누구나 죽는다. 살아 있다고 하지만 언제 죽을지 아무도 모른다. 죽으면 우리는 어떻게 되는 것일까. 젊고 아름다운 사람을 볼 때마다 싯다르타의 눈에는 그가 늙었을 때의 추醜해진 모습이 문득 떠오르는 것이다. 그는 스스로 그런 생각을 잠재우려 했지만 그렇게 되지 않았다.

그는 혼자서 인생의 근원적인 병病을 앓고 있었다. 아내인 아쇼나라노 어썰 노리가 없었다. 그가 뒷날 부처님이 되었을 때 제자들에게 이런 말을 한 적이 있다.

"어리석은 사람들은 자신의 병을 피할 수 없다는 것을 모르고 있다. 그래서 앓는 사람을 보면 누구나 어서 피해 버린다. 그러나 나는, 지금 앓고 있지는 않지만 언젠가는 반드시 앓게 되리라는 것을 알고 있기 때문에 병든 사람을 싫어하지 않는다. 또 어리석은 사람들은 누구든지 자신이 늙어가고 있음을 모르고 있다. 그러므로 늙은 사람을 보면 싫어한다. 그러나 나는 내가 늙어가고 있다는 사실을 알고 있기 때문에 노인을 싫어하지 않는다."

싯다르타는 그때 젊음 속에서도 늙은 자신의 모습을 보았고, 병들어 앓다가 죽어가는 모습도 보았다. 괴로움을 짊어지고 시시각각時時刻刻 죽음을 향해 걸어가고 있는 자신의 모습을 깊은 사색 속에서 역력히 보았던 것이다.

태자의 기억 속에는 또다시 전에 성문 밖에서 만났던 사문沙門의 모습이 떠올랐다. 문득 그 사문을 다시 만나보고 싶은 충동을 느꼈다. 이 무렵 싯다르타는 야쇼다라가 곁에 있는 것도 잊어버리고 자주 명상에 잠겼었다. 결혼 생활도 태자의 마음을 붙잡을 수는 없었다. 싯다르타의 나이 스물아홉이 되었다. 야쇼다라와 결혼한 지도 벌써 10년이 지났다. 어느 날 그는 문득 이런 생각을 했다.

'결혼 때문에 출가出家가 10년이나 늦어졌구나. 이러다가는 몇 해가 더 늦어질지 알 수 없다. 나는 지금 자꾸 늙으며 죽음으로 점점 가까이 가고 있는데….'

싯다르타의 마음은 갑자기 초조해지기 시작했다. 이대로 살다 죽는다면 아무런 보람도 없으리라는 데에 생각이 미치자 그의 앞에는 하나의 길이 훤히 열렸다.

그 순간 싯다르타는 혼자서 외쳤다.

"그렇다! 나도 출가 사문의 길을 찾아 나서자."

마침내 싯다르타의 마음에 출가할 결심이 서게 되었다. 이제는 어느 누가 말린다 해도 자기는 출가의 길을 택할 수밖에 없다고 굳게 결심했다. 이렇게 마음을 정하고 나니 지금까지 괴로웠던 번민이 스르르 풀리는 듯했다. 이미 출가를 결심한 싯다르타는 이제 남은 것은 출가할 시기뿐이라고 생각했다. 그러나 한편 자기가 떠나버린 뒤의 일들을 생각하니 한 가닥 불안이 잇따랐다.

'부왕의 실망이 얼마나 클 것인가. 다행히 이모인 마하파자파티에게서 태어난 동생이 있으니 왕위를 계승하는 문제는 걱정이 없다. 그러나 내가 출가해 버린 걸 아신 부왕은 얼마나 애통해 할 것인가. 그리고 아내 야쇼다라는 또 얼마나 슬퍼할 것인가.'

이런 생각 때문에 싯다르타는 잠을 이룰 수 없었다.

후일 부처님은 이때의 심정을 다음과 같이 말씀하셨다.

"나는 아직 젊은 청년으로서 머리는 검고 청춘의 즐거움으로 가득 차 있었다. 내 앞에는 영화로운 임금의 자리가 기다리고 있었다. 그러나 나는 영원한 진리를 찾아 부모와 아내가 눈물로써 만류하는 것을 뿌리치고 인생의 봄을 등졌던 것이다. 나는 왕궁을 빠져나와 머리를 깎고 가사袈裟를 입은 후 출가 사문의 길을 떠났었다."

그때 싯다르타의 심경心境을 짐작케 하는 말이다.

한편 숫도다나 왕은 아시타 선인의 예언이 다만 예

언으로 끝나주기를 바랐다. 싯다르타가 왕위를 이어
받아 훌륭한 임금이 되어주기만을 간절히 원했던 것
이다. 태자의 이름을 '싯다르타(모든 소원을 이루게 하는
사람)'라고 지은 것도 이러한 왕 자신의 소원이 이루어
지기를 진심으로 바랐기 때문이다. 이제 모든 것을 버
리고 출가할 것을 결심한 태자는 어느 날 아무런 예고
도 없이 부왕 앞에 나타났다.

"저는 아무래도 사문의 길을 가야겠습니다. 저에게
출가를 허락해 주십시오."

이 말을 듣는 순간 왕은 눈앞이 캄캄해졌다. 그러나
마지막으로 다시 한 번 아들의 뜻을 돌려보려고 했다.

"사랑하는 태자야, 무슨 소원이든지 다 들어줄 터이
니 제발 출가할 뜻만은 버려다오."

"그러시다면 저에게 한 가지 소원이 있습니다."

"오, 그 소원이란 게 대체 무엇이냐?"

"이 소원만 이루어 주신다면 저는 출가의 뜻을 버리
겠습니다."

숫도다나 왕의 얼굴에는 밝은 빛이 감돌았다.

"어서 그 소원을 말해 보아라."

왕의 표정과는 달리 싯다르타의 얼굴은 돌처럼 굳
어 있었다.

나직하면서도 힘있는 말이 그의 입에서 나왔다.

"제 소원은 죽음을 뛰어넘는 일입니다. 늙고 죽어가는 고통에서 벗어날 수 있는 방법을 가르쳐 주신다면 저는 이 자리에서 출가의 뜻을 버리겠습니다."

이 말에 왕은 어처구니가 없었다. 그러나 너무도 진지하고 슬픈 태자의 표정을 보자 화를 낼 수도 없었다. 모든 소원을 다 들어주겠다던 왕도 그러한 태자의 소원만은 어쩔 도리가 없었다. 국왕인 자신도 늙음과 죽음 앞에서만은 너무도 무력하다는 것을 새삼스레 느끼게 된 것이다.

마음의 준비도 되었고, 왕에게도 출가의 결심을 알린 뒤라 싯다르타는 이제 왕궁을 떠날 기회만을 찾고 있었다. 태자는 아내 야쇼다라와 이모인 마하파자파티에게는 출가의 결심을 말하지 않기로 했다. 미리 알려줌으로써 연약한 여인들의 가슴에 상처를 주고 싶지 않았기 때문이다.

마침 이 무렵 궁전 안에 기쁜 소식이 전해졌다. 야쇼다라가 아들을 낳은 것이다. 숫도다나 왕은 너무 기뻐 어쩔 줄 몰랐다. 곧 분부를 내려 큰 잔치를 베풀고 왕손王孫의 탄생을 축하하도록 했다. 그런데 정작 이 경사를 기뻐해야 할 싯다르타는 이날따라 그 자취가 보이지 않았다.

해가 지고 어둠이 내릴 무렵에야 그는 궁전으로 돌아왔다. 그날도 숲속에 들어가 온종일 혼자 명상에 잠기다 돌아오는 길이었다. 궁전 앞에 이르러 사람들이 웅성거리며 즐거워하는 광경을 보자 비로소 궁중에 경사가 일어난 줄을 알았다. 자기에게 아들이 생겼다는 소식을 들은 싯다르타는 "오, 라훌라!" 하고 탄식嘆息했다. 라훌라는 '장애'라는 뜻이다. 자기의 갈 길을 막는 존재라는 말이다. 그를 얽어맬 인정人情이 또 하나 태어났기 때문이다.

얼마나 괴로웠기에 자기 아들의 탄생을 보고 '라훌라'라고 했을까. 이때 태자가 탄식한 말은 그대로 어린아이의 이름이 되고 말았다. 싯다르타는 아들이 태어났다는 소식을 듣고 '라훌라'라고 탄식을 했지만, 한편 이제야말로 기회期會가 왔다고 결심했다. 왜냐하면 그때 인도의 풍습風習으로는 대를 이을 후계자가 있어야 출가가 떳떳하게 여겨졌기 때문이다.

3. 출가에서 성도成道까지

1) 출가

마침내 어느 날 밤, 싯다르타는 왕궁을 떠나기로 결심했다. 마지막 밤이나마 모든 사람들의 마음을 기쁘게 해주고 싶었다. 야쇼다라와 함께 궁녀宮女들의 노래와 춤을 즐거운 듯 구경했다. 그리고 밤이 깊었을 때 싯다르타는 평화스럽게 잠든 아내 야쇼다라와 어린 아기를 번갈아보았다. 이 세상에서는 보기 드문 평화가 어머니와 아기의 잠든 얼굴에 깃들어 있었다. 싯다르타는 속으로 그들에게 용서容恕를 빌었다.

모든 사람들이 깊이 잠든 한밤중에 그는 자리에서 일어났다. 지난밤에 그토록 법석이던 궁중이 이제는 무덤처럼 적막했다. 드넓은 대청마루에서는 지난밤 노래하고 춤추던 궁녀들이 여기저기 쓰러져 자고 있었다. 어떤 궁녀는 이를 갈면서 자는가 하면, 어떤 궁녀는 입을 벌린 채 침을 흘리고 있었다. 또 어떤 궁녀는 이불을 걷어차 버리고 추한 모양으로 자고 있었다. 피로에 지쳐 곯아떨어진 궁녀들의 몰골은 아름답게 치장하고 있을 때와는 너무도 달랐다.

이 광경을 본 싯다르타는 그들이 가엾었다. 또한 인간의 꾸밈없는 모습을 거기서 본 듯했다. 밖으로 나와 시종侍從이 살고 있는 집 앞으로 다가간 그는 낮은 목소리로 시종 찬다카를 깨워 말을 끌고 나오도록 했다. 싯다르타는 말에 올랐다. 그가 말을 타고 궁중을 빠져나가는 것을 찬다카 외에는 아무도 모르고 있었다.

찬다카는 무언가 마음에 집히는 일이 있었지만, 태자의 엄숙하고도 비장한 표정을 보고는 감히 입을 열수가 없었다. 성문城門을 나올 때 태자는 속으로 맹세를 했다.

'내가 생사生死의 문제를 해결하기 전에는 다시 이문으로 들어오지 않으리라.'

싯다르타는 오랜 세월을 두고 갈망하던 출가의 길을 마침내 떠나게 되었다. 태자의 행차치고는 너무도 외로운 길이었다.

원래 출가 사문의 길은 혼자서 가는 고독한 길이다. 싯다르타는 성城을 벗어나자 길을 재촉했다. 말발굽소리만이 밤하늘에 울려 퍼졌다. 이따금 숲에서 새들의 울음소리가 들려올 뿐 태자와 찬다카는 한마디 말도 없었다. 아누피야 고을을 흐르는 아노마강을 건너

자 먼동이 트기 시작했다. 새벽의 맑은 강바람이 상쾌하게 불어왔다. 싯다르타는 말에서 내려 시종의 손을 잡으면서 부드럽게 말했다.

"찬다카, 수고했네."

이 길이 태사의 줄가임을 알아차린 찬다카는 흐느껴 울었다. 싯다르타는 강물에 얼굴을 씻고 허리에서 칼을 뽑아 치렁치렁한 머리칼을 손수 잘랐다. 찬다카는 눈물을 흘리며 그 모양을 말없이 지켜볼 수밖에 없었다. 싯다르타는 몸에 지녔던 보석을 모두 떼어 찬다카에게 내주며 말했다.

"이 목걸이를 부왕父王께 전하여라. 그리고 싯다르타는 죽은 것으로 생각하시라고 말씀드려라. 내 뜻이 이루어지기 전에는 죽는 한이 있더라도 돌아가지 않을 것이다. 나는 왕위王位 같은 세속의 욕망은 털끝만큼도 없다. 다만 생로병사의 괴로움에서 벗어나기 위해 이 길을 걷는다고 말씀드려라."

그리고 다른 패물을 주면서 이런 부탁도 했다.

"이것은 이모님과 야쇼다라에게 전하여라. 내가 출가 사문이 된 것은 세속世俗을 떠나기 위해서가 아니라 지혜와 자비慈悲의 길을 찾기 위해서라고 말해다오."

그때 마침 사냥꾼이 그들 곁을 지나갔다. 태자는 그 사냥꾼을 불렀다. 그리고 자기가 입고 온 호화스러운 태자의 옷을 벗어서 사냥꾼에게 주고 사냥꾼의 해진 옷을 얻어입었다. 머리를 깎고 다 해진 옷을 걸친 싯다르타의 모습은 누가 보아도 카필라의 태자로는 보이지 않았다.

그의 모습은 도道를 구하는 사문으로밖에 보이지 않았다.

"찬다카여, 그럼 우리는 여기서 헤어지기로 하자. 만나면 헤어지는 게 이 세상 인연이 아니냐. 그럼 잘 가거라."

찬다카는 그 자리에 주저앉아 통곡을 했다. 싯다르타는 마지막으로 타고 온 백마白馬를 쓰다듬어 주었다.

"그동안 나를 위해 수고가 많았다. 너도 잘 가거라."

백마도 이별을 서운해 하는 듯 눈물을 흘렸다.

2) 구도의 길

구도의 길을 찾아 왕궁을 뛰쳐나온 싯다르타는 우선 가까운 숲으로 들어갔다. 그는 어떤 나무 아래 단정히 앉아 정신을 한곳에 집중하기 시작했다. 싯다르타는 죽어도 물러서지 않겠다는 굳은 결심으로 최초의 싸움에 임했다.

머리 위로 태양이 높이 솟아올랐다. 싯다르타는 심한 갈증과 허기를 느꼈지만 움직이지 않았다. 이름 모를 새들이 지저귀고 이따금 사나운 짐승들의 울음소리가 멀리서 혹은 가까이서 들려 왔다. 그러나 뜻을 굳게 세운 싯다르타는 조금도 흔들림이 없었다. 해가 기울고 어둔 밤이 되어도 그곳을 떠나려 하지 않았다. 오로지 정신을 한곳에 집중시키려고 애썼다. 그러나 지나간 온갖 기억들이 되살아나 그의 머릿속을 어지럽혔다.

밤이 깊어갈수록 숲은 무거운 정적靜寂으로 가라앉았다. 그는 마음을 더욱 굳게 가다듬었다. 이렇게 첫 밤을 지새우고 나자 싯다르타는 처음으로 자기 뜻대로 수행이 되는 듯한 생각이 들었다. 그러나 번거로운 기억들은 쉽게 지워지지 않았다. 다음날도, 그 다음날도 같은 상태가 계속되었다. 배가 고파서 참을 수 없게 되면 가까이에 흐르는 개울물을 마실 뿐 아무것도 먹지 않았다. 그러면서 싯다르타는 이 우주의 진리를 깨닫지 않으면 안 된다고 더욱 굳게 결심을 다졌다.

어떤 날 밤에는 비가 내렸고, 비가 개고 나서는 쌀쌀한 바람이 숲을 몰아쳤다. 비에 흠뻑 젖은 싯다르타는 이가 딱딱 부딪히도록 추위에 떨었다. 더구나 속이 비어 추위를 이겨내기가 어려웠다. 순간 왕궁의 따뜻한 방이 생각났다. 싯다르타는 부질없는 생각을 떨쳐버렸다. 그리고 어떠한 유혹에도 뜻을 굽히지 않았다.

이런 상태로 꼬박 한 주일을 지냈지만 깨달음을 얻지는 못했다. 깨달음이 그리 쉽게 얻어지는 것이 아니라는 것을 비로소 알게 된 싯다르타는, 혼자서 진리를 구하는 것보다 수행의 힘이 뛰어난 사람들에게 가르침을 받아야겠다는 생각이 들었다. 그리고 너무 조급하게 굴어서는 안 되겠다고 생각했다. 마음의 여유를 가지고 차근차근 닦아 나가는 것이 현명한 방법이라는 것을 알게 된 것이다. 이대로 같은 자리에만 앉아 있어서는 아무런 소득도 없다고 생각한 싯다르타는 여드레 만에 그 자리를 떨치고 일어났다. 그리고 숲에서 가까운 마을로 밥을 빌리러 내려갔다.

싯다르타는 이제 완전한 수행승의 행색이 되어 있었다. 해진 옷을 걸치고 얼굴은 여위어 걸음걸이도 허청거렸다. 그러나 그 눈은 빛나고 얼굴에는 맑고 깊은 의지의 빛이 배어 있었다. 몸은 비록 참기 어려운 고통을 겪고 있었지만 마음은 차분히 가라앉아 새로운 희망을 지닐 수 있었다. 그는 괴로움을 참고 견디는 일에 인내忍耐의 의미를 깨닫게 된 것이다. 의지가 약한 사람이었다면 그는 벌써 스러졌을 것이다. 그러나 목숨을 걸고 도를 찾는 싯다르타에게 그만한 고통은 장해가 될 수 없었다.

싯다르타는 가까이 있는 수행승에게서 박가바라는 선인의 이야기를 듣고 그가 고행苦行하고 있다는 숲을 찾아갔다. 그 숲은 마을에서 멀리 떨어져 사람들의 발걸음이 미치지 않는 한적한 곳이었다. 고요 속에 청정淸淨한 기운이 감도는 숲은 두려운 생각마저 들게 했다.

싯다르타는 처음으로 자신의 스승이 될 만한 사람을 찾아가는 길이었다. 그러나 박가바 선인의 제자들을 보고 선뜻 느낀 것은 실망이었다. 그들은 남이 흉내 낼 수 없는 어려운 고행을 하고 있었다. 어떤 사람은 가시로 몸을 찔러 피가 흐르고, 흐른 피가 검붉게 굳어 있는데도 참고 누워 있었다. 몸무게에 눌리면 눌릴수록 더욱 가시는 살 속으로 파고들었다.

또 어떤 고행자는 더러운 쓰레기더미 속에 누워 있었다. 더럽고 냄새나는 것에 무관심한 듯했다. 혹은 타오르는 불꽃에 몸을 벌겋게 달구고 있는 사람도 보였다. 그리고 한쪽 발로 딛고 서 있는 사람, 물속에 들어가 숨을 죽이고 있는 사람도 있었다. 그들 가운데는 발가벗고 종일 물구나무를 서는 고행자도 있었다. 하루에 한 끼만 먹는 이도 있었고, 이틀에 한 끼, 사흘에 한 끼밖에 먹지 않는 사람도 있었다.

고행자 가운데 혹독한 고행을 하는 사람일수록 사람들에게 존경을 받고 있었다. 그들은 고행을 참아내는 일로써 수행을 삼고 있는 듯했다. 그 참을성에는 감동하지 않을 수 없었지만, 그와 같은 고행 자체는 이해가 가지 않았다. 그 고행자들의 얼굴에는 하나같이 어두운 그늘이 덮여 있어, 어쩐지 끔찍스럽고 지저분하다는 생각이 들었다.

싯다르타는 박가바에게 물었다.

"무엇 때문에 이 같은 고행을 합니까?"

선인은 이런 고생이 당연하다는 얼굴로 말했다.

"천상天上에 태어나기 위해서요."

이 말을 듣고 싯다르타는 웃을 뻔했다. 너무도 어처구니없는 말이었기 때문이다. 모처럼 찾아간 스승이었으므로 여기에서 받은 실망은 클 수밖에 없었다.

'즐거움을 얻기 위해 괴로움을 참는다고? 설사 천상에 태어난다 할지라도 천상의 즐거움이 다하면 다시 인간 세계에서 고통을 겪어야 하지 않는가. 게다가 천상에 태어난다는 것을 무엇으로 보장할 수 있단 말인가.'

이렇게 생각한 싯다르타는 그들의 고행이 더욱 어리석은 짓으로 보였다. 싯다르타가 묵묵히 생각에 잠겨 있는 것을 본 박가바 선인은 다시 입을 열었다.

"처음 고행은 참으로 괴롭고 어렵지만 차차 수행을 쌓으면 보기보다는 참아내기 어렵지 않다오."

선인은 싯다르타가 잠자코 있는 것이 심한 고행에 놀라 의기가 죽은 것으로 생각했던 모양이다.

싯다르타는 조용히 말했다.

"견딜 수 없는 고행에 대해서는 존경심이 갑니다. 그러나 어떤 보상報償을 바라고 고행을 한다면 괴로움은 영원히 떠나지 않을 것입니다. 영원히 되풀이될 고苦와 낙樂을 어떻게 하겠습니까?"

선인은 무어라 대답할 말이 없었다. 하룻밤을 그곳에서 머문 다음 싯다르타는 다시 길을 떠났다.

박가바의 제자들로부터 남쪽으로 가면 <u>아라라 칼라</u>

마라는 훌륭한 선인이 있다는 말을 들었으므로 싯다르타는 그를 찾아가기로 했다. 싯다르타는 이곳에 온 것이 전혀 무익無益하지만은 않았다. 인간이 그러한 고행까지도 이겨낼 수 있다는 것은 분명히 새로운 발견이었다.

아라라 칼라마의 덕망德望은 싯다르타도 전부터 듣고 있었다. 그가 있는 곳까지는 길이 멀었다. 몇 개의 강을 건너고 산을 넘어야 했다. 도중에 강가강을 건너 라자가하에 들르게 되었다. 라자가하(왕사성)는 마가다국의 수도로 인구도 많고 집들이 카필라보다도 훨씬 호화로웠다. 마가다는 빔비사라 왕이 다스리고 있는 나라였다.

3) 스승을 찾아서

싯다르타는 라자가하에서 걸식乞食(탁발)을 하고 있었다. 사람들은 그 빼어난 모습과 기품 있는 행동을 보고 그가 카필라 왕국의 태자임을 첫눈에 알아보았다. 삽시간에 소문이 퍼졌다. 그러나 그는 그런 것을 알 리 없이 판다바산 동쪽에 사문들이 모이는 곳을 찾아가 자리를 잡고 앉아 명상에 잠겨 있었다. 이 소문을 들은 마가다국의 빔비사라 왕은 기쁜 마음으로 즉시 카필라의 태자를 만나기 위해 몇 사람의 신하를 거느리고 싯다르타를 찾아갔다.

싯다르타는 자기를 찾아온 분이 이 나라의 왕인 줄을 알았기에 일어나 왕을 정중히 맞이했다.

왕도 싯다르타를 보고 수행자에 대한 예로써 인사를 했다.

"태자가 출가하였다는 소문을 듣고 놀랐소. 태자의 부왕께서는 얼마나 가슴 아파하시겠소. 태자처럼 젊고 기품 있는 사람이 사문이 되어 고생한다는 것은 참으로 아까운 일이오. 나와 함께 우리나라에서 사는 것이 어떻겠소? 마음에 드는 땅을 드리고 편히 살 수 있도록 해드리겠소."

그러나 싯다르타는 정중하게 사양했다.

"친절하신 말씀은 고맙습니다. 그러나 저는 이미 세상의 모든 욕망을 버리고 출가한 몸입니다."

"그렇다면 무슨 목적이 있어 출가를 하셨소."

"늙고 병들고 죽는 괴로움에서 벗어나 내 자신과 이웃을 구제하기 위해서입니다."

"그것을 이룰 수가 있겠소?"

싯다르타는 조용히 대답했다.

"되고 안 되고는 해보지 않고는 모릅니다. 저는 그 것을 알기까지 죽어도 물러서지 않을 각오입니다."

이러한 싯다르타의 높은 뜻과 굳은 결심을 보고 빔 비사라 왕은 크게 감동했다.

"태자의 굳은 결심이 반드시 이루어지기를 빌겠소. 만약 그러한 도道를 얻으면 나에게도 그 법을 가르쳐 주기 바라오."

왕은 마음속으로 태자를 존경하지 않을 수 없었다. 믿음직한 젊은이라고 생각했다. 저런 인물이 왕이 되어 나라를 다스린다면 태평한 세월을 누릴 것이라고 믿었다.

이와 같이 싯다르타를 만나는 사람이면 누구나 그 인품과 정신력에 감동받지 않을 수 없었다.

싯다르타는 라자가하를 떠나 아라라 칼라마가 있는 곳에 이르렀다. 아라라는 나이가 많았으나 아직도 건장했다. 그는 싯다르타를 기꺼이 맞이했다. 늙은 선인 仙人은 차근차근 이야기를 들려주었다. 싯다르타는 이 백발의 선인에게서도 역시 아쉬움 같은 것을 느꼈지만 그래도 얻을 것이 많다는 것을 알고 기뻐했다. 오랜만에 스승을 만난 것 같아 흐뭇했다.

그는 그곳에 머무르며 스승의 가르침에 따라 수행하기로 했다. 그것은 마음의 작용이 정지된 무념무상無念無想의 상태에 이르는 수행이었다. 그는 밤잠을 안 자고 열심히 수행을 계속했다. 그때 아라라 스승에게는 수백 명의 제자가 있었는데, 싯다르타는 다른 제자들이 도저히 따를 수 없는 정열情熱과 용맹심을 가지고 수도修道에 열중했다.

마침내 싯다르타는 스승이 가르쳐 준 경지에 이르고야 말았다. 스승은 깜짝 놀랐다.

"자네 같은 천재를 만나 기쁠 따름이네. 자네는 이미 내가 얻은 경지에 도달하였네. 이제는 나와 함께 우리 교단敎團을 이끌어 나가세."

그러나 싯다르타 그것으로 만족할 수 없었다. 보다 높은 경지가 있을 것이라고 확신했다. 그는 무념무상의 상태가 그 위에 없는 열반涅槃의 경지가 아님을 알았던 것이다. 그는 스승과 하직下直하고 보다 높은 수행을 위해 다시 길을 떠났다.

어느 날, 싯다르타는 자기를 찾아온 사람들을 만났다. 그들은 카필라에서 부왕父王이 보낸 사신使臣들로서 태자가 떠나온 뒤 카필라가 온통 슬픔에 잠겼다는 이야기를 전했다. 그중에서도 부왕과 야쇼다라의 슬픔은 차마 곁에서 볼 수 없다는 것이었다. 그러면서 싯다르타에게 왕궁으로 돌아갈 것을 애원했다. 그러나 그는 여전히 그 뜻을 굽히지 않았다.

"어떤 일이 있더라도 돌아갈 수는 없다. 내 본래의 뜻이 이루어지기 전에는 죽어도 돌아가지 않을 것이다. 인간은 이별과 죽음을 피할 수 없는 것, 생사生死를 두려워하고 있는 한 사람들은 불행에서 벗어날 수 없다. 나의 이 수행修行은 내 자신만이 아니라 부왕과 이모와 아내와 그 밖의 모든 사람들을 구하려고 하는 뜻에서 시작된 것이다. 그러나 나의 수행은 아직 멀었다. 나의 수행을 방해하지 말고 어서 돌아들 가거라."

사신들은 태자의 이 같은 굳은 의지 앞에 더 할 말이 없어 어쩔 수 없이 돌아가게 되었다.

그 뒤 싯다르타는 웃다카 라마풋타라는 스승을 찾아가 그에게서 가르침을 받았다. 웃다카는 700명의 제자들을 거느리고 사유思惟를 초월하고 순수한 사상만 남는 비상비비상처非想非非想天의 경지에 이르는 길을 가르치고 있었다. 싯다르타는 얼마 안 되어 또 웃다카 스승의 경지에 이르게 되었다. 웃다카는 젊은 수도승 싯다르타를 두려워하면서 그 이상의 높은 경지는 없다고 했다.

그러나 싯다르타는 자기가 출가한 궁극의 목적이 여기에 있지 않음을 잘 알고 있었다. 그리하여 더 이상 그곳에 머물지 않고 다시 길을 떠났다. 세상에서라면 불완전한 스승도 용납될 수 있지만 진리의 세계에 있어서는 용납될 수가 없다. 그래서 그는 보다 완전한 스승을 찾아 여기저기 헤매지 않을 수 없었다. 그러나 그것은 싯다르타의 지나친 욕심이었다.

이 세상에서 완전무결한 스승이란 있을 수 없다는 것을 그는 뒤늦게야 알게 되었다. 어디를 찾아가 보아도 그럴 만한 스승은 없었다. 그도 그럴 것이, 그 무렵 인도에서 가장 으뜸가는 수행자로 아라라와 웃다카 두 선인을 제외하고는 아무도 없었기 때문이다.

싯다르타는 외로움을 느끼기 시작했다. 그것은 더 이상 의지하고 배울 스승이 없다는 허전함이었다. 그는 문득 생각했다.

'어디를 찾아가 보아도 내가 의지해 배울 스승은 없다. 이제는 내 자신이 스승이 될 수밖에 없구나. 그렇다, 나 혼자 힘으로 깨달아야만 한다.'

싯다르타는 지금까지 밖으로만 스승을 찾아 헤매던 일이 오히려 어리석게 생각되었다. 가장 가까운 데 스승을 두고 먼 곳에서만 찾아 헤맨 것이다. 이제는 내 자신밖에 의지할 데가 없다고 생각을 돌이키자 자기 자신의 존재 의미가 새로워졌다. 싯다르타는 우선 머물러 도 닦을 곳을 찾아야 했다. 마가다국과 가야라는 곳에서 멀지 않은 우루벨라 마을의 숲이 마음에 들었다. 아름다운 숲이 우거진 이 동산 기슭에는 네란자라 강이 잔잔히 흐르고 있었다. 싯다르타는 이곳을 수행할 장소로 정했다.

4) 성도成道

이때 웃다카 교단에서 수도하던 다섯 사문들이 싯다르타의 뒤를 따라오고 있었다.

'우리는 오랫동안 수행했지만 스승의 경지에 이르지 못했다. 그러나 이 젊은 사문은 짧은 기간에 스승과 같은 경지에 이르렀다. 그러고도 만족하지 않고 보다 높은 경지를 향해 수행하려고 하지 않는가. 이 분은 결코 범상한 인물이 아니다. 반드시 최고 경지에

도달할 분이다.'

이렇게 판단한 그들은 서로 의논한 끝에 웃다카의 교단에서 나와 싯다르타의 뒤를 따라온 것이다.

싯다르타는 이런 결심을 했다.

'사문들 가운데는 마음과 몸은 쾌락에 맡겨 버리고 탐욕과 집착에 얽힌 채 겉으로만 고행苦行하는 사람들이 있다. 이런 사람들은 마치 젖은 나무에 불을 붙이려는 어리석은 사람과 같다. 몸과 마음이 탐욕과 집착을 떠나 고요히 자리잡고 있어야 그 고행을 통해 최고 경지(깨달음)에 이를 수 있으리라.'

이와 같이 고행에 대한 근본적인 태도를 굳게 결정한 뒤, 싯다르타는 혹독한 고행을 다시 시작했다. 아무도 이 젊은 수행자의 고행을 따를 수는 없었다. 싯다르타는 그 당시 인도의 고행자들이 수행하던 가운데서도 가장 어려운 고행만을 골라 수행했다. 먹고 자는 것도 잊어버릴 정도였다. 몇 톨의 낟알과 한 모금의 물로 하루를 보내는 때도 있었다. 그의 눈은 해골처럼 움푹 들어가고 뺨은 가죽만 남았다. 몸은 뼈만 남은 앙상한 몰골로 변해 갔다. 죽지 않고 살아 있다는 것이 이상하게 느껴질 정도였다.

그러나 싯다르타는 아직도 완전히 번뇌를 끊지 못했으며 삶과 죽음을 뛰어넘지도 못했다. 그는 여러 가지 혹독한 고행을 계속했다. 곁에서 수행하던 다섯 사문들은 너무도 혹독한 싯다르타의 고행을 보고 그저 경탄의 소리를 되풀이할 뿐이었다. 이렇게 뼈를 깎는 고행이 어느 정도 수행에 보탬을 주기는 했지만, 그가 근본적으로 바라는 깨달음에는 아직도 이르지 못했다. 번뇌의 불꽃은 꺼지지 않았고 생사生死의 매듭도 풀리지 않았다.

싯다르타는 언젠가 남들이 하는 고행을 보고 비웃던 생각이 떠올랐다. 그러나 지금 자기가 닦고 있는 고행은 죽은 후에 하늘에 태어나기 위해서가 아니었다. 오로지 육신의 번뇌와 망상妄想과 욕망을 제거하고 영원한 평화의 경지인 열반涅槃을 얻고자 함이었다. 그래서 모든 사람들에게 자기가 얻은 평화를 주기 위해서인 것이다. 깨닫지 못할 바에야 차라리 죽는 편이 낫다고 그는 거듭 결심을 다졌다. 그는 이따금 모든 고뇌와 집착에서 벗어나 해탈解脫의 삼매경에 들어간 것 같은 생각이 들 때도 있었다. 그러나 삼매三昧는 곧 흩어지고 현실의 고뇌가 파고들었다.

고행을 시작한 지도 다섯 해가 지나갔다. 아무도 감히 흉내 낼 수 없는 지독한 고행을 계속해 보았지만 자기가 바라던 최고의 경지에는 이르지 못했다. 어느 날 싯다르타는 그가 지금까지 해온 고행에 대해 문득 회의懷疑가 생겼다. 육체를 괴롭히는 일은 오히려 육체에 집착하고 있는 것이라는 생각이 들었다. 육체를 괴롭히기보다는 차라리 그것을 맑게 가짐으로써 마음의 고요도 가져올 수 있지 않을까 하는 생각이었다. 그동안 싯다르타는 수행의 방법에만 얽매인 나머지 점점 형식에 빠져 마음을 고요하고 깨끗하게 가지는 일에는 소홀했던 것이다.

그는 고행을 중지하고 단식도 그만두기로 했다. 그리고 지나치게 지쳐버린 육체를 회복하기 위해서 네란자라강으로 내려가 맑은 물에 몸을 씻었다. 그때 마침 강가에서 우유를 짜고 있던 소녀에게서 한 그릇의 우유를 얻어 마셨다. 그 소녀의 이름은 수자타라고 했다. 우유의 맛은 비길 데 없이 감미甘味로웠다. 그것을 마시고 나니 그의 몸에서는 새 기운이 솟아났다. 이 광경을 멀리서 지켜보고 있던 다섯 명의 수행자들은 크게 실망하고 말았다.

"그토록 고행을 쌓고도 최고의 경지에 이르지 못한

사람이 어찌 세상 사람이 주는 음식을 받아먹으면서
그것을 깨달을 수 있겠는가."

그들은 고행을 그만둔 싯다르타가 타락했다고 하여
그의 곁을 떠나 바라나시의 교외郊外의 사슴이 뛰어노
는 녹야원으로 가버렸다.

싯다르타는 홀로 숲속에 들어가 커다란 보리수 아
래 단정히 앉았다. 맑게 갠 날씨였다. 앞에는 네란자
라강이 잔잔히 흐르고 있었다. 싯다르타의 마음은 날
듯이 홀가분했다. 모든 것이 맑고 아름답게 보이기만
했다. 싯다르타는 오랜만에 마음의 환희를 느꼈다. 그
는 다시 비장한 맹세를 했다.

'이 자리에서 육신이 다 죽어 없어져도 좋다. 우주
와 생명의 실상을 깨닫기 전에는 이 자리를 떠나지 않
으리라.'

싯다르타는 평온하고 가벼운 마음으로 다시 깊은
명상冥想에 잠겼다. 그렇게 이레째 되는 날이었다. 둘
레는 신비로운 고요에 싸이고 샛별이 하나 둘 돋기 시
작했다. 명상에 잠긴 싯다르타의 마음이 문득 형언할
수 없는 기쁨으로 넘치기 시작했다.

이제는 두려워할 아무것도 없었다. 모든 이치가 그

앞에 밝게 드러났다. 태어나고 죽는 일까지도 환히 깨닫게 되었다. 온갖 집착과 고뇌가 자취도 없이 풀려 버렸다. 우주가 곧 내 자신이고 내 스스로가 우주임을 알게 된 것이다. 이때 싯다르타는 환희에 넘쳐 함성이라도 올리고 싶었다. 그의 얼굴에는 일찍이 볼 수 없었던 평화와 자신 넘치는 밝은 빛이 깃들었다. 그때 네란자라강 저 너머로 먼동이 트기 시작했다.

마침내 싯다르타는 깨달음을 얻게 된 것이다. 그토록 자신이 '부처'가 되었다고 확고한 신념信念을 가질 수 있었다. 스물아홉에 태자의 몸으로 카필라의 왕궁을 버리고 출가한 젊은 수도자는 목숨을 걸고 찾아 헤매던 끝에 더 이상 도달할 수 없는 최고의 진리를 깨달은 것이다. 즉 '깨달은 사람(부처님)'이 된 것이다.

그때 싯다르타의 나이 서른다섯이었다. 이제는 그에게서 인간적인 갈등과 번뇌는 깨끗이 사라져버렸다. 이 세상에서 일찍이 그 누구도 경험할 수 없었던 으뜸가는 열반의 경지를 스스로 깨달아 얻은 것이다. 이렇게 해서 인류의 스승 부처님이 나타나신 것이다.

진리를 깨달아 부처님이 된 싯다르타의 마음속에는 새로운 생각이 솟아오르고 있었다. 그가 처음 출가하여 수행한 동기動機는 우선 자기 자신의 구제救濟에 있었다. 생로병사生老病死라는 인간 고뇌의 실상을 보고 그것을 해결하고자 사랑하는 아내와 아들, 왕자의 지위도 내던지고 뛰쳐나왔던 것이다. 이제 보리수 아래서 최상의 깨달음을 얻게 되자 자기 자신의 문제는 해결된 것이다. 그 이상 아무것도 구할 필요가 없었다.

그러나 여기에 새로운 문제가 제기되었다. 자기가 깨달은 진리를 세상 사람들에게 널리 전해 해탈의 기쁨을 함께 나누는 일이었다. 많은 사람들이 겪고 있는 고통이 곧 자기 자신의 것처럼 느껴졌다. 이것은 우주의 진리를 밑바닥까지 들여다본 부처님의 자비慈悲였다. 그는 이제부터 중생들을 구제하는 길에 나서기로 새로운 뜻을 세웠다.

4. 교화에서 열반까지

1) 최초의 설법

부처님께서는 맨 먼저 누구에게 진리를 가르쳐 줄 것인가를 생각했다. 아라라 칼리마와 웃다카 라마풋타가 떠올랐으나, 그들은 안타깝게 모두 얼마 전에 세상을 떠나고 말았다. 그 다음으로 떠오른 사람이 네란자라 강가에서 함께 수행하던 다섯 사문들이었다.

부처님은 그들이 고행하고 있을 녹야원鹿野苑으로 발길을 옮겼다. 녹야원이 있는 바라나시까지는 여러 날이 걸리는 먼 길이었다. 부처님이 혼자서 그 길을 걸어가시는 도중에 다른 교단에 속해 있는 수행자를 만나게 되었다.

그 수행자는 부처님의 얼굴을 유심히 쳐다보면서 말했다.

"당신의 얼굴은 잔잔한 호수와 같이 맑습니다. 당신의 스승은 누구이며 어떤 가르침을 받고 있습니까?"

부처님은 자신 있게 대답하였다.

"나는 모든 것을 이겨냈고, 이 세상의 진리를 다 알

게 되었소. 나는 스스로 깨달았으므로 내 스승은 없소. 또 나와 견줄 사람은 아무도 없소."

녹야원으로 가는 도중 부처님은 하루 한 끼씩 얻어먹으면서 쇠약해진 몸을 다스렸다. 부처님이 녹야원에 이르렀을 때 다섯 사문들은 전과 다름없이 고행을 계속하고 있었다. 간혹 싯다르타의 이야기가 나오면 다들 그의 타락墮落을 비난했다.

그들 가운데 하나가 가까이 걸어오고 있는 부처님을 알아보았다.

"저기 고타마가 오는군."

고타마는 싯다르타의 성씨姓氏이다.

"그럴 리가 있나."

다른 사람이 말했다.

"아니, 틀림없는 고타마야."

"왜 찾아왔을까?"

"자신의 타락을 후회한 모양이지? 고행을 하다가 도중에 그만둔 사람이니까."

"우리는 고타마가 가까이 오더라도 모른 척하세."

"그래, 타락한 사문에게 우리가 먼저 머리를 숙일 건 없지."

부처님은 천천히 그들이 앉아 있는 곳까지 가셨다. 부처님의 거룩한 모습이 그들 앞에 나타나자 그들은 이상한 힘에 끌려 자신들도 모르게 그만 자리에서 일어나고 말았다. 그리고는 공손히 머리를 숙여 인사를 드렸다.

부처님은 그들을 보고 조용히 말씀하였다.

"그대들은 내가 와도 일어서서 맞지 않기로 약속까지 했으면서 왜 일어나 인사를 하는가?"

다섯 사람들은 서로 마주보며 놀랐다. 부처님은 그들의 마음을 이미 환히 알고 계셨던 것이다.

그들은 서둘러 부처님이 앉으실 자리를 마련했다.

"고타마여, 멀리서 오시느라고 고단하시겠습니다."

부처님은 엄숙하게 말씀하였다.

"이제부터는 내 성을 고타마라고 부르지 마라. 나를 여래如來(Tataghata)라고 불러라. 나는 이제 여래가 되었다."

여래란 진리의 세계에 도달한 사람이란 뜻도 되고, 진리의 세계에서 설법設法하러 온 사람이란 뜻도 된다. 부처님은 다섯 사문을 향해 최초의 설법을 하셨다.

"수행의 길을 걷고 있는 사문들이여, 이 세상에는 두 가지 극단으로 치우치는 길이 있다. 사문은 그 어느 쪽에도 치우치지 말아야 한다. 두 가지 치우친 길이란, 하나는 육체의 요구대로 육체를 너무 지나치게 학대하는 고행의 길이다. 사문은 이 두 가지 극단을 버리고 중도中道를 배워야 한다. 여래는 바로 이 중도의 이치를 깨달았다. 여래는 그 길을 깨달음으로써 열반에 도달한 것이다.”

이 설법은 부처님 자신의 절실한 체험에서 우러난 말씀이었다. 그 자신도 출가하기 전까지는 카필라의 왕궁에서 지나치게 쾌락을 누렸었다. 그리고 왕궁을 버리고 출가한 뒤에는 극심한 고행으로 육체를 학대했던 것이다. 그러나 두 가지가 다 잘못된 길이라는 것을 스스로 깨달은 것이다. 육체의 쾌락을 따르는 기로가 육체를 괴롭히는 고해苦海의 길을 넘어선 곳에서 가장 올바른 길을 찾아낸 것이다.

부처님은 다시 말씀을 이으셨다.

“사문들이여, 그렇다면 중도란 무엇인가. 그것은 여덟 가지로 되어 있다. 바른 견해, 바른 생각, 바른 말, 바른 행위, 바른 작업, 바른 노력, 바른 기억, 바른 명상이다.”

팔정도八正道를 말씀하신 것이다. 부드럽고 차근차근 말씀하시는 부처님의 설법을 듣고 있던 다섯 사문들은 이내 그 이치를 깨닫게 되었다. 그들은 기뻐하면서 부처님께 진심으로 감사의 예禮를 올렸다. 그들은 최초의 제자가 되었다. 부처님이 설법하고 계실 때 숲에서 살던 사슴들이 떼 지어 나와 부처님의 말씀을 한곁에서 조용히 듣고 있었다. 부처님은 다섯 제자를 거느리고 녹야원에서 한동안 머무르셨다.

어느 날 새벽 부처님은 강물에 얼굴을 씻고, 강변을 조용히 거닐고 계셨다. 그때 저쪽 강기슭에서 이리저리 뛰어다니는 한 젊은이가 보였다. 그는 미친 사람처럼 마구 고함을 치며 뛰어다녔다.

"아, 괴롭다. 괴로워!"

그 소리는 가슴을 쥐어짜는 듯했다. 부처님은 말없이 강 건너에 있는 그 젊은이를 바라보고 계셨다. 이윽고 젊은이는 어떤 힘에 이끌리듯 강을 건너 부처님 곁으로 왔다. 그는 부처님 앞에 무릎을 꿇고 앉더니 하소연을 했다.

"이 괴로움에서 저를 구해 주십시오."

"여기에는 괴로운 것이 아무것도 없소. 대체 무엇이 그렇게도 괴롭소?"

이 젊은이는 바라나시에 살고 있는 큰 부자의 외아

들 야사였다. 야사는 왕 못지않은 호화로운 생활을 하고 있었다. 전날 밤 야사의 집에서는 큰 잔치가 베풀어졌다. 흥겨운 잔치가 끝나고 사람들이 깊은 잠에 빠졌을 때 야사는 잠에서 깨어났다가, 그토록 아름답던 여인들이 제멋대로 흐트러져 추한 모습으로 자고 있는 것을 보고서 집을 뛰쳐나와 괴롭다고 외치면서 거리를 헤맨 것이다.

그러나 부처님을 만나 이야기하는 동안 미칠 것 같았던 그의 마음은 점차 안정이 되었고, 지나치게 자기 자신에게 집착한 것이 다시없이 어리석은 일임을 알았다. 부처님은 야사에게 인생의 괴로움을 이야기하고 그 괴로움에서 벗어나는 길을 가르쳐 주셨던 것이다.

야사는 그 길로 머리를 깎고 출가하여 부처님을 따르는 제자가 되었다. 그 뒤 아들의 소식을 전해 듣고 부처님을 찾아온 야사의 아버지는 부처님의 설법을 듣자 곧 신도信徒가 되었다. 그가 부처님께 귀의歸依한 최초의 신도였다.

야사와 같은 상류 가정의 아들이 출가하여 부처님의 제자가 되었다는 소문은 삽시간에 바라나시에 퍼졌다. 더구나 야사처럼 재주 있고 학식이 있는 유망한 청년이 부처님 아래에서 출가하여 비구스님이 된 사건은 바라나시의 젊은 청년들에게 커다란 충격을 주었다. 그 뒤 부처님을 찾아온 야사의 친구들이 뒤를 이어 출가하여 부처님의 제자가 되었다.

2) 교화 활동

보리수 아래에서 지혜의 눈을 뜬 부처님은 하루도 쉬지 않고 여기저기 다니면서 지혜롭게 사는 길을 말씀하셨다. 부처님이 설법하실 때마다 부처님을 따라 출가하는 사람의 수는 점점 늘어갔다. 그리고 출가할 수 없는 처지에 놓인 사람들은 부처님을 믿는 신도가 되었다. 부처님의 설법을 듣고 깨달은 다음 아라한의 지위에 오른 제자가 50여 명이 되었을 때 부처님은 그들을 한자리에 모아놓고 이와 같이 말씀하셨다.

"여러 수행자들아, 나는 인간을 얽어매는 모든 것에서 벗어나 완전히 자유로워졌다. 그대들도 인간의 속박에서 자유로워졌다. 이제 중생을 제도하기 위해 나아가라. 그러나 같은 길을 두 사람이 함께 가지는 말아라. 한결같이 훌륭한 법문法門을 중생들에게 들려주고 언제나 깨끗한 수행자 생활을 하여라. 이 세상에는 때가 덜 묻은 사람도 많으니 그들이 훌륭한 법문을 듣게 되면 곧 깨달아 아라한의 지위에 오를 것이다."

이와 같이 하여 부처님의 가르침을 이 세상에 널리 펴 중생을 괴로움으로부터 구제하는 교화敎化(포교) 활동이 시작되었다. 제자들을 떠나보내기 전에 부처님은 다음과 같이 덧붙여 말씀하였다.

"수행자들이여, 출가한 사람으로서 법을 펼 때 남에게 존경받겠다는 생각을 해서는 안 된다. 남을 도울 줄 모르고 법에 의하여 먹고 살려 하는 자는 법을 먹는 아귀餓鬼와 같은 자다. 또 너희가 전하는 법을 듣고 사람들은 기뻐할 것이다. 그럴 때 너희들은 교만해지기 쉽다. 사람들이 법을 듣고 기뻐하는 것을 보고 자기의 공덕功德처럼 생각하면 그는 벌써 법을 먹고 사는 아귀가 되어버린 것이다. 그러므로 법을 갉아먹고 사는 아귀가 되지 않도록 항상 겸손해야 한다."

부처님 자신은 바라나시를 떠나 마가다로 향했다. 길을 가던 도중, 길가에서 깊이 들어간 숲속의 한 나무 아래서 잠시 좌선坐禪을 하고 계셨다. 이때 한 무리의 젊은이들이 숲속 여기저기에서 무엇인가를 찾아다니고 있었다. 나무 아래 조용히 앉아 있는 부처님을 보고 그들이 물었다.

"한 여자가 도망가는 것을 보지 못했습니까?"

사연은 이러했다. 그들은 이 근처에 사는 지체 있는 집안의 자제들인데, 30명이 저마다 자기 아내를 데리고 숲에 놀이를 왔었다. 그 가운데 한 사람의 녹신자만은 기녀妓女를 데리고 왔었는데, 다들 노는 데만 정신이 팔려 있는 동안 기녀妓女가 여러 사람의 옷과 값진 물건을 가지고 달아나버렸다. 그래서 그 여인을 찾고 있는 중이라고 했다. 이와 같은 사정을 듣고 부처님은 그들에게 말씀하셨다.

"젊은이들이여, 달아난 여인을 찾는 것과 자기 자신을 찾는 것 중에 어느 것이 더 중요한가?"

놀이에만 팔려 자기 자신을 잊어버리고 여인을 찾아 헤매던 그들은 부처님의 말씀을 듣고 제정신으로 돌아왔다.

"자신을 찾는 일이 더 중요합니다."

"그럼, 다들 거기 앉거라. 내가 이제 그대들을 위해 자기 자신을 찾는 법을 가르쳐 주겠다."

그들의 마음은 아직 세상에 물들지 않았으므로 이치에 맞는 부처님의 말씀을 듣고 곧 이해하였다. 30명의 청년은 설법을 들은 뒤 그 자리에서 출가하였다.

부처님은 스스로 '길을 가리키는 사람'이라고 말씀하셨다. 만나는 사람마다 괴로움에서 벗어나 지혜롭고 평화롭게 사는 길을 가르쳐 주셨기 때문이다. 자기 자신은 결코 신앙信仰의 대상이나 예배禮拜의 대상이 아니라고 힘주어 말씀하였다. 부처님의 설법은 언제나 듣는 사람의 수준에 따라 달랐다. 의사가 환자의 병을 알고 나서 그 증세에 따라 알맞게 치료해 주듯이, 찾아와 묻는 사람들의 형편을 보고 그에게 맞는 여러 가지 방법으로 설명하셨다.

부처님이 사밧티의 기원정사(기수급고독원)에 계실 때였다. 3대독자를 잃고 너무 슬픈 나머지 먹지도 자지도 않고 울기만 하던 과부寡婦가 어느 날 부처님을 찾아와 자신의 슬픔을 하소연하였다.

"부처님, 저는 유복자를 잃고 살아갈 용기마저 잃었습니다. 저에게 이 슬픔에서 벗어날 길을 가르쳐 주십시오."

가만히 듣고 계시던 부처님은 이렇게 말씀하셨다.

"가엾은 부인, 내게 한 가지 방법이 있소. 지금 곧 가서 사람이 죽은 일이 없는 집을 일곱 군데 찾아내어 쌀 한 움큼씩만 얻어 오시오. 그러면 내가 그 슬픔에서 벗어나는 길을 가르쳐 주겠소."

과부는 바삐 마을로 쌀을 얻으러 나갔다. 며칠이 지난 뒤 그 과부는 한 움큼의 쌀도 얻지 못한 채 맥이 빠져 부처님께로 돌아왔다. 부처님은 물으셨다.

"사람이 죽지 않은 집이 있었습니까?"

그제야 과부는 부처님이 하신 말씀의 깊은 뜻을 스스로 알아차리게 되었다. 부처님을 쳐다보는 과부의 얼굴에는 어느 새 슬픔의 그림자가 지워져 있었다.

그 무렵 네란자라 강변에 있는 우루벨라 마을에는 카샤파라는 성을 가진 바라문 3형제가 살고 있었다. 당시 그들의 영향력은 대단하여 맏형은 500명, 둘째는 300명, 셋째는 200명의 제자들을 각각 거느리고 있었으므로 명망名望이 매우 높았다. 그들은 불의 신 아그니를 섬기고 있으므로 불을 무엇보다 신성神聖한 것으로 믿었다.

그러나 그 바라문 3형제도 한번 부처님을 만나 뵙고 말씀을 듣더니 지금껏 그들이 섬겨 오던 불의 신을 버리고 당장 부처님의 제자가 되었다. 3형제와 함께 그들을 스승으로 받들던 1천 명의 제자들까지 부처님께 귀의했다. 이렇게 되자 마가다국에서 가장 큰 교단이 그대로 부처님의 교단教團이 된 셈이다.

이제 부처님께서는 1천 명이 넘는 제자를 거느리고 라자가하로 가시게 되었다. 라자가하는 예전에 부처님이 카필라를 떠나 출가의 길에 올랐을 때 들른 적이 있던 곳이고, 또 자신의 성도成道(깨달음)를 기다리는 빔비사라 왕이 있는 곳이었다. 라자가하로 가는 도중 일행은 산을 넘게 되었다. 산 위에 올라섰을 때 부처님은 1천 명의 제자들을 향해 설법을 하셨다.

"보라, 모든 것은 지금 이글이글 타오르고 있다. 눈이 타고 있다. 눈에 비치는 형상이 타고 있다. 그 형상을 인식하는 생각도 타고 있다. 눈으로 보아서 생기는 즐거움도 괴로움도 모두 타고 있다. 그러면 그것은 무엇으로 인해 타고 있는가. 탐욕의 불, 노여움의 불, 어리석음의 불로 인해 타고 있는 것이다. 수행자들이여, 이것을 바로 보는 사람은 모든 것에 대한 애착이 없어지리라. 애착이 없어지면 그는 영원한 안락安樂을 누릴 것이다."

이 설법은 제자들에게 새로운 눈을 뜨게 했다. 지금까지 불을 섬겨 오던 그들에게 주는 감명은 말할 수 없이 컸다. 그들은 지금까지 타는 불을 섬겨 왔지만,

인간의 마음속에서 타고 있는 탐욕과 노여움의 불은 모르고 지내왔던 것이다. 이 자리에서 카샤파 형제와 1천 명의 제자들은 크게 깨달은 바가 있었다.

부처님과 그 일행이 라자가하로 오신다는 소문은 빔비사라 왕에게까지 알려졌다. 왕은 곧 신하들을 데리고 부처님을 영접迎接하려고 성 밖으로 나갔다. 부처님의 모습을 보자 왕은 부처님 발 앞에 엎드려 절했다. 부처님은 빔비사라 왕과 다시 만나게 된 인연에 감회感懷가 깊었다. 왕과 신하들을 위해 어떻게 하는 것이 나라를 잘 다스리는 길인가를 말씀하셨다.

부처님의 설법을 듣고 난 빔비사라 왕은 갑자기 자기 눈이 열리는 듯한 감동을 받았다. 왕은 그 자리에서 자기의 심정을 이렇게 고백했다.

"내가 아직 태자로 있을 때 나에게는 다섯 가지 소원이 있었습니다. 첫째는 왕위에 오르는 것, 둘째는 내가 다스리는 영토에 부처님이 나타나 주셨으면 하는 것, 셋째는 내가 그 부처님을 섬기는 것, 넷째는 부처님께서 내게 설법해 주시는 것, 다섯째는 부처님의 설법을 듣고 깨달을 수 있었으면 하는 것이었습니다. 오늘 부처님께서 이 나라에 오셨으니 이제는 그 다섯 가지 소원이 모두 이루어졌습니다. 나는 오늘부터 부처님께 귀의하겠습니다."

이때부터 빔비사라 왕은 한평생 부처님을 섬기는 독실한 신도가 되었다. 그리고 라자가하성 밖에 있는 대숲을 부처님과 교단에 바쳤다.

어느 날, 라자가하의 한 부자가 대숲에 계시는 부처님을 찾아왔다. 그는 부처님의 설법을 들은 다음 이곳에 집을 지어 드리겠다고 자청했다. 이때까지 부처님의 교단은 비와 햇볕을 피할 만한 집이 없었기 때문에 더러는 곤란을 느낄 때가 있었다.

부처님께서는 화려하게 꾸미지만 않는다면 집을 지어도 좋다고 허락하셨다. 이렇게 하여 지은 것이 '죽림정사竹林精舍'이고, 이 집은 부처님의 교단이 가지게 된 최초의 절이기도 하다.

이곳을 중심으로 교단은 나날이 번창해서 날이 갈수록 찾아오는 사람들의 수는 늘어만 갔다. 왕으로부터 천민賤民에 이르기까지 부처님의 소문을 들은 사람들은 모두 이 대숲에 있는 절로 찾아왔다. 그리고 부처님을 뵙고 설법을 듣게 되면 누구나 신도가 되었다. 젊은이들 중에는 그 자리에서 출가하여 제자가 된 사람도 적지 않았다.

한편, 부처님께서 라자가하에 오셔서 설법을 시작한 지 얼마 안 되었을 때 라자가하 시민들은 불안을 느끼기 시작했다. 이러다가는 유능한 젊은이들이 모두 출가해 버리지 않을까 하는 걱정에서였다. 아들이 출가한 집에서는 부모들이 '부처님이 우리 아들을 빼앗아 갔다'고 원망했다. 게다가 산자야 종파의 제자였던 사리풋타(사리불존자)와 목갈라나(목련존자) 같은 유명한 수행자가 250명의 제자를 거느리고 부처님께 귀의해 버렸다.

어떤 사람은 부처님의 제자를 보고 비꼬았다.

"마가다의 서울 라자가하에 한 위대한 사문이 나타났다. 앞서는 산자야의 제자들을 유혹하더니 이번에는 또 누구를 유혹하려는가?"

한 제자로부터 이 말을 들은 부처님께서는 이렇게 말씀하셨다.

"이 같은 비난의 소리는 오래 가지 못할 것이다. 또 비난하는 사람이 있으면 이렇게 대답해 주어라. 여래는 법에 의하여 사람을 인도할 따름이다. 바른 법에 귀의하는 것을 시기하는 자는 누구인가. 바른 법을 시기하는 자는 모두가 바르지 못한 자들이다."

3) 여성의 출가

숫도다나 왕이 늙어 병석病席에 눕게 되었다. 사랑하던 태자 싯다르타는 부왕父王의 기대를 저버리고 출가하여 위대한 성자가 되었고, 작은아들 난다도 역시 싯다르타의 뒤를 따랐다. 그리고 손자 라훌라마저 출가하였으므로 늙은 왕의 마음은 쓸쓸하기가 비길 데 없었다. 부처님을 낳았다는 영광을 느끼고 있으면서도, 손자마저 떠나버린 뒤로부터는 마음이 텅 비어 외로움을 느끼지 않을 수 없었다.

숫도다나 왕이 병석에 누웠다는 소식을 전해들은 부처님은 곧 라자가하를 떠나 카필라로 가셨다. 왕의 임종臨終이 가까웠음을 알았기 때문이다. 병석에 나타난 부처님을 보았을 때 왕은 마지막 설법을 청하였다. 부처님은 왕의 손을 잡고 이렇게 말씀하셨다.

"모든 근심은 푸시고 아무 일도 걱정하지 마십시오. 그리고 제가 지금까지 말씀한 법을 생각하시면서 마음을 평안히 가지십시오."

왕이 누워 있는 병석에는 부처님을 비롯하여 난다, 라훌라, 아난다와 같은 친족親族의 사문들이 모여 있었다. 늙은 임금은 이 같은 환경에서 옛날의 태자이고 지금의 성자聖者인 부처님의 손을 꼭 쥔 채 마지막 설법을 듣고 조용히 숨을 거두었다.

왕이 돌아가신 지 얼마 안 되었을 때의 일이다. 그 무렵 부처님은 아식 카빌라성 밖에 있는 니그로다 정사精舍에 머무르고 계셨다. 하루는 아무 예고도 없이 자기를 알뜰히 키워 주었던 마하파자파티 왕비가 찾아왔다. 부처님께 공손히 예배한 다음 왕비는 옛날의 아들에게 간곡한 부탁을 하는 것이었다.

"이제는 나도 출가하여 부처님의 곁에서 수행의 길을 걷겠소. 제발 나 같은 여성들도 출가할 수 있는 길을 열어 주시오."

그러나 자기를 키워 준 이모의 간절한 소원이건만 부처님은 잘라서 거절하였다. 이런 일이 있은 뒤 부처님은 카필라를 떠나 베살리로 옮겨 가셨다. 그때 베살리 교외에 있는 마하바나 정사에 대중들은 부처님이 오시기를 기다리고 있었다.

부처님께 세 번씩이나 출가를 신청했다가 세 번 다 거절당했지만 마하파자파티는 한번 결심한 뜻을 굽히지 않았다. 왕비王妃는 며칠 뒤 스스로 머리를 깎은 다음 비단옷 대신 누더기를 걸치고 맨발로 부처님이 가신 길을 따라 나섰다.

출가 사문의 모습을 하고 베살리로 향하는 왕비를 보고 많은 여인들도 그 뒤를 따랐다. 여인들의 발은 돌부리에 채어 피가 흘렀다. 마하파자파티와 그 일행은 부처님이 계시는 곳까지 걸어왔다. 그리고 다시 여성의 출가를 애원했다.

마하바나 정사 밖에서 여성들이 웅성거리며 애원哀願하는 소리를 듣고 문을 연 사람은 부처님 옆에서 시중을 들고 있던 아난다였다. 아난다의 얼굴을 본 마하파자파티는 자기들이 여기까지 찾아온 뜻을 말하면서 여성의 출가를 부처님께서 허락해 주십사 청請하였다. 아난다는 곧 부처님께 이 사실을 알려드렸다.

"지금 밖에 카필라에서 맨발로 걸어온 마하파자파티 일행이 여성의 출가를 애원하며 있습니다."

그러나 부처님의 대답은 전과 마찬가지였다. 그러자 아난다는 마하파자파티 왕비가 어린 태자를 키우느라 애썼던 과거를 회상시키면서 다시 여성의 출가를 간청했다. 그래도 부처님의 대답은 한결같았다. 세 번이나 거절당했을 때 아난다는 부처님께 이렇게 여쭈었다.

"부처님, 만일 여성일지라도 출가하여 부처님의 가르침대로 수행에 힘쓴다면 남자만큼 수행의 성과를 얻을 수 있겠습니까?"

부처님은 침묵을 깨뜨리고 말씀하셨다.

"그렇다, 여인도 이 법에 귀의하여 지성으로 수행하면 성과聖果를 얻을 수 있다."

이 대답에 용기를 얻은 아난다는 다시 한 번 마하파자파티의 은혜를 들면서 여성의 출가를 허락해 줄 것을 간청했다. 부처님은 말씀하셨다.

"출가한 사문은 청정한 계율을 닦고 세속의 애착愛着을 떠나야 한다. 그런데 여인은 세속의 애착이 강하므로 도道에 들어가기 어렵다. 그리고 여인이 출가하면 청정한 법이 이 세상에 오래 갈 수 없다. 그것은 잡초가 무성한 논밭에는 곡식이 자라지 못하는 것과 같다. 가정에 여인이 많고 사내가 적으면 도둑이 들기 쉽듯이, 이 교단에 여인이 출가하면 청정한 교법教法이 오래 가지 못하게 될 것이다. 그러므로 물을 넘치지 않게 하기 위해 둑을 쌓는 것과 같이 교단의 질서를 위해 따로 여덟 가지 계법戒法(팔경법八敬法)을 마련한다. 출가한 여인은 반드시 이 여덟 가지 계법을 지켜야 한다."

이와 같이 하여 마하파자파티의 출가가 허락되었다. 최초의 비구니가 된 것이다.

4) 시드는 가지

부처님께서는 두루 다니시면서 설법하셨다. 해가 갈수록 많은 사람들이 부처님의 가르침에 귀의했다. 그러나 부처님의 육신은 늙어감에 따라 차츰 쇠약해지고 있었다.

부처님이 기원정사에 계실 때였다. 부처님이 가장 아끼던 제자 사리풋타(사리불존자)가 마가다의 한 가난한 마을에서 앓다가 죽었다. 곁에서 간호하던 어린 춘다는 죽은 사리풋타의 유물인 바리때(밥그릇)와 가사(옷)를 가지고 부처님께 왔다. 부처님의 얼굴을 본 춘다는 이제까지 참았던 설움이 복받쳐 흐느끼면서 사리풋타의 죽음을 부처님께 알려 드렸다.
"부처님, 여기 사리풋타의 바리때와 가사가 있습니다."
곁에서 춘다의 이야기를 듣고 있던 아난다도 같이

울었다. 사리풋타는 부처님의 많은 제자 가운데서도 지혜가 으뜸인 수제자首弟子였다. 이 같은 제자가 부처님보다 먼저 세상을 떠났으니 부처님의 슬픔도 말할 수 없이 컸다. 그러나 부처님은 담담한 표정으로 아난다와 준다의 슬픔을 달래 주셨다.

"너희들은 내가 항상 하던 말을 잊었느냐? 가까운 사람과는 언젠가 이별離別해야 하는 법이다. 세상에서 무상無常하지 않은 것은 없다. 모든 것은 세월을 따라 변해 간다. 아난다, 저기 큰 나무가 있구나. 저 무상한 가지 중에서 하나쯤은 먼저 시들어 떨어질 수도 있지 않느냐. 그와 같이 사리풋타도 먼저 간 것이다. 이 세상에 무상하지 않은 것은 없다. 너희들은 언제든지 너희들 자신에게 의지하여라. 남에게 의지해서는 안 된다. 그리고 법에 의지하고 다른 것에 의지하지 말아라."

사리풋타가 죽은 지 얼마 안 되어 이번에는 목갈라나(목련존자)가 죽었다는 소식이 전해졌다. 목갈라나도 사리풋타 못지않게 부처님 교단에서는 중요한 인물이었다. 노년에 이르러 유능한 두 제자를 잃었다는 사실은 부처님의 마음에도 적지 않은 슬픔을 가져다주었다. 부처님은 두 제자가 없는 모임에 참석할 때면 가끔 이런 말씀을 하셨다.

"사리풋타와 목갈라나가 보이지 않는 모임은 어쩐지 텅 빈 것만 같구나."

부처님이라고 해서 아끼던 제자의 죽음에 서운한 마음이 들지 않은 것은 아니었다. 다만 그 슬픔에 집착하지 않을 뿐이었다. 인생이 덧없다는 것을 부처님은 이 세상에 태어나면서부터 느껴 왔던 것이다. 부처님은 사리풋타의 죽음을 몹시 슬퍼하는 춘다와 아난다에게 했던 말씀을 그 후로도 여러 수행자들의 모임에서 가끔 되풀이하셨다.

만년晚年에 이르러 부처님의 주변에 몇 가지 비극이 벌어졌다. 아버지 숫도다나 왕의 죽음과 가장 아끼던 두 제자의 죽음, 그리고 친척인 데바닷타의 배반背叛. 이런 것들이 부처님의 심경心境을 더욱 아프게 했다. 게다가 또 하나의 큰 비극이 일어났다. 카필라를 노려 오던 코살라가 마침내 쳐들어오고 있었다.

부처님은 이 소식을 듣고 뙤약볕이 내리쬐는 한 길가 고목나무 아래 앉아 계셨다. 군사를 이끌고 그 앞을 지나가려던 코살라의 젊은 왕 비루다카는 얼른 말에서 내려 부처님께 절한 다음 물었다.

"부처님, 우거진 나무도 많은데 왜 하필이면 잎이 하나도 없는 나무 아래 앉아 계십니까?"

부처님은 대답하였다.

"친족이 없는 것은 여기 그늘이 없는 나무와 같은 법이오."

이 한마디를 들은 젊은 왕은 부처님의 뜻을 알아차리고 군대를 돌려 코살라로 돌아갔다. 비루다카는 얼마 후 다시 진군進軍을 시작했다. 이번에도 그늘이 없는 나무 아래 앉아 계시는 부처님의 모습을 보고 왕은 다시 되돌아섰다.

세 번째 진군이 카필라를 향했을 때 부처님의 모습은 보이지 않았다. 지난 세상이 진 빚은 어쩔 수 없이 받게 되는 것을 아셨기 때문이다. 비루다카 왕은 서슴지 않고 카필라를 공격했다. 살생을 엄격히 금하고 있던 사캬족은 전쟁에 약할 수밖에 없었다. 카필라는 이렇다 할 저항도 없이 패배하고 말았다.

5) 열반

부처님의 연세도 80세가 되었다. 노쇠한 몸을 이끌

고 강가강을 건너 밧지족의 서울인 베살리에 이르렀을 때는 장마철이 되었다. 그 해에는 인도 전역에 심한 흉년이 들어 많은 수행자들이 한자리에 모여 지내기가 어려웠다. 여럿이 한데 모여 밥을 빌기가 곤란했기 때문이다. 그래서 부처님은 제자들에게 베살리 근처에 각각 흩어져 지내도록 하셨다.

부처님은 아난다만을 데리고 벨루바 마을에서 지내시게 되었다. 이때 부처님은 혹심한 더위로 몹시 않으셨다. 그러나 부처님은 고통을 참으면서 목숨을 이어가셨다. 병에서 회복한 지 며칠 안 된 어느 날, 부처님은 나무 그늘에 앉아 쉬고 계셨다.

아난다는 곁에 와서 이렇게 말했다.

"부처님께서 무사하시니 다행입니다. 부처님의 병환이 깊으신 걸 보고 저는 어찌 할 바를 몰랐습니다. 그러나 교단에 대해서 아무 말씀도 없이 이대로 열반에 드실 리는 없다고 생각하니 위안慰安이 되었습니다."

부처님은 아난다에게 말씀하셨다.

"아난다여, 나는 이제까지 모든 법法을 다 가르쳐 왔다. 법을 가르쳐 주는 데 인색吝嗇해 본 적이 없다. 이제 나는 늙고 기운도 쇠했다. 내 나이 여든이다. 낡아

빠진 수레가 간신히 움직이고 있는 것처럼 내 몸도 겨우 움직이고 있다."

부처님은 베살리 지방에 흩어져 있는 비구들을 모이게 한 뒤 석 달 후에는 열반에 들겠다고 말씀하셨다. 그날 부처님은 거리에 걸식乞食하러 나갔다가 거리의 여기저기를 돌아보시며 이것이 베살리를 보는 마지막이라고 곁에 있는 아난다에게 말씀하셨다.

부처님은 베살리를 떠나 파바라는 고을에 이르셨다. 여기에서 금세공 춘다가 올리는 공양供養을 드시고 나서 다시 병을 얻게 되었다. 이때 춘다가 올린 음식은 부처님께 올린 마지막 공양이 되었다. 이 공양을 마치자, 부처님은 고통을 참으시면서 쿠시나가라로 다시 길을 떠나셨다. 많은 제자들이 걱정에 잠겨 뒤를 따랐다. 이 길이야말로 부처님이 걸으신 마지막 길이 되고 말았다. 쿠시나가라에 도착하자 부처님은 아난다에게 말씀하셨다.

"아난다여, 나는 지금 몹시 피곤해 눕고 싶다. 저기 사라수 아래에 가사를 네 겹으로 접어 깔아 다오. 나는 오늘 밤 여기에서 열반에 들겠다."

아난다는 부처님께서 열반에 드신다는 말을 듣고 슬퍼서 견딜 수가 없었다. 부처님은 한쪽에 가 울고 있는 아난다를 불렀다.

"아난다여, 울지 마라. 가까운 사람과 언젠가 한 번은 헤어지게 되는 것이 이 세상의 인연이다. 한번 태어난 것은 반드시 죽게 마련이다. 죽지 않기를 바라는 것은 어리석은 생각이다. 너는 그동안 나를 위해 수고가 많았다. 내가 간 뒤에도 더욱 정진하여 성인의 자리에 오르도록 하여라."

아난다는 슬픔을 참으면서 부처님께서 열반에 드신 다음 그 몸을 어떻게 할 것인지를 물었다. 부처님은 다음과 같이 말씀하셨다.

"너희 출가 수행자는 여래의 장례葬禮 같은 것에 상관하지 마라. 너희는 오로지 진리를 위해 부지런히 정진하여라. 여래의 장례는 신도信徒들이 알아서 치러줄 것이다."

그날 밤에 부처님께서 열반에 드신다는 소식이 전해지자 말라족 사람들은 슬퍼하면서 사라수의 숲으로 모여들었다. 이때 쿠시나가라에 살던 늙은 수행자 수바드라도 그 소식을 듣고 부처님이 돌아가시기 전에 평소의 의문을 풀어야겠다고 허둥지둥 사라수의 숲으로 달려왔다.

그러나 아난다는 "부처님을 번거롭게 해드려서는 안 됩니다. 부처님은 지금 매우 피로하십니다." 하고 청을 받아 주지 않았다. 부처님은 아난다에게 수바드라를 가까이 오도록 이르시고 이렇게 말씀하셨다.

　　"진리를 알고자 찾아온 사람을 막지 바라. 그는 나를 괴롭히기 위해서가 아니라 내 설법을 듣고자 온 것이다. 그는 내 말을 들으면 곧 깨닫게 될 것이다."

　　부처님은 수바드라를 위해 설법을 들려주셨다. 수바드라는 부처님의 설법을 듣고 그 자리에서 깨달은 바가 있었다. 수바드라는 부처님의 마지막 제자가 된 것이다.

　　이제 부처님이 열반에 드실 시간이 가까워 온 듯했다. 부처님은 무수히 모여든 제자들을 돌아보시면서 다정한 음성으로 물어보셨다.

　　"그동안 내가 한 설법의 내용에 대해서 의심나는 점이 있거든 묻도록 하여라. 승단이나 계율에 대해서도 물을 것이 있으면 물어라. 이것이 마지막 기회가 될 것이다."

　　그러나 그 자리에 모인 제자들은 한 사람도 묻는 이가 없었다. 부처님은 거듭 말씀하셨다.

　　"어려워 말고 어서들 물어보아라. 다정한 친구끼리

말하듯이 의문이 있으면 내게 물어보아라."

이때 아난다가 말했다.

"지금 이 자리에 모인 수행자들 중에는 부처님의 가르침에 대해서 의문을 지닌 사람이 없습니다."

아난다의 말을 들으시고 부처님은 마지막 가르침을 펴시었다.

"너희들은 저마다 자기 자신을 등불로 삼고 자기를 의지하여라. 진리를 등불삼고 진리를 의지하여라. 이밖에 다른 것에 의지해서는 안 된다. 그리고 너희들은 내 가르침을 중심으로 화합할 것이요, 물 위에 기름처럼 겉돌지 마라. 함께 내 교법을 지키고 함께 배우며 함께 수행하고 부지런히 힘써 도의 기쁨을 함께 누려라. 나는 몸소 진리를 깨닫고 너희들을 위해 진리를 말하였다. 너희는 이 진리를 지켜 무슨 일에나 진리대로 행동하여라. 이 가르침대로 행동한다면 설사 내게서 멀리 떨어져 있더라도 그는 항상 내 곁에 있는 것과 다름이 없다. 죽음이란 육신의 죽음이라는 것을 잊지 말아라. 육신은 부모에게서 받은 것이므로 늙고 병들어 죽는 것은 어쩔 수 없는 일이다. 여래는 육신이 아니라 깨달음의 지혜다. 육신은 여기에서 죽더라도 깨달음의 지혜는 영원히 진리와 깨달음의 길에 살아 있을 것이다. 내가 간 후에는 내가 말한 가르침이 곧 너희들의 스승이 될 것이다. <u>모든 것은 덧없다. 게으르지 말고 부지런히 정진하여라.</u>"

이 말씀을 남기고 부처님께서는 평안히 열반에 드셨다.

진리를 찾아 왕자의 자리도 박차고 출가하여 견디기 어려운 고행 끝에 지혜의 눈을 뜨신 부처님, 45년 동안 수많은 사람들에게 여러 가지 방법으로 법을 설해 몸소 자비를 구현한 부처님은 이와 같이 열반에 드셨다.

부처님은 육신의 나이 여든으로 이 세상을 떠나갔지만, 그 가르침은 어둔 밤에 등불처럼 중생의 앞길을 밝게 비추고 있다. 이 지상에 인류가 살아 있는 한 부처님의 가르침도 영원히 살아 있을 것이다.

— 출전 『불교성전』 (동국대출판부)

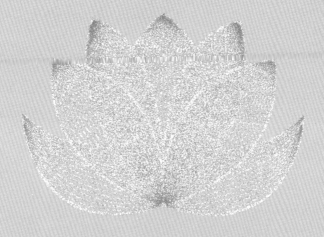

제5장 마음 공부

1. 좌선坐禪

1) 좌선의 의미

(1) 좌선이란 안락의 법문이다

좌선坐禪에 있어서 무엇보다 중요한 점은 마음가짐이다. 어떠한 마음가짐으로 좌선에 임해야 하는가?

무엇보다 염두에 둘 것은 바로 좌선이 '안락安樂의 법문'이라는 점이다. 안락이란 말 그대로 편안하고 즐겁다는 뜻이다. 그러므로 좌선에 임하는 마음가짐은 편안하고 즐거워야 한다. 편안하고 즐겁기 위해서는 우선 만족해야 한다. 만족하기 위해서는 더 이상 추구하는 바가 없어야 한다. 일체의 바람을 놓고 쉬어야 한다. 심지어는 깨닫고자 하는 마음조차도 하나의 헐떡임에 불과함을 알아야 한다. 일체의 사량분별思量分別과 '나'라고 하는 생각, '깨치고자 하는 마음'까지도 모두 놓아버리고 다만 앉아 있을 뿐이다. 그대로만 하면 5분 앉으면 5분 부처님이 되는 것이다.

좌선이란 몸을 주저앉혀 고요히 할 뿐 아니라, 마음

을 주저앉혀 쉬도록 하는 것이다. 그러기 위해서는 '5분 앉으면 5분 부처'라는 신념을 가질 필요가 있다. 앉아 있는 부처는 더 이상 부처가 되고자 할 필요가 없는 것이다. 자성自性은 우리의 본 마음이고 참 '나'가 된다.

참 '나'는 본래 완전하기 때문에 더 이상 그릇됨이 없으면 자성의 계戒요, 더 이상 산란함이 없으면 자성의 정定이요, 더 이상 어리석음이 없으면 자성의 혜慧인 것이다. 이런 관점에서 보자면, 수행을 해 나간다거나 깨달음을 얻는다는 것도 우스갯소리에 불과할 따름이다.

아울러 좌선을 할 때는, '몸으로 깨닫는다'는 입장을 취할 필요가 있다. 부처님께서도 사대四大(地·水·火·風)로 이루어진 몸에 대해서는 '나'와 '내 것'에 매일지언정, 의식意識에 대해서는 '나'와 '내 것'에 매이지 말아야 한다고 말씀하셨다.

사실 우리는 고정관념이나 선입견에서 벗어나기가 어렵다. 우리의 생각은 하루에도 수십 번씩 바뀌고 흔들리기 때문에, 사량분별이나 알음알이(知見)로써 깨닫고자 한다면 백천만겁이 흘러 미륵보살이 하생下生한다 해도 깨치기가 불가능하다. 그럴 바에야 이러한 알음알이는 모두 부처님께 맡겨버리고, 몸으로써 깨닫는다는 마음가짐으로 좌선에 임하는 것이 오히려 보탬이 될 것이다.

좌선하는 가운데 특이한 현상이나 자취를 구하지 말 것이며, 혹 신통스럽거나 두려운 경지가 나타난다 할지라도 이 모두 다 요망한 일로 여겨 마음에 두지 말고 지나가 버리도록 해야 할 것이다.

(2) 참된 자기를 바로 보기 - 선정禪定의 힘

좌선坐禪을 끝내고 일어설 때에는, 갑자기 일어서지 말고 천천히 몸을 움직인 후에 편안히 일어나라. 좌선에서 일어난 뒤에는, 항상 좌선의 방법에 의하여 선정의 힘을 보호하고 유지하기를 어린애를 돌보듯 하라. 그러면 선정의 힘을 쉽게 이룰 수 있을 것이다.

이 선정의 문門이 가장 급한 일이다. 만약 선정을 이루지 못하면 여기에서는 모든 것이 망망할 것이다. 무릇 구슬을 찾으려면 물결이 가라앉아야 한다. 물결이 일렁이면 찾기 어렵다. 물결이 가라앉아 맑고 깨끗해지면 마음의 구슬이 저절로 나타난다.

《원각경圓覺經》에서는 "거리낌없는 청정한 지혜가

다 선정에서 나온다"고 설하였고, 《법화경法華經》에서
는 "고요한 곳에서 마음을 닦고, 편안히 머물러 움직
이지 않기를 수미산처럼 하라"고 하였다.

범부凡夫와 성인聖人을 뛰어넘으려면 반드시 반연攀
緣을 끊어야 한다. 앉아서 저세상으로 가고, 서서 저
세상으로 가려면(坐脫立亡) 선정의 힘에 의지해야 한
다. 한평생 힘을 기울여도 잘못될까 두려운데, 하물며
게을러서야 어찌 생사의 업業을 막아내겠는가?

그러므로 옛 선사들께서는 "만약 선정의 힘이 없으
면 죽음의 문에 굴복당하고, 눈앞이 캄캄하여 갈팡질
팡 헤매게 될 것이다."라고 하였다. 바라건대, 모든 참
선하는 벗들은 이 글을 거듭거듭 읽고, 나도 이롭고
남도 이롭게 하여 다 같이 바른 깨달음을 이루어야 할
것이다.

(3) 허상을 버리고 참 '나'를 발견

실제로 좌선을 하다 보면 알게 되겠지만, 좌선이야
말로 진정한 자신과의 만남이다. 자신과의 처절한 싸
움인 것이다. 아무것도 하지 않고 가만히 앉아만 있는
다는 것이 얼마나 어렵고 힘든 일인지, 해보지 않은

사람은 모른다. 그냥 아무것도 안 하고 앉아 있다는 사실이 마냥 낯설기만 하다. 평상시에는 이 일 저 일에 쫓겨서 아무 생각 없이 살아왔는데, 막상 앉아 있으려니 생각지도 않았던 근심 걱정, 계획, 회한 등등이 마구 떠올라 두려울 정도이다. 다리는 피가 통하는지 안 통하는지 저려오기만 하고, 엉덩이는 배겨오고, 졸음은 밀려오고… 죽을 맛이기도 하다.

정상에 선 이들은 한결같이 말한다. 인생은 자신과의 싸움이라고. 심지어 남들과 직접 경쟁해 쟁취하는 운동경기나 무술시합조차도 그것은 자신과의 싸움이었다고 술회한다. 외로운 고독, 아무도 대신해 줄 수 없는 싸움이다. 결국 자신과의 싸움에서 승리하는 사람이 인생에서 승리하는 것이다.

참선은 단순히 자신과 싸움만 하는 것은 아니다. 나의 허상虛像을 여실히 바라보고, 참 '나'를 발견해 내는 것이다. 참 '나'를 본 사람이라야 생은 물론 죽음에 임박해서도 당당할 수 있는 것이다. 자기가 지은 업에 의해 태어나는 업생業生이 아니라, 수행한 힘에 따라 중생을 구제하겠다는 원생願生을 할 수 있는 것이다. 그러기에 옛 선사들은 자기 마음대로 서서 죽고 앉아 죽고 심지어는, 물구나무 서서 죽을 수도 있었던 것이다.

다 같이 힘써 수행 정진하여 '자기의 진면목(참된 자기)'을 바로 보아 성불하도록 하자.

2) 좌선 방법 – 좌선의坐禪儀

① 서원誓願

반야를 배우는 보살은 먼저 대자비심을 일으키고 커다란 서원을 발하여 삼매를 정미整美하게 닦으며, 중생 제도를 서약해야 할 것이니, 한 몸 홀로 해탈을 구하지는 말지어다.

② 사연捨緣

모든 인연을 버리고 만사를 쉬며, 몸과 마음을 한결같이 하여 움직임과 고요함에 간격이 없이 하라.

③ 조식調食

먹고 마심을 요량하여 적지도 많지도 않게 하라.

④ 조면調眠

수면을 조절하여 너무 절제하지도 너무 내키는 대

로 하지도 말라.

⑤ **택처**擇處

좌선할 때는 한가하고 고요한 곳에서 하라.

⑥ **조신**調身

깔 것을 두껍게 깔고, 허리띠는 느슨하게 매되 위의 威儀(몸가짐)를 가지런히 하라. 결가부좌結跏趺坐할 때는 먼저 오른발을 왼쪽 넓적다리 위에 올려놓고, 왼쪽 발을 오른쪽 넓적다리 위에 올려놓는다. 반가부좌도 좋으니, 왼발로 오른발을 눌러주면 된다.

다음에는 오른손을 왼발 위에 올려놓고, 왼쪽 손바닥을 오른쪽 손바닥 위에 올려놓고, 양손의 엄지를 서로 떠받치게 하고는 서서히 몸을 들어 전방을 향한다. 다시 좌우로 흔들고는 몸을 바로하고, 단정히 앉되 좌우로 기울거나 앞뒤로 굽히지 말아야 하며, 허리의 등골뼈와 머리와 목덜미의 골절을 서로 떠받치게 하여 그 형상이 마치 큰 바위와 같아야 한다.

또 몸을 너무 지나치게 솟구침으로써 호흡의 기운이 급하여 불안하게 하지 말아야 하며, 귀는 어깨와 더불어 수직이 되게 하고, 코는 배꼽과 더불어 수직이

되게 해야 하며, 혀는 윗잇몸을 떠받치고, 입술과 이는 서로 붙이며, 눈은 모름지기 가늘게 떠서 얼핏 잠드는 것을 면하도록 해야 할 것이니, 만약 선정을 얻었다면 그 힘이 가장 뛰어날 것이다.

옛날에 신징禪澄을 익히던 고승이 있었는데, 앉았을 때는 항상 눈을 뜨고 있었다. 법운 원통 선사 역시 눈을 감고 좌선하는 사람들을 꾸짖어 그것을 검은 산의 마귀 소굴로 여겼으니, 대개 깊은 뜻이 있는지라 통달한 자는 알 것이다.

⑦ **조기**調氣

몸의 모습이 이미 안정되고, 호흡의 기운이 이미 조절된 연후에 배꼽과 배를 느슨히 풀어 놓아 일체의 선善과 악惡을 모두 생각하여 헤아리지 마라. 망념이 일어나거든 '망념이 일어났음을' 깨달을지니, 그것을 깨달으면 곧 없어질 것이다.

⑧ **조심**調心

오래도록 반연하는 바를 잊으면 자연스레 집중을 이룰 것이다. 좌선은 곧 안락한 법문인데, 사람들이 많이들 질병을 이루는 것은 대개 마음 쓰기를 잘하지 못한 까닭이다. 이 뜻을 잘 체득하면 자연히 육신이 가볍고도 편안해질 것이고, 정신이 상쾌하고도 날래질 것이며, 정념正念이 분명하여 법의 맛이 정신을 도울 것이므로 고요히 맑고 즐거울 것이다.

만약 이미 깨달은 바가 있는 자라면 '용이 물을 얻은 것과 같고, 흡사 호랑이가 산을 의지한 것'이라 말할 수 있다. 아직 깨달음이 있지 않다 하더라도 '바람으로 인하여 불길을 부추기는 것'이라 힘씀이 그리 많지 않으리니, 다만 긍정적인 마음으로 힘쓰면 반드시 속임을 당하지는 않을 것이다.

⑨ **변마**辨魔

도가 높아지면 마魔가 왕성하여 순조로움을 거스르는 경계가 만 가지로 나타날 것이니, 단지 바른 생각이 앞에 드러난다면 일체의 것이 장애하지 못한다. 도고마성道高魔盛(도가 높아지면 마군이 더 성해진다)이라 하였으니 더욱 정진하라.

⑩ **호지**護持

선정에서 나올 때는 서서히 몸을 움직여 편안하고도 바르게 하여 일어나야지 갑작스레 일어나서는 안 된다. 선정에서 나온 후에는 항상 방편에 의지하여 선정의 힘을 보호하여 가지되 마치 갓난애를 보호하듯 해야 곧 선정의 힘을 쉽게 이룰 것이다.

무릇 선정이라는 이 한 부문이 가장 급선무가 되니, 만약 편안히 선정에 들어 고요한 생각을 지니지 못하면 죽음의 경계에 이르러 모두 망연해질 뿐이다. 《원각경》에 이르기를 "장애 없는 청정한 지혜는 모두 선정에 의지해 생겨난다" 하였고, 《법화경》에 이르기를 "한가한 곳에 있으면서 그 마음을 닦아 거두어들이되 편안히 머물러 움직이지 않음이 마치 수미산 같을지어다"라고 하였다.

이로써 알진대, 범부를 초월하고 성현을 뛰어넘으려면 반드시 고요함의 반연을 빌릴 것이요, 앉아서 죽고 서서 죽으려면 모름지기 선정의 힘에 의지해야 한다. 일생 동안에 끝장을 보고자 하더라도 오히려 차질이 날까 두렵거늘, 하물며 이에 미적미적하면 무엇을 가지고 저승사자(業)에 대적하겠는가.

바라건대 좌선하여 깨달음을 얻고자 하는 모든 선우禪友는 이 글을 하루에 세 번 반복하여 읽어서 스스로를 이롭게 하고, 나아가 다른 이를 이롭게 함으로써 함께 바른 깨달음을 이룰지어다.

(자각 종색 선사께서 지으신 〈좌선의〉 우리말 번역이다.)

2. 화두話頭

1) 화두의 의미

선禪의 본질은 이해하여 알 수 있는 것이 아니라, 직접 맛을 보아서 알게 된다. 맛을 본다는 것은 언어적·논리적 이해가 아닌 체험을 말한다. 이 체험은 흔히 '물을 직접 마셔보고 스스로 그 차가움과 따뜻함을 안다'라는 말로 표현된다. 선에 대한 언어적 이해를 넘어서 직접 선으로 나아가는 길로 조사선祖師禪에서 개발한 독특한 방편이 바로 화두話頭이다.

'화두'란 말(言語)인데, 겉으로는 '말'의 모습을 하고 있지만 그 내용은 '말'을 넘어서 '마음'을 직접 가리키고 있다. 따라서 화두를 해설할 수는 있으나 화두를 해설하였다고 하여 화두를 깨친 것은 아니다. 화두를 계기로 하여 '마음'을 직접 깨달아 맛볼 때, 비로소 화두를 깨쳤다고 한다. 그러므로 화두를 해설할 경우 중요한 것은, 지식적 이해를 버리고 직접 체험으로 요령껏 이끌어주어야 하는 점이다.

잘 알려진 화두 가운데 '삼라만상은 하나로 돌아간

다. 그렇다면 그 하나는 어디로 돌아가는가(萬法歸一 一歸何處)?'라는 것이 있다. '삼라만상은 하나로 돌아간다'는 말은 쉽게 이해되는 말이다. 예컨대 기독교라면 하나가 하나님이 될 것이고, 불교라면 마음이 될 것이다.

그러나 '삼라만상은 하나님이 창조하였다'라는가 '일체는 오직 마음이 만들어내는 것이다'라는 말의 의미를 이해했다고 하여, 하나님을 알았다거나 마음을 알았다고 할 수는 없다. 다시 '하나님은 무엇인가?', '마음은 무엇인가?', '하나는 어디로 돌아가는가'를 물어야 하는 것이다.

'삼라만상은 하나로 돌아간다'처럼 의미를 통하여 진리를 표현한 말을 교敎라고 한다. 이에 비하여 '하나는 어디로 돌아가는가'와 '삼라만상은 하나로 돌아간다'라는 의미를 의미로서 이해하지 말고 직접 맛보라고 요구하는 것인데, 이것이 선禪이다. 그러므로 '하나는 어디로 돌아가는가'를 다시 의미로써 풀이한다면, 그 풀이가 어떤 것이든 그것은 선에서 요구하는 해답이 아니다.

《전등록》에 보면 '만법귀일 일귀하처'라는 물음에 대한 대답이 다음과 같이 다양하게 나타나지만, 그 어느 것도 정확한 해답이라고는 할 수가 없다.

- 내가 청주에 있을 때 삼베옷을 한 벌 만들었는데 무게가 일곱 근이었다.
- 스승님 혼자만 바쁘신 것이 아닙니다.
- 묻지 않는 것이 하나도 없군.

이 답들은 사실 묻는 말에 대해서는 동문서답東問西答이다. 그러나 이 말들이 해답이 아니라고 할 수는 없다. 이 말들은 일종의 모범 답안으로 《전등록》에 기록되어 있을 뿐이다. 그렇다고 이 말들을 지금 여기서 누가 해답으로 제시한다면 그것은 결코 정답이라고 할 수가 없다. 이는 단순한 흉내내기일 뿐이기 때문이다. 요컨대 누구나 자기만의 정답이 있는 것이고, 그 정답은 스스로 맛을 보았을 때 나올 수 있는 것이다.

이와 같이 선禪은, 이해하고 기억하는 것이 아니라 지금 여기서 바로 맛보는 것이다.

이해하는 것이 아니라 맛본다는 것은 어떤 뜻인가?

이것은 우선 언어로써 형상화된 체험의 그림자가 아니라, 현재 경험 중인 사건으로서의 체험 그 자체를 가리킨다. 말하자면 언어화되어 나온 의미—형상화된 관념—가 아니라, '지금 언어를 만들어내고 있음'

이라는 현재 진행의 일을 가리킨다고 해야 할 것이다.

요컨대 '선의 맛봄'에는, 늘 '지금 여기'에서 맛보는 체험이고 '형상화되지 않은 것'이라는 특징이 있다고 해야 할 것이다. 이 때문에 조사선을 일컬어 '격외선格外禪', 즉 형식을 벗어나 있는 선禪이라고도 부르는 것이다.

2) 화두 참구하는 법

(1) 수행자는 깨침으로 법칙을 삼는다(以悟爲則)

근년 이래로 총림叢林 가운데에 일종이 있어 삿된 설을 제창하여 종사宗師된 자가 학자에게 일러 가로대, '다만 오로지 고요함만을 지켜라(默照)' 하니, 알지 못하겠다. '지킨다는 것은 이 어떤 사람이며, 고요하다는 것은 이 어떤 물건인고.' 도리어 말하기를 고요하다는 것은 이 기본이라 하고 도리어 깨달음이 있음을 믿지 아니하여 이르되, 깨달음은 이 지엽枝葉이라 한다.

〈대혜선사 서장書狀〉

육조 혜능 스님의 "마음의 바탕(心地)에 그릇됨만 없다면 자성의 계戒요, 마음의 바탕에 혼란 없으면 자성의 정定이요, 마음의 바탕에 어리석음만 없으면 자성의 혜慧"라는 말씀과 마조馬祖 선사의 "도道는 특별한 수행을 필요로 하지 않는다"는 말씀 등이 이를 잘 대변해 주고 있다. 그저 헐떡이는 마음을 쉬고, 더 이상 삿된 생각을 일으키지만 않으면 본래 부처인 것이다. 즉 고요함만을 지키면 된다.

그렇지만 그냥 그렇게 믿고 앉아 있는다 해서 곧바로 도道의 세계에 진입할 수 있는 것은 아니다. 번뇌가 사라지는 것도 아니다. 절대로 체험이 필요하다. 또한 정말로 그 경지에 이르렀는지 확인할 수 있는 검증 절차도 요구된다.

이러한 의미에서 방법적인 진전을 더한 것이 바로 간화선看話禪의 화두라 할 수 있다. 앞서 말한 본각적 신심에 입각처立脚處를 두되, 화두 참구라고 하는 시각적始覺的 의심疑心을 내는 구체적 방법을 채택하는 것이다. 대혜大慧 종고宗杲(1089~1163) 선사는 묵조선默照禪을 삿된 선(邪禪)이라고 공격하면서 그 폐단을 벗어나고자 했다.

근년 이래로 일종의 삿된 스승이 있어 묵조선을 설하여 사람들로 하여금 열두 때 가운데에 이 일을 관여치 말고 쉬어 가고 쉬어 가되 소리를 짓지 말라, 금시에 떨어질까 두렵다 하니, 왕왕에 사대부가 총명聰明 이근利根에 부린 바 되어 대부분이 시끄러운 곳을 싫어하다가, 자못 삿된 스승들의 '고요히 앉아 있으라(默照)'는 지령을 입고는 도리어 힘 덜음을 보고는 문득 이로써 만족함을 삼아 다시 묘한 깨달음(妙悟)을 구하지 않고 다만 묵연함으로써 법칙을 삼나니, 내가 구업口業을 아끼지 아니하고 힘써 이 폐단을 구하니 지금 조금씩 허물을 아는 이가 있음이라. 원컨대 공公은 다만 의단疑團이 부수어지지 아니한 곳을 향하여 참구하되 행주좌와에 놓아버리지 말지어다. 어떤 승이 조주 화상에게 묻되 "개도 불성이 있습니까?" 하니 조주 화상이 답하되 "없다(無)" 하였으니, 이 한 글자는 문득 이 생사의 의심을 깨뜨리는 칼인 것이다.

〈대혜선사 서장書狀〉

깨침은 묵조默照의 삿된 스승들이 주장하는 것과 같

이 미친 소리가 아니며, 제이두第二頭가 아니고, 방편의 말도 아니다. 다만 쉬어 가고 쉬어 가서 고요함에 안주해서는 안 된다. 반드시 묘한 깨달음(妙悟)을 구해야 한다.

다시 말해서, 의정疑情(의심)이 없어지기 전까지는 절대적으로 깨침으로써 법칙을 삼아야 한다고 거듭 강조하고 있다. 이는 무문無門 혜개慧開(1183~1260) 선사의 《무문관》 제1칙인 〈조주무자趙州無字〉에서도 다음과 같이 말한다.

어떤 승이 조주 선사에게 묻되 "개도 불성이 있습니까(狗者有佛性)?" 하니 조주 선사께서 답하되 "없다(無)" 하였다. 무문無門 선사는 "참선은 꼭 조사의 관문(祖師關)을 뚫는 것이요, 묘한 깨달음은 요컨대 마음의 길을 끊어 다하는 것이라. 조사관을 뚫지 못하고 마음의 길을 끊지 못하면 이 모두 풀을 의지하고 나무에 붙어 있는 유령과 같은 것이니, 또한 말해 보라. 어떠한 것이 이 조사관인가? 다만 이 한 개 '무無' 자字가 이 종문宗門의 한 관문이라, 드디어 지목하여 가로되 선종의 무문관이라 한다."

〈무문관〉

더 이상 닦을 것도 깨칠 것도 없이 본래 그대로가 부처라는 것이 조사선의 입장이다. 하지만 이러한 조사선의 경지에 진입하기 위해서는 반드시 관문을 통과해야 한다. 관문을 통과하지 않고서 본래 부처라느니, 제할 망상도 없고 진리를 구할 것도 없다느니 하는 것은 고목사선枯木邪禪에 불과하다.

따라서 참선을 통해 조사의 관문을 뚫어야 하며, 묘한 깨침을 통해 마음길이 끊어져 다하여야 하는 것이다. 그리고 그 조사관이란 다름 아닌 '무無' 자 화두인 것이다.

(2) 화두는 배로 참구한다

360골절과 8만4천의 털구멍을 한꺼번에 뭉쳐 한 개의 의심덩어리를 만들어서, 이 한 개의 '무'를 참구參究하여 의심하되 밤낮으로 공부하여 놓지 마라. 그러나 이 '무' 자를 허무虛無의 무無로 알려고도 하지 말며, 유무有無의 무로 알려고도 하지 마라. 마치 뜨거운 무쇠덩어리를 목구멍에 삼켜 넘긴 것같이, 삼킬 수도 없고 뱉을 수도 없이 하여 종전의 악지악각惡知惡覺을 제거하고 오래오래 무르익

게 하여 자연스레 안팎이 한 조각을 이루어 나가
면 벙어리가 꿈을 꾼 것처럼 다만 저 스스로만 앎
이로다.

〈무문관〉

복식호흡腹息呼吸을 통해서 화두를 들다 보면, 앞서
말한 부작용을 피해갈 수 있을 뿐만 아니라 망상妄想
과 혼침昏沈도 줄일 수 있다. 즉 급하고 완만함이 그
중간을 얻어서 상기병上氣病을 미연에 방지하고, 제대
로 된 정진을 위하여 복식호흡을 권하는 것이다.

(3) 화두를 염념念해서는 안 된다

만약 의심을 일으킬 때는 반드시 먼저 분심憤心을
내어 '조주는 어째서 없다고 했을까?' 하고 의심을 해
야 한다. 이 분심을 소리 내고 안 내는 것은 스스로 선
택할 문제이지만, 중요한 것은 '조주는 어째서 없다고
했을까?' 하는 의심을 의심해 가는 것이다.
화두를 드는 데는 무엇보다도 의심하는 마음(疑情)
을 일으켜야 한다. 앞서 '대오지심待悟之心을 경계하여
알음알이를 짓지 말라' 한 것도 그러한 알음알이가 의

정疑情을 가로막기 때문이다. 나아가 의심을 조금이라도 앞당겨 불러일으키기 위해서는 화두를 드는 요령을 숙지할 필요가 있다. 더러는 이러한 요령을 정확히 터득치 못함으로써 헛되이 힘을 낭비하는 경우도 있기 때문이다.

대표적으로 조주의 '무無' 자字를 간看할 때, 그저 '무無', '무'를 되풀이하여 드는 경우가 있다. 이야말로 잘못된 방법이라 할 수 있다. 길을 갈 때도 '무', 앉아 있을 때도 '무', 옷을 입거나 밥을 먹을 때도 '무', 언제나 '무'라고 하며, 혹은 천천히 하기도 하고, 혹은 호흡과 관련지어 급하게 하기도 하는 것 등은 모두 잘못된 방법이라고 한다. 다시 말해서, 그 '무'라는 말에 달라붙어서 의정疑情을 일으켜야지, 그저 '무', '무' 하고 다녀서는 안 된다는 것이다.

이와 같이 화두는 처음부터 의심을 지어 나가도록 해야 한다. 분심을 일으킨다는 것은 그만큼 간절한 마음으로 화두를 참구해야 한다는 것이며, 이따금씩 소리를 내어 '어째서 개에게는 불성이 없다고 했을까?'라고 하면 졸음(昏沈)과 들뜸(掉擧)이 사라진다고 한다. 이와 같이 해서 공부를 짓되, 정신없이 우두커니 앉아 있거나 혹은 화두 염불하듯 염념念을 해서는 안 된다는 것이다.

공부를 짓되 다만 공안을 염념念하지 말지니, 염해 가고 염해 오면 무슨 교섭交涉이 있으리오? 염념念하여 미륵불이 나올 때까지 이를지라도 또한 교섭함이 없을 것이니, 차라리 아미타불을 염한다면 공덕이나 있지 않겠는가?

〈무문관〉

염불하듯 염념念하지 아니할 뿐만 아니라 각기 화두를 들어 일으켜야 할지니, '무'자 화두를 든다면 문득 무에 나아가 의심을 일으키고, 다른 화두를 든다면 문득 들고 있는 화두에 나아가 의심을 일으켜야 한다.

그러므로 화두를 염념念해서는 안 된다. 그럴 바에는 차라리 아미타불과 같은 불佛 명호를 염하는 것이 이익이라도 있지 않겠는가? 따라서 화두는 염하는 것이 아니고, 의심을 지어 나가도록 하는 것이 중요하다.

3. 불자의 수행 자세

1) 자기自己를 변화시킨다

불자는 무엇보다도 먼저 자기를 변화시켜야 한다. 자기가 변하지 않고서는 그 어떤 훌륭한 가르침을 안다고 하더라도 아무 소용이 없다. 자기는 그 가르침대로 살지 않으면서 다른 사람에게 권한들 누가 그 말을 믿고 따르겠는가? 그러므로 먼저 자기를 이롭게 하지 못하는 사람은 다른 사람도 이롭게 할 수 없다.

그렇다면 무엇을 변화시켜야 하는가?
마음이다. 탐욕으로 물들고, 성냄으로 물들고, 어리석음으로 물들어 있는 마음을 본래의 청정심清淨心으로 회복해야 한다. 따라서 불자라면 더 이상 끝없는 욕망의 굴레에서 괴로워하지 말고, 욕망과 불행의 실체를 똑똑히 인식하고, 소욕小欲과 지족知足의 생활로 바꾸어야 할 것이다. 이 세상에 삼보三寶에 의지하는 것 말고 달리 믿고 의지할 만한 것이 있겠는가?
모든 것은 일시적이고 변하기 쉬운 존재이며, 항상

하거나 영원한 것은 없다. 그렇다고 염세주의자가 되어 아무것도 하지 말고 허송세월을 보내라는 말이 아니다. 허무주의자가 되어 세상을 등지라는 것도 아니다. 다만 우리 욕망의 뿌리를 알고 우리 고통의 근원을 알아서, 속박으로부터 벗어나 자유로운 해탈解脫의 삶을 살아 보라는 것이다. 그러려면 먼저 바른 목표를 세워야 할 것이다.

혹시 다른 사람에게 피해가 가는 것은 아닌지, 헛된 욕망에 기초한 것은 아닌지를 살펴, 마음을 비우고 세상의 이익과 안락을 향한 목표를 세워야 할 것이다. 좋은 목표란 그 결과뿐만 아니라 과정도 좋은 것이니, 결과에 대해서는 연연할 필요가 없다. 바른 목표와 최선을 다한 노력 그리고 그 결과에 대해서 자유로운 삶을 산다면 범부의 삶에서 벗어날 수 있을 것이다.

다시 말하건대 욕망과 잘못된 집착으로부터 자유로워지자. 그렇게 함으로써 삶은 행복과 기쁨으로 넘치며 활기와 밝음이 세상을 가득 채울 것이다. 그러한 삶을 위하여 불자가 되는 것이다. 이것이 불자의 첫 번째 자세로서 가치관의 변화, 사고방식의 전환이다.

이러한 관점의 전환을 가져온 뒤에는 보다 구체적이고 세밀한 자기 변화의 노력이 필요하다. 성격 개

조, 습관 고치기 등이 자기 변화의 실제적인 내용이
된다.

우리는 알게 모르게 중생업에 의해 여러 가지 습관
이 몸과 마음에 배어 있다. 그리고 그 습관대로 아무
런 반성 없이 살아간다. 모난 성격, 화를 잘 내는 성
격, 급한 성격, 이기적인 성격 등은 원만한 대인관계
를 해치게 되고, 보람 있고 행복한 삶을 향한 인류의
보편적 희망을 등진다.

그러므로 불자는 먼저 자기를 변화시키고자 노력해
야 한다. 이를 위해서는 언제나 자신에 대해 잘 살피
고 있어야 한다. 그동안 우리의 관심은 늘 밖을 향하
여 달려갔다. 이제는 안으로 돌려 자신을 살피고 자신
을 변화시키기 위해 노력하는 것이 불자로 살아가는
첫 번째 과제임을 명심해야 한다.

2) 항상 도道를 생각한다

언제나 보리심을 잃지 말고, 무엇을 하든 어디에 있
든 생각을 도道에 두는 것이다.

이를테면 화장실에서 용무를 보면서 비우고 버리는

공덕을 생각하며, 이같이 언제나 비우고 버릴 것을 바라고, 세수할 때에는 번뇌의 때도 이같이 씻어지기를 바라며, 반듯한 길을 갈 때에는 중생들의 마음이 곧고 발라 몸과 입에 조금도 굽음이 없길 바라고, 험한 길을 갈 때에는 중생들이 나쁜 길을 모두 버리고 그릇된 소견을 다 없애길 바란다. 이와 같이 언제 어디서나 도를 생각하며 잊지 말아야 한다.

《화엄경》〈정행품〉에는 언제나 도를 생각함에 각각의 때와 장소에서 무엇을 생각해야 하는지 잘 제시되어 있다.

3) 사람 몸 받기 어렵다

《비유경》에 이르기를

"한 비구가 있었는데 그저 배부르게 먹고 방안에서 문을 걸고 몸의 편안함을 즐기며 잠만 자다가 그 뒤 7일 후에는 목숨이 마치려 하매, 부처님께서 불쌍히 여기어 그 비구에게 다가가 말씀하셨다.

'돌아보니 그대는 유위불 때에 일찍이 출가는 하였으나 경전과 계율戒律은 염하지 않고 그저 배부르게 먹고 잠자기만 일삼더니 그 뒤 목숨을 마치고 지네가 되어 5만 세를 지냈고, 목숨이 다하여는 다시 물속의 고동 조개와 나무 속의 좀벌레 등이 되면서 각각 5만 년이 지났었다. 이 네 종류의 벌레들은 어둠 속에 살면서 몸을 탐하고 즐거운 곳만 찾아 애착하나니, 오직 어두운 곳으로만 즐겨 찾아 집을 삼는지라 밝은 곳을 기뻐하지 아니하고, 한번 잠들면 100년이 되어야 겨우 잠을 깬다. 그래서 죄의 그물에 얽매여 있어도 벗어남을 구하지 않는 것이다. 그대는 이제야 비로소 죄업을 다 마치고 겨우 사람 몸을 받아 수행자가 되었거늘 어찌 다시 잠만 자며 싫어할 줄 모르는가.'

그 말씀을 들은 수행자는 부끄럽고 두려워 스스로를 꾸짖으매, 그로 해서 다섯 가지 번뇌(五蓋)가 곧 제거되고 드디어 아라한과를 이루었다." 하였다.

〈만선동귀집〉

이렇듯 사람 몸 받기 어려우니, 부디 사람 몸 받았을 때 수행해야 할 것이다. 어떤 사람은 이번 생에는 이 정도만 하고 다음 생에 성불할 수 있게 공덕이나 쌓자고 생각한다. 그러나 인간으로 태어나기 어렵고,

불법 만나기 어려우니, 어떻게 다음 생을 보장할 수 있겠는가.

그러므로 금생今生에 깨달아서 해탈하지 않으면 윤회로부터 벗어날 길은 요원한 것이다. 또한 금생에 반드시 부처가 되겠다는 자세로 수행할 때만, 게으름과 무수한 장애를 극복하고 온전히 수행해 나갈 수 있다.

4) 늘 깨어 있는 생활

① 게으름을 피우지 마라

마음을 게을리(放逸)하여 오욕五欲(재물욕 · 색욕 · 식욕 · 명예욕 · 장수욕)의 시계에 들어가지 않게 하라. 비유하자면, 소치는 사람이 막대기를 쥐고 소를 주시하면서 날뛰는 소로 하여금 남의 곡식을 먹지 못하게 하는 것과 같다.

만일 오근五根(눈 · 귀 · 코 · 혀 · 몸)을 제멋대로 놓아두면 오욕뿐만 아니라 가려고 하는 곳이 끝이 없어서 제어할 수 없다. 오근은 사나운 말과 같아서 재갈을 채우지 않으면 장차 사람을 끌어다 흙구덩이에 처박을 것이다. 도둑의 침해를 당하는 것은 그 괴로움이 일생

一生에 그치지만, 오근五根이라는 도적의 재앙은 여러 생에 미치어 그 피해가 심히 무겁다. 마땅히 삼가지 않을 수 없다. 그러므로 지혜 있는 이는 오근을 제어하여 따르지 않고, 마치 도둑을 잡는 것과 같이 오근을 잡아두기를 세을리 하시 않는다.

이 오근五根은 마음이 그 주인이다. 그러므로 너희들은 마땅히 마음을 잘 제지해야 된다. 마음이 두렵기는 독사나 사나운 맹수, 강도보다 심해서 큰 불이 넘쳐 번지는 것과도 비교할 수 없다.

② 오직 정진하라

낮에는 부지런한 마음으로 착한 법을 닦아 익혀서 때(時期)를 잃지 않게 하며, 초저녁과 새벽 또한 공부를 폐하지 말며, 한밤중에도 경전을 읽어서 스스로 소식消息이 있어야 한다.

수면을 인연하여 일생을 아무 소득 없이 헛되이 보내지 마라. 마땅히 무상無常의 불이 모든 세간을 태우고 있음을 잊지 말고 생각하여 조속히 자기를 구제할 것이요, 부디 잠만 자지 마라. 모든 번뇌의 도적은 항상 사람을 엿보아 죽이는 것이 원수보다 심하다. 어찌 잠만 자고 스스로 경책하여 깨지 않을 수 있겠는가.

번뇌의 독사가 너의 마음에 잠자고 있으니, 비유하자면 검은 뱀이 너의 방에 잠자고 있는 것과 다름없다. 마땅히 지혜의 칼로 빨리 물리쳐 없애야 한다. 뱀이 나간 뒤에야 비로소 편안히 잠잘 수 있는 것과 같다. 독사가 나가지 않는데도 잠자고 있는 이는 부끄러움이 없는 사람이니, 부끄러움의 옷은 모든 장엄 가운데 최고이다. 부끄러움은 마치 철로 만든 갈고리와 같아서 능히 사람의 법답지 않는 것을 제어한다.

그러므로 항상 부끄러워할 줄 알아서 잠시라도 잊지 말아야 한다. 만약 부끄러워하는 마음을 떠나면 모든 공덕을 잃어버린다. 부끄러워하는 사람은 착한 법이 있거니와, 만약 부끄러움이 없는 사람은 모든 금수와 다를 바가 없다.

③ 음식 먹는 법

모든 음식을 받을 때에는 마땅히 약을 먹듯이 하고, 좋고 나쁜 것에 대하여 마음을 더하고 덜하지 말며, 몸을 지탱하고 주리고 목마름을 없애는 것으로 여겨야 한다. 비유하자면, 지혜 있는 자가 말을 조련할 때 말의 힘이 감당할 수 있는 바가 많고 적음을 헤아려 잘 조련하는 것과 같다.

④ 화내지 마라

만일 어떤 사람이 와서 너의 사지 마디마디를 끊는다 해도, 스스로 마음을 거두어서 성을 내어 한을 품지 마라. 또 입을 보호하여 나쁜 말을 하지 마라. 만약 성내는 마음을 제멋대로 놓아두면 스스로가 도를 장애하여 공덕의 이익을 잃고 만다. 참는 것이 덕이 되는 것은 계를 가지거나 고행하는 것으로도 능히 미칠 수가 없다. 능히 참음을 행하는 자는 곧 힘 있는 대인 大人(성인)이라고 이름할 수 있다.

만약 더러운 꾸지람의 독을 참고 받아들이기를 마치 감로수를 마시듯이 기뻐하지 못하는 사람은, 도에 들어간 지혜 있는 사람이라 하지 못한다. 왜냐하면 성냄의 해악害惡은 모든 선법善法을 파괴하며 권위를 무너뜨리기 때문에, 금세와 후세의 사람들이 기쁘게 보지 않음을 알아야 한다.

성내는 마음은 맹렬히 타오르는 불보다 심하다. 항상 보호하여 들어오지 못하게 해야 한다. 공덕을 겁탈하는 도적은 성냄보다 앞서가는 것이 없다.

⑤ 아첨하지 마라

아첨하는 마음은 도와 어긋난다. 그러므로 마땅히

그 마음을 정직하고 질박하게 해야 된다. 아첨은 단지 속임수이니, 도와 함께하는 사람은 그것이 올바르지 않음을 안다. 그러므로 너희들은 마음을 단정히 하여 질박質朴하고 정직正直함을 근본으로 해야 한다.

⑥ 고요하고 평온함을 유지하라

고요하고 평온한 적정무위寂靜無爲의 안락을 구하고 자 한다면, 마땅히 안팎의 시끄러움을 떠나 혼자서 한 가한 곳에 있어야 한다. 세간 일에 얽매이고 집착하여 여러 가지 괴로움에 빠지는 것은, 마치 늙은 코끼리가 진흙 수렁에 빠져 스스로 헤어나오지 못하는 것과 같다. 이것을 '멀리 떠남(遠離)'이라 한다.

⑦ 정진精進

만일 부지런히 정진한다면 어려운 일이 없을 것이다. 그러므로 마땅히 부지런히 정진해야 한다. 비유컨대 작은 물방울도 쉬지 않고 떨어지면 바위를 뚫는 것과 같다. 만약 수행인의 마음이 게을러 정진을 쉬게 되면, 마치 나무를 비벼 불씨를 얻으려 할 때 나무가 뜨거워지기도 전에 그만두는 것과 같다. 아무리 불씨를 얻으려고 해도 얻지 못할 것이다. 이것을 '정진精

進'이라 한다.

⑧ 선정禪定

흐트러진 마음을 잘 거두면 마음은 곧 정定의 상태
를 이룰 것이다. 마음이 평정 상태(定)로 있는 까닭에
세간의 생멸하는 존재 양상을 알 수 있다. 그러므로
항상 모든 선정을 부지런히 닦아 익혀야 한다. 만약
선정을 이루면 마음이 흩어지지 않는다. 비유하자면
물을 아끼는 집에서 둑이나 못을 잘 관리하는 것과 같
이, 수행자 또한 지혜의 물을 잘 보존하기 위해 선정
을 잘 닦고, 그 물이 새지 않도록 해야 한다.

⑨ 지혜智慧

지혜가 있으면 탐착이 없어지는 것이니, 항상 스스
로 성찰하여 잃지 않도록 해야 한다. 이것이 나의 법
중에서 능히 해탈을 얻게 하는 것이다. 만약 그러지
못하는 사람은 이미 수행자도 아니며, 또 불자佛子도
아니므로 무엇이라 이름할 수 없다.

진실한 지혜는 곧 노병사老病死의 바다를 건너는 견
고한 배이고, 무명無明의 어둠을 밝히는 크나큰 등불
이며, 모든 병자에게 좋은 약이고, 번뇌의 나무를 베

는 예리한 도끼이다. 그러므로 문聞·사思·수修의 세 가지 지혜로써 자신을 치장해야 한다. 만약 어떤 사람이 지혜의 비춤을 가졌다면, 비록 그것이 육안이라도 그는 밝게 보는 사람이다. 이것을 '지혜'라고 한다.

모든 공덕에 항상 한마음으로써 모든 게으름을 버리기를 마치 원수나 도적을 여의듯 해야 한다.

크게 자비로운 부처님이 설하신 바의 이익은 모두 극진한 것이니, 오로지 부지런히 그것을 행하라. 산간 혹은 습하고 풀이 무성한 곳, 나무 밑이나 한가하고 고요한 방일지라도 받은 바의 법을 생각하여 잊어버리거나 잃어버리지 않아야 하며, 항상 스스로 부지런히 정진하여 닦아야 한다.

한 일도 없이 헛되이 죽으면 뒤에 후회함이 있을 것이다. 나는 마치 훌륭한 의사와 같이 병을 알아 약을 처방하나니, 복용하고 복용하지 않는 것은 의사의 허물이 아니다. 또 나는 잘 인도하는 길잡이와 같아서 사람들을 좋은 길로 인도하는 것과 같다. 그것을 듣고 행하지 않는 것은 인도하는 사람의 허물이 아니다.

《유교경》

4. 부처님 가르침과의 귀한 만남

무상심심미묘법　부처님의 법은
無上甚深微妙法　너무도 깊고 미묘하여

백천만겁난조우　백천만 겁이 지나도
百千萬劫難遭遇　만나기 어려우나

아금문견득수지　내가 지금 보고
我今聞見得受持　듣고 얻어 지녔으니

원해여래진실의　원컨대 여래의
願解如來眞實意　진실한 뜻을 잘 알게 하소서

　이 유명한 개경게開經偈는 《천수경》의 맨 앞에 나오
며, 경전을 독송할 때 반드시 먼저 독송한다. 경전을
독송하고 공부하는 궁극적 의미를 마음에 새기라는
취지이다.

　경전은 부처님의 가르침이 담긴 진리의 바다이다.
그 바다에는 인간의 근원적이고 현실적인 모든 고뇌
를 영원히 해결하는 등대가 있다. 고뇌의 실상과 고뇌
의 원인, 그리고 고뇌가 없는 열반과 그 세계를 실현

할 수 있는 길을 사성제四聖諦와 팔정도八正道, 중도中道의 가르침으로 말씀하시고 있다.

모든 것은 어떤 원인과 조건에 의하여 발생하고 소멸하기 때문에, 불안과 죽음, 고뇌와 죄악의 자성自性이 본래 존재하지 않는다는 연기緣起와 무아無我의 가르침이 있다.

부처님 법 만나기란 쉬운 것 같지만 참으로 어렵다. 수치로 보더라도 이 지구상에서 불법을 만난 사람은 드물다.

《열반경》에서는 눈 먼 거북이가 가운데 구멍이 뚫린 나무판을 만나는 비유로써 불법 만나기가 실로 어렵고 복됨을 말하고 있다.

눈 먼 거북이는 100년마다 한 번씩 물 밖으로 머리를 내밀고 숨을 쉰 뒤 다시 물속으로 들어간다. 망망대해에서 구멍 뚫린 나무판은 정처 없이 떠다닌다. 거북이가 머리를 내밀 때에 마침 우연히 나무판에 뚫린 구멍에 머리가 걸려야 거북이는 숨을 쉴 수 있다.

눈 먼 거북이가 널빤지를 만나는 일이 얼마나 힘들 것인가. 사람이 바르게 생각하고 바르게 사는 일이 이와 같이 어렵다. 지금 당장 크게 자신을 돌이킬 일이다.

고뇌의 실상을 통찰하고 무명無明과 탐욕貪慾을 떠나 지혜와 자비를 실천하겠다고 마음을 내는 일이 얼마나 힘들 것인가. 사람이 바르게 생각하고 바르게 사는 일이 이와 같이 어렵다. 지금 당장 크게 자신을 돌이킬 일이다. 부처님 말씀에 귀를 기울이고 진리를 깨쳐 보자.

깊고 넓은 큰 바다의 물은
소리를 내지 않고 흐른다.
부족한 것은 시끄럽지만
가득한 것은 조용하다.
어리석은 사람은
반쯤 채워진 물그릇과 같고
지혜로운 사람은
가득찬 연못과 같느니라.

《숫다니파타》

6. 보왕삼매론寶王三昧論

몸에 병病 없기를 바라지 말라.
몸에 병이 없으면 탐욕이 생기기 쉽나니,
그래서 부처님께서 말씀하시되
"병고病苦로써 양약良藥을 삼으라" 하셨느니라.

세상살이에 곤란함이 없기를 바라지 말라.
세상살이에 곤란함이 없으면
업신여기는 마음과 사치한 마음이 생기나니,
그래서 부처님께서 말씀하시되
"근심과 곤란으로써 세상을 살아가라" 하셨느니라.

공부하는 데 마음에 장애 없기를 바라지 말라.
마음에 장애가 없으면 배우는 것이 넘치게 되나니,
그래서 부처님께서 말씀하시되
"장애障碍 속에서 해탈解脫을 얻으라" 하셨느니라.

수행하는 데 마魔가 없기를 바라지 말라.
수행하는 데 마가 없으면

서원誓願이 굳건해지지 못하나니,
그래서 부처님께서 말씀하시되
"모든 마군으로써 수행을 돕는 벗으로 삼으라"
하셨느니라.

일을 꾀하되 쉽게 되기를 바라지 말라.
일이 쉽게 되면 뜻을 경솔한 데 두게 되나니,
그래서 부처님께서 말씀하시되
"여러 겁劫(시간)을 겪어서 일을 성취하라" 하셨느니라.

친구를 사귀되 내가 이롭기를 바라지 말라.
내가 이롭고자 하면 의리義理를 상하게 되나니,
그래서 부처님께서 말씀하시되
"순결로써 사귐을 길게 하라" 하셨느니라.

남이 내 뜻대로 순종해 주기를 바라지 말라.
남이 내 뜻대로 순종해 주면
마음이 스스로 교만驕慢해지나니,
그래서 부처님께서 말씀하시되
"내 뜻에 맞지 않는 사람들로써 원림園林을 삼으라"
하셨느니라.

공덕功德을 베풀려면 과보果報를 바라지 말라.
과보를 바라면 도모圖謀하는 뜻을 가지게 되나니,
그래서 부처님께서 말씀하시되
"덕을 베푸는 것을 헌신처럼 버려라" 하셨느니라.

이익을 분分에 넘치게 바라지 말라.
이익이 분에 넘치면 어리석은 마음이 생기나니,
그래서 부처님께서 말씀하시되
"적은 이익으로써 부자가 되라" 하셨느니라.

억울함을 당해서 밝히려고 하지 말라.
억울함을 밝히면 원망하는 마음을 돕게 되나니,
그래서 부처님께서 말씀하시되
"억울함을 당하는 것으로 수행하는 문을 삼으라"
하셨느니라.

이와 같이 막히는 데서 도리어 통하는 것이요,
통함을 구하는 것이 도리어 막히는 것이니,
이리하여 부처님께서는
저 장애障碍 가운데서 보리도菩提道를 얻으셨느니라.

보왕삼매론은 수행 과정 혹은 역경 속에서 어떤 마음가짐으로 살아야 하는가에 대한 가르침을 설파한 주옥 같은 열 가지 금언이다.

중국 원나라 말기부터 명나라 초기에 걸쳐 염불수행으로 중생을 크게 교화하셨던 선승인 묘협妙叶 스님의 저서인 『보왕삼매염불직지』 총22편 중 제17편에 실린 십대애행十大碍行(열 가지 큰 장애가 되는 행)에 나오는 구절을 가려 뽑은 것이다.

묘협 스님은 불교의 여러 수행법을 점검하고 닦아본 결과, 염불이야말로 가장 쉽게 삼매三昧에 이를 수 있는 수행법이라 확신하고, 염불삼매를 가장 보배롭고 으뜸되는 것이라 하여 '보왕삼매'라는 이름을 붙였다.

제6장 불·보살과 전각

(국보 78호)   (국보 83호)

미륵불-반가사유상(국립중앙박물관)

불 · 보살과 전각殿閣의 이해

고대 인도의 작은 나라에 신심이 깊었던 우전왕優塡 王이라는 왕이 있었나. 하두는 ㄱ가 부처님을 뵙고 예 배하고자 했으나, 마침 부처님께서는 도리천에 어머 니를 제도하러 올라가셨기에 계시지 않았다. 이에 우 전왕이 조각하는 사람을 시켜서 전단향나무로 부처님 상호를 조성하여, 예불을 드리고 공양을 올린 것이 불 상佛像을 조성하게 된 최초의 동기이다.

부처님께서도 "내 모습을 형상으로 조성하고 예배 하는 것도, 여래인 부처에게 공양하고 예배하는 것과 똑같은 공덕을 받을 수 있다"고 말씀하셨으며, 또 부 처님의 말씀이 담겨진 경전經典을 통해서도 부처님을 만나는 것과 마찬가지라고 하셨다.

법당에 부처님을 모신다는 것은 곧바로 부처님과의 만남이고, 부처님의 진리를 접하는 것이다. 우리는 부 처님의 모습을 조성한 그 형상을 통해 곧바로 부처님 과의 만남이 이루어지는 것이다.

불상은 올바른 믿음의 표상이지 기독교인들이 말하 는 우상偶像이 아님을 바로 알아야 한다.

1. 석가모니 부처님과 대웅전

대웅전大雄殿은 바로 석가모니 부처님을 모신 곳을 말한다. 석가모니 부처님께서 열반에 드신 후, 부처님을 존경하고 따르던 제자들이 위대한 스승이신 부처님을 존경하는 마음으로 존상尊像을 조성하여 모셨다.

대웅大雄은 인도어로는 마하비라Maha-vira, 즉 '위대한 영웅'을 의미한다. 부처님은 큰 지혜의 능력인 법력法力으로 악마의 무리들을 불교로 귀의시킬 수 있는 신비한 힘을 가지고 있기 때문이다.

부처님의 손 모양(手印)은 '항마촉지인降魔觸地印', 즉 손이 땅을 향하고 있는 모습이다. 수행하는 가운데 온갖 어려운 장애물을 극복하는 모습을 상징한 것이 항마촉지인이다.

또 하나의 손 모양은 '법계정인法界定印', 즉 부처님께서 깊은 삼매에 들어간 모습을 상징한 모습이다.

대웅전은 우리가 절을 찾았을 때 참배하고 기원하는 성스러운 장소이므로 경건한 마음으로 참배해야 한다.

대웅전 벽 외부에 자기가 참배하고 있는 절의 창건

석가모니불
(불국사 석굴암)

대웅보전(송광사)

에 얽힌 재미있는 설화나 창건 배경, 법당에 봉안된
불·보살에 관한 내용, 벽화나 조각 작품 등에 관심을
가져보는 것도 매우 의미가 있을 것이다.

2. 비로자나 부처님과 대적광전

비로자나vairocana 부처님은 빛이 온 세상을 두루 비춘다는 '광명변조光明遍照'한 분이다. 시간과 공간을 초월한 절대적인 부처님이시기에 '법신法身 부처님'이라고도 한다. 우리나라 산봉우리에 '비로봉'이 많은 것도 여기에서 유래하였다. 광명이 널리 우주를 비춘다는 뜻을 담고 있기 때문이다.

불신충만어법계 佛身充滿於法界	부처님 온 우주에 충만하시어
보현일체중생전 普現一切衆生前	널리 일체 중생 앞에 나타나시네
응수화기실충만 應受化器悉充滿	눈높이에 맞추어 모두 충족시키려
불고처차보리수 佛故處此菩提樹	보리수 아래 일부러 오신 것이라네

《화엄경》〈노사나품〉

대적광전大寂光殿은 비로자나 부처님을 본존불로 모신 화엄종 사찰인 해인사, 화엄사, 갑사, 범어사, 월정

비로자나불(도피안사)

대적광전(해인사)

사 등에서 볼 수 있는 법당 이름이다.

사찰에 따라서는 '비로전毘盧殿', '적광전寂光殿', '광명전光明殿'이라고도 한다.

3. 아미타 부처님과 극락전

아미타불阿彌陀佛은 서방정토 극락세계의 교주이시며, 고통을 받은 중생을 극락으로 인도하시는 부처님으로서 지금도 극락세계에서 법을 설하고 계신다.

《무량수경無量壽經》에 의하면, 법장비구로 계실 때 48대원을 세우고 수행한 결과 서원이 이루어져 극락세계의 아미타 부처님이 되었다. 수명이 한이 없다 하여 '무량수불無量壽佛', 광명이 한이 없다 하여 '무량광불無量光佛'의 뜻을 가지고 있다. 우리들 가운데 누구라도 '나무아미타불'의 여섯 글자를 듣고 염불하면 구제를 받을 수 있다.

극락세계의 부처님이신 아미타 부처님을 봉안한 불전이 주불전일 때 '극락보전極樂寶殿' 혹은 '무량수전無量壽殿', '미타전彌陀殿'이라고 한다. 미타삼부경(아미타경, 무량수경, 관무량수경)에서 유래한 것으로, 정토 신앙 계통 사찰의 중심이 되는 전각이다.

극락전은 극락세계를 축소시켜 놓은 법당이다. 극

아미타불(흑석사)

무량수전(부석사)

락전 가운데에는 아마타 부처님이 정좌하고 계시며,
그 좌우에 관세음보살과 대세지보살이 아미타 부처님
을 모시고 있다. 영주 부석사 무량수전과 안동 봉정사
극락전이 유명하다.

4. 약사여래 부처님과 약사전

약사여래불(팔공산 갓바위)

약사여래藥師如來는 동방 유리광 세계의 교주이시다. 과거에 12대원을 발하여 유리광 세계에 계시면서 중생의 질병을 치료해 주기도 하고, 중생의 수명을 늘려주기도 하고, 모든 재앙災殃를 소멸해 주기도 하며, 의복과 음식을 풍족하게 해주시는 부처님이다.

약사여래불은 큰 연꽃 위에 앉아 계신다. 손 모양은 왼손에는 약병을 들고, 오른손에는 시무외인施無畏印의 형상을 하고 있다.

약사여래 부처님을 모신 전각을 '약사전', '만월전滿月殿', '약사유리광전'이라고도 하는데, 우리나라에는 약사전이 상당히 많은 편이다. 대구 팔공산 갓바위 약사여래불, 경주 분황사 약사여래불은 오늘날에도 영험이 높다고 알려져 있다.

5. 미륵 부처님과 미륵전

미륵불(관촉사)

미륵전彌勒殿은 미래의 부처님인 미륵이 용화龍華
세계에서 중생을 교화하는 것을 형상화한 법당이다.
먼 미래의 새로운 부처님 세계에서 함께 성불하자는
것을 다짐하는 참회와 발원의 장소인 것이다.

우리나라에서는 미륵신앙이라 하여 숭배한 사람들
이 많았다. 우리나라 각지에 미륵사, 용화사, 미래사
등이 많은 이유이기도 하다.

익산 미륵사지彌勒寺址와 논산 관촉사 은진미륵, 법
주사 청동 미륵불상 등이 유명하다.

6. 관세음보살

관세음觀世音은 '세상의 모든 소리를 관찰觀察한다'
는 말로, '이 세상 모든 중생의 온갖 고뇌의 소리를 다
들으시고 관찰하여 아시는 분'이라는 뜻이다.

관세음보살은 아미타불을 받들면서 중생에게 온갖
두려움을 없애고 안심하도록 해주는 분이라 하여 '시
무외자施無畏者'라고도 하고, 대자대비를 본원력으로
하시는 분이기에 '대비성자大悲聖者'라고도 한다.

관세음보살은 아미타불을 대세지보살이나 지장보
살과 함께 옆에서 모시는(협시) 경우가 가장 많고, 그
외에 석가모니 부처님의 협시脅侍보살로서도 표현된
다. 손에는 감로수가 든 정병淨瓶을 지니는 것이 보통
이며, 정병 대신 연꽃을 잡는 경우도 있다. 그리고 머
리의 보관寶冠 중앙에는 반드시 아미타불의 화신, 즉
화불化佛을 좌상坐像 또는 입상立像으로 나타낸다.

이외에 백의관음白衣觀音, 양류관음楊柳觀音(=水月觀
音), 11면관음, 성관음聖觀音, 33관음, 천수천안관음千
手千眼觀音, 마두관음馬頭觀音, 준제관음準提觀音, 여의
륜관음如意輪觀音 등 헤아리기조차 어려울 만큼 다양

철조천수관음보살좌상
(프랑스국립기메동양박물관)

관음보살(봉정사)

한 관음이 있다.

중생을 제도하기 위해서는 각 중생의 눈높이에 걸맞는 모습으로 변해서 제도(보문시현普門示現)해야 하기 때문에 이렇게 다양한 모습의 관음보살이 나타나게 된 것이다.

사찰에 따라 관음전을 '원통전圓通殿', '천수전千手殿', '성관음전聖觀音殿', '육관음전六觀音殿', '대비전大悲殿'이라고 하는 곳도 있다. 관음기도처로는 강화도 보문사, 양양 낙산사, 여수 향일암, 남해 보리암, 군포 정각사 등이 유명하다.

7. 보현보살

보현보살(도갑사)

보현보살普賢菩薩은 석가여래 곁에서 문수보살과 함께 부처님을 보살피는 보살로, 십대원十大願을 발하여 중생을 건지는 실천행을 하는 보살이다. 보현보살은 《법화경》과 《화엄경》에 등장하신다. 특히 『40권 화엄경』에 전해진 「보현행원품」과 고려 균여대사의 「보현십원가」는 지금도 중요시되고 있다.

일반적으로 코끼리를 타거나 연화대에 올라서 있는 모습을 하고 있으며, 보현보살은 부처님 오른쪽에 보처補處로 서서 계시거나 코끼리 등을 타고 앉아 계신다.

중국 사천성四川省 성도成都의 아미산蛾眉山이 보현보살 상주처常住處로 유명하다.

8. 문수보살

문수보살(상원사)

문수보살文殊菩薩은 《화엄경》과 《유마경》 등 경전에 나오는 대승 보살로서 반야지혜를 체현한 보살님을 상징한다. 일반적으로 오른손에는 지혜의 칼을 지니고 왼손에는 지혜의 그림이 있는 청련화를 쥔 채 사자를 탄 모습인데, 이는 위엄과 용맹을 나타낸다. 부처님 왼쪽에 보처補處로 모습을 보이고 있다.

문수보살 성지聖地로는 중국 산서성山西省 오대산五臺山과 우리나라 오대산 월정사가 유명하다. 특히, 우리나라 오대산 상원사上院寺에 모셔진 문수동자상은 조선의 세종대왕이 조성해서 봉안했다.

9. 지장보살과 명부전

지장보살地藏菩薩은 부처님께서 열반에 드신 후 미륵불이 출현할 때까지 육도중생六途衆生을 교화해 줄 것을 당부받은 보살로, 지옥문 앞에 서서 고통받는 지옥 중생들의 모습을 보고 눈물을 흘리면서 '내 성불보다는 중생 구제를 먼저 하겠다'고 맹세하고 이를 실천하고 계신다. 이 '대원본존大願本尊 지장보살'을 모신 곳이 '지장전' 혹은 '명부전'이다.

지옥 중생을 낱낱이 살피고 구제의 손길을 펼치기 위해서 지장보살은, 오른손에는 고리가 여섯 달린 지팡이(六環杖)를 짚으시고, 왼손에는 지옥을 살펴보는 맑은 구슬(明珠)을 들고 계신다.

명부전冥府殿은 저승의 유명(지옥) 세계를 사찰 속으로 옮겨 놓은 법당이다. 이곳에 지장보살을 봉안하고 있기 때문에 '지장전'이라고도 하며, 유명 세계의 심판관인 열 명의 왕(十王)을 봉안하고 있기 때문에 '시왕전十王殿'이라고도 한다. 영화 〈신과 함께〉에 등장하는 10대 왕이 시왕(十王)이다.

일반적으로 명부전의 중앙에는 본존인 지장보살을

지장보살(청량사)

명부전(금산사)

중심으로 왼쪽에 도명道明존자를 오른쪽에는 무독귀
왕無毒鬼王을 봉안하여 삼존불三尊佛을 이룬다. 그리고
그 좌우에 지옥을 관장하는 열 명의 왕, 즉 시왕十王을
안치하며, 그 앞에는 동자상을 안치한다.

　지장전에서는 제사, 천도재, 영산재 등 조상님을 위
한 불공이 많이 이루어진다.

10. 500나한과 나한전

500나한(은해사 거조암)

　깨달음의 한 단계인 아라한과^{阿羅漢果}를 증득한 500명의 성자인 500나한에 대한 숭배는 우리나라뿐 아니라 중국, 일본 등지에서 모두 성행하였다.

　우리나라에는 대부분의 사찰에 나한전^{羅漢殿}이 있다. 그러나 500제자만을 숭배한다기보다는 10대 제자, 16나한^{十六羅漢} 등 구별 없이 아라한에 대한 존경을 표한다. 영천 은해사^{銀海寺} 거조암^{居祖庵}에는 돌로 조성된(石造) 500나한을 모신 법당이 있으며, 최근에는 철조·도자기 등 다양한 재료로 나한상을 조성하여 봉안하고 있다.

11. 나반 존자와 독성각

나반존자

독성각
(운문사
사리암)

　중국 천태산에서 홀로 선禪 수행을 하여 깊은 선정禪定에 들어가 중생을 제도하고 복을 주시는 분이므로 '독성獨聖' 혹은 '독수성獨修聖'이라고 부르며, '나반 존자那畔尊者'라고도 한다.

　독성이란 부처님께서 깨달은 진리를 스승 없이 홀로 깨달았다고 하여 붙여진 이름이다. 독성각 예불문에 나반 존자는, 타심통·숙명통·누진통의 삼명三明에 통달하였으므로 마땅히 공양받아야 할 복전이며, 미륵불이 다스리는 용화龍華 세계가 올 때까지 이 세상에 머물러 중생을 구제하는 구세자로 등장한다.

　나반 신앙은 운문사 사리암, 해인사 희랑대가 대표적이다.

12. 신중(화엄성중)

104위 신중탱화
(관음사)

신중神衆은 부처님께서《화엄경》을 설하실 때 설법을 듣기 위해 하늘나라에서 모여든 104분의 대표자를 그림으로 나타낸 것이다. 이처럼 신들은 떼를 지어 있으므로 신의 무리, 즉 신중이라 한다. 불법을 옹호하고 부처님의 가르침을 받는 스님들뿐 아니라 신도들까지도 옹호하고 있기 때문에 '호법성중護法聖衆', '화엄성중華嚴聖衆', '신장神將', '옹호성중擁護聖衆'이라 부른다.

부처님이 계신 법당 내에 탱화로 모셔져 있다. 행사 때나 기도할 때 '화엄성중'을 부르고《반야심경》,《화엄경 약찬게》,《법성게》등을 독송하는 이유는 화엄신중들도 법문을 듣고 깨달음을 얻으라는 뜻이다.

13. 치성광여래불

치성광여래도
(송광사)

별 가운데 북극성北極星을 불교에서는 '치성광여래
熾盛光如來'라고 부르고, 도가道家에서는 '자미대제紫微
大帝'라고 한다.

북두칠성의 각 별자리가 치성광여래를 중심으로 일
곱 분의 부처님(七佛)으로 바뀌어 등장하기 때문에 칠
성전七星殿에 모신다.

전통적으로 칠성七星 신앙인 북두칠성은, 인간의 길
흉화복과 수명을 지배한다는 데서 시작되었다. 또 비
를 내려 풍년이 들게 하고, 수명을 연장해 주며, 재물
을 내려준다고도 믿어 왔다. 불교에서는 일곱 분의 치
성광여래 부처님으로 바꾸어 신앙되고 있다.

14. 사천왕과 사천왕문

　사찰에 들어가기 위해 거쳐야 할 것들이 있다. 당간지주幢竿支柱, 제석단帝釋檀, 석등石燈이 그것이다. 이들 조형물들을 지나면 그곳엔 네 분의 천왕天王이 지키는 사천왕문四天王門이 있다. 세속에서 부처님 세계로 들어가는 문이다. 특히 절의 문을 '산문山門'이라고 하는 데는 이유가 있다.

　불교의 우주관을 살펴보면, 세계의 중앙에 수미산須彌山이 있고 우리들은 그 기슭에 존재한다고 한다. 따라서 우주의 가장 위에 존재하는 부처님의 세계로 나가기 위해서는 그 수미산의 문을 거쳐야 한다는 데 근거한 것이다. 수미산을 오르는 도중 지친 수행자나 불자에게 굳건한 용기와 힘을 불어넣어 주기 위하여 서 있는 것이 사천왕이다.

　사천왕四天王은 그 위치와 지닌 물건, 즉 지물持物(소지품)로써 구별한다. 사천왕문에 들어서면 손에 비파를 들고 즐거움의 감정을 주관하는 북쪽 다문천왕多聞天王, 손에 칼을 들고 기쁨의 감정을 주관하는 동쪽 지

사천왕(마곡사)

다문천왕   지국천왕   증장천왕   광목천왕)

국천왕持國天王, 손에 용과 여의주를 들고 사랑의 감정을 주관하는 남쪽 증장천왕增長天王, 손에 삼지창과 보탑을 들고 노여움의 감정을 주관하는 서쪽 광목천왕廣目天王이 눈을 부릅뜨고 우리를 반겨주신다.

　사천왕의 발밑에는 '생령좌'라는 귀신을 두어, 착한 일을 권하고 나쁜 짓은 징계하는 권선징악勸善懲惡을 상징하고 있다.

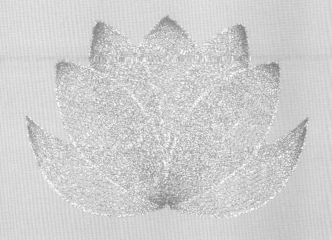

제7장 부처님 가르침

1. 불교

1) 불교란 어떤 종교인가

불교란 '부처님의 가르침'을 뜻하며, '부처님에 의해 설해진 종교'를 말한다. 일반적으로 우리가 '부처님'이라 부르고, 다르게는 '붓다(佛陀)' 또는 그냥 '불(佛)'이라고 하는 말은 고대 인도어의 buddha의 음을 따온 것으로 '깨달으신 분'이라는 뜻이다. 이때 깨달음의 내용은 인생 내지는 사회에 대한 모든 진리를 말한다. 따라서 그 '가르침' 또한 인생과 사회에 대한 깨달음 내지는 깨달음에 이르기 위한 방법을 중심으로 하고 있다.

우리가 흔히 '석가모니 부처님'이라고 부르는 것은, 부처님이 약 2,600여 년 전(BC. 5C경)에 네팔의 카필라바투스 석가족 출신으로 태어났기 때문이다. 이런 관점에서 보면, 불교란 기본적으로는 석가모니 부처님을 개조(開祖)로 한 종교라고 할 수 있다. 부처님의 가르침을 따르고 실천하여 인격의 완성을 이루고, 부처님이 도달하신 최고의 경지에 이르는 것, 즉 '성불成佛'을 목포로 하는 종교라고 정의할 수 있다.

역사의 진행과 더불어 불교 또한 많은 지역에 전파되면서 사상적으로도 다양한 모습으로 변화, 발전하였다.

일반적으로 불교를 지역에 따라 구분할 때는, 크게 남방南方 불교와 북방北方 불교로 나눈다. 남방 불교는 '상좌부 불교' 또는 '팔리 불교'라고도 하는데, 이는 인도 본토에서 남쪽으로 전파된 것을 말한다. 현재의 스리랑카·미얀마·태국·캄보디아·라오스 등의 불교가 그것이다. 북방 불교는 인도에서 북쪽으로 전파된 불교로, 중국·티베트·한국·일본의 불교를 말한다.

또한 불교를 내용에 따라 구분할 때는, 크게 소승小乘 불교와 대승大乘 불교로 나눈다.

소승 불교는 사성제四聖諦와 팔정도八正道를 주요한 수행의 덕목으로 삼아 각자 자기의 삶에 있어서의 문제 해결과 인격의 완성을 추구하였다. 그런데 이러한 불교는 부처님이 입멸入滅하신 후 시간이 지남에 따라 점점 형식화되어 중생을 지도하고 교화하는 본래의 역할을 상실해 갔다.

대승 불교는 이러한 기존 불교의 폐단을 비판하면서 등장한 새로운 입장의 불교 운동이다. 그들은 기존의 불교를 소승小乘(중생을 태워서 피안에 건네주기 위한 작은 차)이라고 비판하면서 육바라밀六波羅蜜을 독자적인 수행법으로 제창하고, 대승大乘(중생을 태워서 피안에 건네주기 위한 큰 차)이라고 이름 하였다.

육바라밀, 즉 보시 · 지계 · 인욕 · 정진 · 선정 · 지혜에는 팔정도의 내용을 모두 갖춤과 동시에 팔정도에 없는 보시와 인욕을 포함하고 있다. 이 보시布施와 인욕忍辱은 대사회적인 덕목으로, 자기 개인의 안정과 행복은 물론 타인의 행복과 이익을 기원하는 이타利他 정신이다. 따라서 대승 불교에서는 이 육바라밀을 실천하는 사람이야말로 진정한 불교의 수행자이며, 그가 바로 '보살'이라고 말한다.

2) 현대사회에서 불교의 의미

물질만능 시대에 지친 인간들이 서구문화 자체의 한계를 피부로 느끼면서 뭔가 '새로운 것'을 찾고자 하는 경향이 점차 커지고 있다. 이 새로운 것을 '정신적 안온'이라는 말로 바꾸어도 무방할 것이다. 정신적인 면으로 볼 때, 서구인들까지도 호기심을 표하고 있는 동양사상인 불교가 그중 으뜸이 아닌가 싶다. 불교가 호기심을 끄는 이유와 기대의 내용을 종합하여 살펴보면 다음의 세 가지로 요약할 수 있다.

첫째, 불교는 합리주의에 입각한 종교이다.
현대인은 대개 이치로 생각해서 납득이 가지 않으면 수긍하지 않으려는 경향이 있다. 불교는 무엇보다도 독단을 배제하며, 특수한 교리를 가지고 인간을 속박하지 않는다.
불교의 합리적 사고는 인간의 '주체성 회복'이라는 문제에도 한 줄기 빛이 될 수 있다. 불교는 특히 인간의 주체적 인격 완성을 종교적 목표로 삼고 있는데, 이를 위한 방법적 체계로서 삼학三學을 제시한다. 즉 행동의 정화인 계戒, 정신 통일인 정定, 인간의 예지인

혜慧를 주체적으로 닦아 나가 자신의 인격을 완성하자는 것이다.

뿐만 아니라 '모든 중생이 불성佛性을 갖추고 있다'는 일체중생一切衆生 실유불성悉有佛性의 주장은 인간의 주체성 회복이 모든 인류에게 가능함을 천명하는 것이고, 세계인의 관심의 대상이 된 선禪사상은 '자신의 마음을 바로 꿰뚫어 그 참된 성품을 발견함으로써 부처가 된다'는 직지인심直指人心 견성성불見性成佛을 주장하여 주체성을 회복할 수 있는 근본적인 방법을 제시한다.

둘째, 불교는 철저히 평화를 추구하는 종교이다.
고등 종교로서 무력을 사용하지 않고 세계로 퍼져 나간 유일한 종교가 불교이다. 이는 불교의 자비가 말로만 떠벌리는 것이 아님을 실증한다. 불교의 관용적 태도는 다른 종교와의 대립을 없애고, 세계 평화를 실현하기 위한 건전한 기초를 제공할 수 있다. 그 기초란 두말할 나위도 없이 불교의 중도中道사상이다.

중도中道란 대립된 견해를 극복하는 것이다. 삶과

죽음, 즐거움과 괴로움 등 일체의 모순을 조화로, 대립을 협동으로, 무지를 지혜로, 분쟁을 평화로 지향하여 승화시키는 것이 중도사상이다. 이렇게 평화의 기반인 중도사상을 체득하기 위한 구체적인 방안이 팔정도와 육바라밀이며, 이를 구현하는 이상적인 인간상이 보살이다.

팔정도八正道는 자기를 향한 평화 구현의 방도이며, 육바라밀六波羅密은 남을 향한 평화 구현의 방도이다. 자기를 향한 팔정도가 아울러 중시되는 이유는, 불교가 바라는 진정한 평화란 전쟁이 없는 상태만이 아니라, 각자가 참된 인간으로 복귀하는 것을 뜻하기 때문이다.

단순히 불살생不殺生이라는 계율戒律을 실천한다고 해서 인류의 진정한 평화가 이루어지는 것은 아니다. 물론 살생을 하지 않음으로써 지켜지는 평화는 각 개인의 안녕과 평안으로 연결되겠지만, 불교에서는 먼저 인간 개개인이 중도의 원리를 깨달아 서로 협조하고 화합하는 보살행을 실천하라고 가르친다. 인류가 직면한 위기와 불행을 극복하고 진정한 평화가 이루어질 수 있음을 제시하는 것이다.

셋째, 불교는 마음의 깨달음을 이루는 종교이다.

이기심과 욕망과 편견을 제거하고자 하는 불교의 모든 수행은, 일차적으로는 마음의 평안을 구하는 데 그 목적이 있다. 특수한 기법이나 가혹한 시련을 요구하지 않는 불교적 명상법을 통해 누구나 평안을 얻을 수 있다. 현대인은 특히 이 부분에 관심을 갖는다. 비록 물질적으로는 만족을 느끼고 있을지 모르나 마음은 매우 거칠어져 있음을 우리는 스스로 알고 있다. 그래서 갈수록 불교적 수양의 생활화가 요구되는 것이다.

이상과 같은 내용에 부응하여, 불교는 그 전통적인 가치 체계를 새롭게 평가하고, 일반 민중들의 풍습과 생활 형태를 재음미해야 할 필요성이 있다.

불교는 살아 있는 종교로서 삶의 지침이 될 수 있다. 우리 불자들은 일체의 집착이나 편견을 떨쳐버린다는 불교 본래의 입장을 다시 한 번 깊이 생각해 보아야 한다. 불자들은 습관적인 말버릇이나 무의식중에 내재되어 있는 편견을 반성하고, 넓고도 높은 깨달음의 완성을 위해 노력해야 할 것이다.

2. 불교의 4대 명절

1) 부처님 오신날 (4월 초파일)

관불의식灌佛儀式

석가모니 부처님의 탄생을 기념하여 탄생불을 장엄하고 관정하는 법회이다. 《보요경普曜經》에 의하면, 부처님이 탄생하셨을 때 '용왕이 공중에서 향수를 솟아나게 하여 신체를 목욕시켰다'고 한 데서 유래한다.

연등회燃燈會

불전佛前에 등불을 켜고 세상을 밝히는 의식이다. 부처님 당시에는 빈비사라 왕이 불전에 1만 등을 켜서 공양한 예가 있고, 가난한 여인이 한 개의 등을 켜서 임금님의 1만 등을 켜서 공양한 공덕을 능가하는 정성을 보이기도 하였다.

촛불이 제 몸을 태워 세상을 밝히듯 우리도 이 몸을 태워 가정과 사회, 그리고 세계를 빛나게 하는 인물이 되겠다고 하는 서원으로, 각종 행사에 공양한다.

우리나라에서도 삼국시대 때부터 연등을 밝히는 등 공양燈供養은 향공양香供養과 함께 중요시되어 왔다. 부처님 앞에 등을 밝혀서 자신의 마음을 맑고 밝고 바르게 하여, 부처님 덕을 찬양하고 대자대비하신 부처님께 귀의한다는 의미가 있다.

신라시대에는 부처님 탄생일인 사월 초파일에 절은 말할 것도 없고 민가 및 관청에 이르기까지 모두 등을 밝혔다고 기록되어 있다.

2) 출가절出家節 – 진리를 찾아서(음 2월 8일)

부처님 출가의 의미

'출가'라는 말은 범어인 프라브라즈야pravrajya를 번역한 말이다. 본래의 뜻은 '가정을 떠나 수도修道에만 전념한다'이다. 집을 떠나 숲속이나 산속에 들어가서 수도에만 전념하는 전통은 고대 인도에서부터 전해져 내려왔다. 싯다르타 태자는 대代를 이을 라훌라가 태어나자 왕궁을 떠나 생로병사生老病死에서 벗어나는 해탈과 열반을 구하기 위하여 출가하셨다.

신라의 원측 법사는 "출가에는 '형출가'와 '심출가'

의 두 종류가 있다"고 하였다.

형출가形出家란 집을 떠나 산간의 수도처에서 출가 생활을 하는 것이나, 만약 형식적으로 출가 생활을 하고 승려의 품위와 덕성을 잃어버리면 신정한 출가가 아니라고 하였다.

심출가心出家란 매우 대승적인 뜻을 지니고 있으니, 청정한 계율戒律을 받들어 가지면 비록 가정에 있다 하더라도 참다운 출가이며, 또 마음에 항상 최상의 깨달음인 아뇩다라삼먁삼보리심(無上正等覺)을 내어야 한다고 하였다.

출가의 현대적 의미를 생각할 때, 진정한 출가인 심출가야말로 '나도 이롭고 타인도 이로운' 자리이타自利利他를 표방하는 대승적 실천을 수행하는 출가상이다.

중생제도를 구현하기 위해 한밤중에 왕성을 떠난 싯다르타 태자가 깨달음을 성취함으로써 모든 이에게 마땅히 존경받는 대스승이 된 역사적 사실이 형출가라고 한다면, 자기 수행만을 목적으로 한 출가가 아니라 중생과 사회를 위하여 헌신할 수 있는 심출가자를 이 시대에는 더욱 간절히 바라고 있는지도 모른다.

3) 성도절成道節 - 부처님이 되신 날

깨달음의 진리 - 연기법緣起法

불교에서 바라보는 기본적인 인간관은 고苦라는 개념으로 정의될 수 있다. 다시 말하면, 일상적인 우리 인간들의 삶은 괴로움과 불만의 연속이며, 비록 즐거움이라 할지라도 그것은 일시적일 뿐 결코 영원하지 않다는 것이다. 그렇다고 해서 인간의 이러한 모습만을 강조하거나 거기서 포기하는 것은 아니고, 불교에서는 이러한 상태에서 벗어나기 위한 노력과 실천의 방법이 제시된다. 우리의 삶이 어떠한 모습으로 영위되고 있는가에 대한 관찰이 진행되고, 이러한 관찰의 결론으로 정리된 것이 연기설緣起說이다.

차유고피유 차생고피생 차무고피무 차멸고피멸
此有故彼有 此生故彼生 此無故彼無 此滅故彼滅

이것이 있음으로써 저것이 있고,
이것이 생함으로써 저것이 생한다.
이것이 없으면 저것도 없고,
이것이 사라지면 저것도 사라진다.
《잡아함경》

즉, 모든 물질적 존재와 정신적 현상은 여러 가지 원인과 조건에 의해 생겨나거나 존재한다는 원리인 상호 관련성, 즉 상의상관성相依相關性(=因緣和合)의 관계로 설명할 수 있겠다.

성도成道의 의미

수행자 고타마 싯다르타는 붓다가야의 보리수 아래에서 깨달음을 얻어 부처님이 되셨다. 이때가 부처님이 35세 되던 해의 음력 12월 8일이었다. 이날은 사실상 불교가 시작된 역사적인 날이며, 불교에서는 '성불하신 날' 또는 '도를 깨달으신 날', '성도절成道節'이라 하여 뜻 깊은 날로 삼고 있다. 성도절은 수많은 마왕魔王의 군대에게 항복받고 깨달은 날이며, 인간의 몸으로 신神의 세계를 뛰어넘어 대자유인大自由人의 시대를 연 날이다.

부처님은 우리 모두가 성불할 수 있다는 것을 스스로 보여주셨다. 온갖 번뇌와 고통의 수렁에서 허덕이는 중생들도 사실은 모두 부처가 될 수 있다는 것을 이 세상에 알려주신 것이다. 부처님이 성불하신 이후 새로운 인간의 역사가 시작되었다 해도 과언이 아니다. 이때까지 인간은 고통苦痛과 혼돈混沌과 무명無

明 속에서, 신神과 제도와 욕망에 사로잡힌 노예에 불과하였다. 그러나 부처님께서 성불하심으로써 중생도 대자유, 대자재한 존재가 될 수 있음을 알게 되었다.

부처님께서는 성도하신 후 45년간 하루도 쉬지 않고, 중생을 위하여 발로 찾아다니면서 법을 전하는 전법傳法의 길을 걸으셨다.

4) 열반절涅槃節 – 진리의 세계로(음 2월 15일)

열반涅槃의 의미

인류의 온 역사를 통하여 부처님처럼 모든 사람들의 행복을 위해 전념한 사람은 아무도 없다. 말씀하신 모든 계율戒律은 이제까지 알려진 것 중에서 가장 완벽하다.

부처님께서는 깨달음을 얻고 나서 열반에 드실 때까지, 인간이 완성에 이르는 길인 '깨달음의 세계'에 이르는 길을 가르치기 위해 진력盡力하셨다.

이 위대한 스승이 가신 지 2,600여 년이 흘렀지만, 사랑과 지혜에 대한 말씀은 여전히 본래의 순수함을 간직한 채, 조금도 오염汚染되거나 약해지지 않고 우리의 심금心琴을 울리고 있다.

3. 삼보三寶

삼보란 불교에서 가장 긴요하게 생각하며,
받들고 의지하는 세 가지 큰 보불을 말한다.

불佛 Buddha
　　부처님(깨달음을 이룬 분)
법法 dharma
　　부처님이 중생을 제도하기 위해 설하신 가르침
　　(예 : 팔만대장경)
승僧 Saṇgha
　　부처님 가르침에 의지하여 수행하는 스님

이 삼보에 귀의하는 것을 '삼귀의三歸依'라 한다.
　삼귀의는 불자가 되는 필수 조건이며, 첫 순간의 맹
세이며, 정각正覺을 이루기 위한 첫걸음이므로 매우
중요한 의미를 지닌다.

4. 삼보 사찰寺刹

卍 통도사通度寺 : 불보佛寶 사찰

신라 27대 선덕여왕 14년(서기 646)에 자장 율사는 최초로 국가 인증을 얻은 금강계단金剛戒壇을 설치하고 스님들의 득도식得度式, 즉 수계식授戒式을 거행하였다. 수계 득도한 스님들이 수행하여 깨달음을 얻게 되면 부처님이 되므로 불보사찰이라고 한다.

현재 대웅전 뒤편 금강계단에 진신사리를 모신 사리탑이 있는데, 여기에 중국 오대산에서 모셔온 부처님 진신사리와 가사를 함께 봉안하였다.

통도사라는 이름은, 출가 득도得度한 스님이 수행 정진 끝에 성불하여 중생을 구제한다는 뜻이다.

통도사 대웅전 · 금강계단   부처님 진신사리탑

卍 해인사海印寺 : 법보法寶 사찰

　신라 40대 애장왕 3년(서기 802년)에 순응·이정 두 스님께서 창건하였다. 고려 때(서기 1237년) 몽고의 침략을 극복하기 위해 거국적으로 조성한 팔만대장경은 조선의 태조 때 해인사로 옮겨졌으며, 세조대왕 때 지금의 장경각藏經閣이 완성되었다.

　대장경은 국보 제32호로 지정되었으며, 1995년에는 유네스코에서 세계문화유산과 기록문화유산으로 지정 등록되었다.

　해인사의 이름은 『화엄경』에서 부처님의 드넓은 지혜의 바다에 만법이 드러난다는 '해인삼매海印三昧'에서 따온 것이다.

팔만대장경 판전 입구　판전 내부

卍 송광사松廣寺 : 승보僧寶 사찰

송광사는 신라 말엽에 혜린 선사가 창건하였으며, 고승들이 많이 배출되었다. 특히 고려시대에는 한국 불교의 중흥조로 추앙받는 보조국사 지눌知訥을 비롯하여 18인의 국사國師가 연속해서 배출되어 부처님의 가르침을 널리 편 곳이다. 이러한 덕 높은 스님들이 많이 배출된 곳이기에 '승보 사찰'이라고 한다.

국가의 중대사를 의논하는 좌장 역할을 한 국사는 지금의 국정자문위원장에 해당한다.

▲ 승보전

대웅전 ▲

▼ 국사전 안에 봉안된 16조사 진영眞影

5. 경전經典

경전經典이란 법法과 율律을 정리하여 기록한 것을 말한다. 범어로는 '수트라Suttra'라고 하며, 일반적으로 '불경佛經' 또는 그냥 '경經'이라고 한다.

법法이란 부처님이 설하신 가르침이나 언행록을 정리한 것이며, 율律이란 교단에 속한 사람이 지켜야 할 행동의 규범을 정리한 것이다. 물론 경전은 부처님께서 직접 저술하신 것은 아니다.

부처님 살아생전에는 부처님의 가르침을 들은 이가 외워서 입에서 입으로 전했을 뿐이었다. 그러다 부처님이 입멸入滅하신 그 해에 부처님의 가장 뛰어난 제자 500명이 모여 편집회의(결집結集)를 열어, 서로 기억하고 있는 내용이 틀림없음을 확인하여 경전이 편찬되었다. 이것을 '제1결집'이라고 하며, 이러한 결집은 그 후에도 필요에 따라 수차례에 걸쳐 열렸다.

특히 불멸佛滅 후 100년, 200년, 400년경의 결집이 유명하다.

초기의 경전은 당시 언어인 팔리어나 범어로 쓰였는데, 나중에 다른 나라들에 전해지면서 각기 그 나라의 언어로 번역되었다. 그중에서도 중국은 불교를 적극적으로 수용하여 수많은 경전을 한문으로 번역하였고, 우리나라와 일본·대만 등 동북아시아 나라들은 한문 경전을 그대로 받아들여 지금까지 사용해 오고 있다.

다만 이 한문 경전은 일반 대중은 읽기 어려워 승려나 전문적인 학자들의 전유물이었는데, 다행히 최근에는 많은 경전들이 한글로 번역되어 출판되고 있다.

좁은 의미의 경전은 경·율·논論 삼장三藏 가운데 경장 또는 경장과 율장만을 가리키나, 넓은 의미로는 삼장 전부를 지칭한다.

우리가 '대장경'이라고 부르는 것은 경·율·논 삼장을 함께 집대성하여 편찬한 것이다. 고려시대에 만들어져 세계적으로도 유명한 '고려대장경'이 그 대표적인 것이라 할 수 있다.

불교 경전은 단순히 교리 내지는 종교적인 내용을 담아 읽는 사람에게 특정한 교리나 사상 또는 신앙을 강요하기 위해 만들어진 것이 아니다. 오히려 누구에게나 인생의 지침이 되고 도움이 되는 가르침을 주기 위해 만들어진 것이라고 할 수 있다.

특히 최근에는 '한글 대장경'과 같이 현대어로 번역된 경전들이 많이 나와 있어 누구든지 쉽게 읽고 이해할 수 있게 되었다. 또 해인사의 《팔만대장경》은 전자 대장경으로 재탄생되어 일반 독자들도 인터넷을 통하여 쉽게 접할 수 있게 되었다.

경전에 설해진 내용은 경전의 수만큼이나 많고 다양하다. 각자 자신의 관심에 따라 경전을 선택해 읽어 나간다면, 인생살이에 커다란 힘이 되는 진리를 꼭 발견할 수 있을 것이며, 더없는 큰 기쁨도 맛볼 수 있을 것이다. 이것이 바로 인간으로서 도달할 수 있는 최고의 경지에 이르러 자기실현을 완성하신 부처님의 가르침에 다름 아니다.

6. 계율戒律

계戒와 율律의 합성어로 불교의 수행 규범을 나타내는 용어이다.

계戒는 본래 단순히 강요된 금지적 조항이 아니라 자발적으로 옳지 못한 행위를 멀리하고 수행 규칙을 지키려는 자율적 결심이다. 계에는 기본적으로 오계五戒, 팔재계八齋戒, 십계十戒, 구족계具足戒 등이 있고, 대승불교에 이르러서는 십선계十善戒, 삼취정계三聚淨戒, 보살계菩薩戒 등이 강조되고 있다.

재가在家 불자는 불교의 가르침을 믿고 실천하려고 결심할 때, 불·법·승의 삼보에 귀의하여 출가한 비구스님을 의지하여 '오계'를 받는다. 사찰에서 매월 있는 포살일布薩日에는 팔재계八齋戒를 지킨다.

한편 재가불자가 출가하여 수행하려 할 때는, 20세 이하일 경우에는 비구스님을 의지하여 사미沙彌가 되는데, 그때 '십계'를 받는다. 20세가 지나 정규의 출가 수행자가 되려 할 경우에는 계단원의 심사를 받아 비구가 되는데, 이때 받는 계가 구족계(250가지 계의 덕목)이다. 이처럼 불교의 수행자는 재가·출가를 막론하고 모두가 계에 기초하여 수행하며, 수행의 근본인 계의 실천을 바탕으로 해서 선정禪定과 시혜를 닦아야 비로소 해탈을 얻을 수 있다.

계戒는 이와 같이 소극적으로는 악하고 그릇된 행위를 방지하고, 적극적으로는 선을 실천하는 것이라고 할 수 있다. 계를 지니고 실천하는 것은, 집을 짓기 위해서 터를 닦는 것과 같이, 불교에서 궁극적으로 추구하는 해탈을 얻기 위한 가장 기본적이며 중요한 실천규범이라고 할 수 있다.

율律은 비구 또는 비구니가 모여서 수행할 경우, 그 집단생활을 함에 있어서 요구되는 규칙이다. 율에는 비구나 비구니 개인의 수행 규칙과 승가의 통제를 위한 규칙이 있다.

계戒는 비구 또는 비구니가 입단할 때 받는 구족계로서 비구는 250개, 비구니는 348계를 받아 지닌다.

율律은 승가 단체의 운영을 위한 규칙으로서 승가의 화합을 실현하기 위한 것이다.

율은 타율적 규범이기는 하나 자율적인 수행이므로 여기에 계와 율을 결합하여 '계율'이라고 한다.

계율의 현대적 의미는, 개인의 완성에 이르는 기본적인 척도가 되는 것에 있다고 하겠다.

1) 오계五戒 - 불자의 바른생활을 위한 지침

① 불살생 不殺生

산 목숨을 죽이지 말고 자비한 마음으로 보살피고 방생하라. 생명 있는 것을 직접 죽이거나, 남을 시켜 간접적으로 죽이거나, 남이 죽이는 것을 칭찬하거나 기뻐하지도 말아야 한다. 자비한 마음으로 모든 생명 있는 것을 살려주고 보호하여야 하며, 내 몸과 같이 동체대비同體大悲로써 사랑할 수 있도록 인격을 승화시켜야 된다.

특히, 사람들과의 관계에 있어서는 신체적인 살상

을 금하는 것은 말할 것도 없고, 인격적인 살상을 해서도 안 된다. 설사 자신과 원한 관계에 있다고 하더라도 그 원한을 물이 흘러가듯 잊어야 한다. 잊는 데서 고차적인 발전이 가능한 것이다. 갖은 폭언과 복수할 마음을 돌이키지 못하면 불자라고 할 수 없다.

우리 불자들은 오직 서로서로 잘되도록 조언助言을 하는 경우에도 신중해야 하거늘, 하물며 나쁜 마음으로 신身 · 구口 · 의意 삼업三業을 지어 다른 사람의 마음을 아프게 해서야 되겠는가.

② **불투도**不偸盗
주지 않는 것을 훔치지 말고, 자비한 마음으로 어려운 이를 도와라. 남의 물건을 직접 훔치거나, 남을 시켜서 훔치거나, 방편으로 훔쳐서도 안 된다. 다른 사람이 훔치려고 계획하고 있으면 못하도록 막아야 한다.

자신의 분수를 지켜 성실하게 노력하여 얻어지는 것에 만족을 느끼고, 알뜰하고 근면한 마음으로 생활해야 된다.

인간의 일생이 길다고 한들 100년이 못 되며, 아무리 소중한 물건을 가지고 있더라도 짧은 시간에 불과하다. 부질없이 탐내면 업보만 더욱 가중되어 사바세계를 떠날 때는 고통이 극심할 것이다.

③ **불사음**不邪淫
<u>사음하지 말고 청정하고 올바른 정신으로 살아가라.</u> 옷깃을 스치는 조그마한 일도 아득한 세월을 통해 깊이 맺어진 인연이 있기 때문이라고 하였거늘, 하물며 사바세계 오탁악세五濁惡世를 지혜롭게 벗할 수 있는 부부夫婦의 인연이야말로 얼마나 깊고 큰가?

그러므로 자기의 남편과 부인을 제외하고 다른 곳에 음란한 마음을 내거나, 다른 사람에게 음란한 마음을 내게 해서는 안 된다. 항상 자비한 마음으로 모든 중생을 널리 구원해 주고, 깨끗하고 담백한 마음을 갖도록 노력해야 된다.

④ **불망어**不妄語
<u>거짓말을 하지 말고 진실한 마음으로 신용을 얻어라.</u> 스스로 거짓말을 하거나 남에게 거짓말을 시키지 말며,

방편으로도 거짓말을 해서는 안 된다. 과거에 모든 업장業障도 미래에 대한 참된 계획도, 지금 가지고 있는 마음가짐이 정확하지 못하면 보람찬 발전을 계획할 수 없다.

조그마한 잘못이라도 불·보살님께 참회하고, 바르고 정직하게 살겠다고 굳게 결심하는 데서 과거의 모든 업장도 소멸되고, 미래의 큰 계획도 한 걸음씩 향상되는 것이다.

또한 바른 말과 바른 소견을 가지는 것에 그치지 말고, 온갖 중생들로 하여금 바른 말과 바른 소견을 갖도록 교화敎化해야 한다.

⑤ **불음주**不飮酒
술을 마시지 말고 맑은 정신으로 지혜를 갖추어라. 술을 마셔 취하게 되면 모든 것을 어지럽히니, 술이 앞의 네 가지 금계禁戒를 모두 범하는 원인이 되기도 한다.

율장에는 술을 팔거나 남을 시켜서 팔게 하지도 말라고 엄격하게 말씀하셨으니, 불음주에 대한 깊은 뜻을 잊어서는 안 된다. 부득이한 경우에는 정도껏 마시되 절대로 과음해서는 안 된다. 모든 사람이 점차로 술을 마시지 않도록 노력해야 할 것이다.

2) 수계受戒 - 불자가 되는 길

계戒는 무소유無所有에 입각하여 생명을 존중하는 정신을 기준으로 삼았기에 우리들 삶의 가치 기준이 된다. 과거의 악업惡業을 되풀이하지 않고, 나와 남이 함께 선업善業을 쌓아 고통을 극복하고 진리의 세계로 가기 위한 행동의 지표가 바로 '계'인 것이다.

그러므로 계를 받아 지닌다(受戒)는 것은, 거짓 가치를 버리고 올바른 가치를 구현하는 삶을 살겠다는 서약이다. 삼보에 귀의하고, 승가의 큰 다섯 가지 규율을 내 삶의 지표로서 받아 안으며, 늘 몸에 지닌다는 약속이다. 이리저리 방황하다 이제 불법佛法을 만나 올바른 삶을 살아가겠다는 거룩한 맹세이니, 이는 곧 육신을 바꾸지 않고 다시 태어남을 뜻한다.

수계식을 통해, 나 혼자만의 결심이 아니라 만인에

게 공포함으로써 같은 가치관을 갖고 사는 사람들에게 동참을 선언하는 것이다.

산목숨을 죽이지 않겠습니다(不殺生), 도둑질을 하지 않겠습니다(不偸盜), 삿된 음행을 하지 않겠습니다(不邪淫), 거짓말을 하지 않겠습니다(不妄語), 술을 먹지 않겠습니다(不飮酒).

계는 목숨을 다하여 지켜야 한다. 그러나 계를 지킨다는 것은 계의 올바른 정신을 지킨다는 것이지, 계의 자구字句를 그대로 지키라는 말은 아니다. 즉, 계의 상징성·역사성에 비추어 그 근본 정신을 제대로 안다면 '불살생계(산목숨을 죽이지 않겠다)'를 중심으로 상황에 따라 계를 어기는 파계破戒가 인정될 수도 있을 것이다.

계를 파했을 때는 느끼는 즉시 그 자리에서 참회하고 다시는 되풀이하지 않겠다는 다짐을 해야 한다. 계를 우리의 행동을 억압하는 사슬로 인식할 것이 아니라, 계를 지킴으로써 자유로울 수 있는 불자가 되어야 할 것이다.

7. 불교의 세계관&우주관

1) 십이처설十二處說

불교는 신神이나 우주의 원리와 같은 초월적인 진리에서부터 설해 가는 것이 아니라 우리들이 인식할 수 있는 구체적인 현실세계의 관찰에서부터 시작한다. 그렇다면 그 구체적인 현실세계란 과연 어떤 구조와 성질을 가진 것인가?

한때 생문生聞이라는 바라문이 부처님을 찾아와 다음과 같은 질문을 한 일이 있다.

"일체(一切)라고 하는 그 일체란 도대체 어떤 것입니까?"

당시의 인도에서 일체(一切, sarvam)라는 말은 모든 것(everything)을 의미하는 말로서, 우리들이 살고 있는 우주 전체를 가리키는 대명사였다. 세계世界나 세간世間(loka)이라는 말과도 등치等値시킬 수 있는 개념이다. 이런 일체에 대해서 각 종교는 여러 가지 해석을 내리고 있었던 모양으로, 부처님께서는 그에 대해 어떤 견해를 갖고 있는가를 알아보려는 것이다.

부처님께서는 생문 바라문에게 다음과 같은 대답을 하고 계신다.

"바라문이여, 일체는 십이처十二處에 포섭包攝되는 것이니, 곧 눈과 색, 귀와 소리, 코와 냄새, 혀와 맛, 몸과 촉감, 의지와 법이다. 만일 이 십이처를 떠나 다른 일체를 설정하고자 한다면 그것은 다만 언설言說일 뿐, 물어봐야 모르고 의혹만 더할 것이다. 왜냐하면 그것은 경계境界가 아니기 때문이다."

《잡아함경 13》

우리가 살고 있는 우주에는 일월성신日月星辰을 비롯해서 미물에 이르기까지 삼라만상森羅萬象이 존재하고 있다. 그런데 이 모든 것은 열두 가지에 거뜬히 포섭包攝된다는 것이요, 그 열두 가지 이외의 것은 존재하지 않는다는 입장이다. 그래서 그 열두 가지를 모든 것이 그 속에 들어간다는 뜻을 취하여 '처(處, avatana)'라고 부르고, 이 교설을 '십이처설十二處說'이라고 부른다.

십이처설은 불교의 가장 기본적인 세계관이며, 일체 만유(一切萬有)에 대한 일종의 분류법이다. 종교적 세계관으로서는 너무나도 소박한 것이라고 말할지 모른다. 그러나 그런 입장이 설해진 사상적 배경은 그렇게 간단한 것이 아니다.

첫째로, 우리는 십이처의 구성이 눈·귀·코·혀·몸·의지라는 여섯 개의 인식 기관(六根)과 색·소리·냄새·맛·촉감·법이라는 여섯 개의 인식 대상(六境)으로 되어 있다는 것에 주의할 필요가 있다. 모든 존재를, 인간의 인식을 중심으로 보고 있는 것이다.

종교에서는 인간의 인식 범위를 넘어선 초월적인 실재를 설하는 것이 보통이다. 그러나 그러한 초월적인 실재가 종교적인 수행을 통해서도 끝내 인간에게 증명되지 않는 것이라면, 그런 것의 실질적인 존재성에 대해서는 어떻게 보아야 할까? 십이처설은 그러한 문제에 대해 부정적 태도를 분명히 하고 있는 것으로 보인다.

부처님께서는 당시의 바라문들에게 다음과 같이

묻고 계신다.

"삼명三明(천안통 · 천이통 · 타심통)을 갖춘 바라문
으로서 일찍이 한 사람이라도 범천梵天(하늘나라)을
본 자가 있는가? 만일 본 일도 없고 볼 수 없는 범
천을 믿고 받든다면, 마치 어떤 사람이 한 여인을
사랑한다고 하면서 그의 얼굴을 본 일도 없고, 이
름도 거처도 모른다는 것과 무엇이 다르리오."

《잡아함경 16》〈삼명경〉

둘째로, 불교는 인간을 중심으로 한 세계관을 제시
하고 있다는 것을 볼 수가 있다. 십이처설에서 인식
주체가 되고 있는 여섯 개의 감관, 즉 육근六根은 그
대로 인간 존재를 나타내고 있다. 인식 객체가 되고
있는 여섯 개의 대상, 즉 육경六境은 그러한 인간의
자연환경에 해당되기 때문이다. 더구나 주체主體적
인간의 특질을 의지(意志, manas)로 파악하고, 객체적
대상의 특질을 법(法, dharma)으로 파악하고 있다.

의지意志라는 것은 자기 마음대로 할 수 있는 자유
와 능동적인 힘이 있는 것을 의미한다. 법法은 어떤

원인이 있으면 반드시 그에 상응相應한 결과를 나타내는 필연성을 지닌 것을 가리킨다. 그러한 뜻의 의지와 법이라는 개념으로 인간과 자연의 특질을 규정하고 있다는 것은 무엇을 의미하는가.

인도 전통 종교인 바라문교에 의하면, 세계의 중심은 창조주인 범신梵神(하늘)이며, 인간을 포함한 모든 존재는 그 종속적 피조물被造物에 불과하다고 보고 있다. 세계를 지배하고 있는 인간에게 길흉화복吉凶禍福을 가져오는 것도 범신의 의지에 의한다. 바라문 가운데 생활파에서도 인간은 생사의 코스를 바꿀 수 없다는 무작용론無作用論(결정론決定論)을 펴고 있었다.

이들 바라문교나 다른 사문들의 세계관을 염두에 두고 십이처설을 볼 때, 우리는 일견 소박한 듯한 불교의 세계관이 훨씬 더 설득력이 있음을 알 수 있다.

2) 십팔계설十八界說

십이처설十二處說이 주로 물질(色法)에 바탕을 둔 분

류인 데 비하여, 십팔계설은 여기에 마음작용(心法)을 추가하여 색色 · 심心 두 가지 측면을 다 포함하는 모든 존재에 대한 분류법이다.

계界라는 말은 송속種族의 뜻과 본생本生의 뜻이 있다. 먼저 종족種族은 십팔계의 제법諸法이 그 자성自性(본질)에 있어서 각각 다르다는 뜻이다. 다음 본생本生은 이들이 곧 모든 마음 작용을 일으키는 요소가 된다는 뜻이다.

그렇다면 십팔계十八界란 무엇인가?

그것은 위에 말한 십이처에 인식 작용의 주체인 육식六識을 포함한 것으로 다음과 같은 열여덟 가지를 말한다.

안근 이근 비근 설근 신근 의근
眼根 耳根 鼻根 舌根 身根 意根 ― 육근六根(인식 기관)

색경 성경 향경 미경 촉경 법경
色境 聲境 香境 味境 觸境 法境 ― 육경六境(인식 대상)

안식 이식 비식 설식 신식 의식
眼識 耳識 鼻識 舌識 身識 意識 ― 육식六識(인식 결과)

우리의 모든 마음 작용은 감각 기관인 육근六根이 그 대상 경계인 육경六境을 대함으로써 일어난다. 그렇다면 육근이 육경을 대할 때, 이것은 이렇다 저것은 저렇다 하는 등의 인식 작용을 일으키는 주체는 무엇인가? 그것이 바로 육식六識이다.

실로 우리의 모든 마음 작용은 감각 기관인 육근과 그의 대상인 육경과 인식 주체인 육식의 세 가지가 합쳐졌을 때 일어난다. 만일 이중 어느 하나라도 빠진다면 결코 우리의 마음 작용은 일어날 수가 없을 것이다.

그런데 여기에 문제가 하나 있다. 육근과 육경은 다른 것이 자명하지만, 육식은 과연 어떤가 하는 점이다. 이 문제에 대한 답은 이렇다. 육식이란 별개의 본질(體)이 있는 것이 아니고, 일심一心(마음)이 육근을 통하여 그 대상 경계인 육경을 대하여 마음 작용을 일으킬 때 각기 식識의 이름을 얻어 육식이 된다고 한다.

다시 말하면, 우리의 마음이 눈을 통하여 색경色境

(보이는 물체)을 대함으로써 마음 작용을 일으키면 안식眼識이 되고, 귀를 통하여 성경聲境(소리)을 대함으로써 마음 작용을 일으키면 이식耳識이 되고… 이렇게 하여 육식六識이 된다는 것이다.

　또한 주관과 객관과의 문제를 놓고 보면, 앞의 십이처설에서는 육근이 주관이요 육경이 객관이었으나, 엄밀한 의미로는 육경도 물질적인 것이라 주관이 될 수 없다고 할 수 있다. 그러나 이 십팔계에서는 육식이 더해지므로 육식이 참다운 주관이 되고 육경과 육근은 함께 객관이 된다고 하겠다.
　이러한 근根·경境·식識의 관계를 쉽게 표현하자면 다음과 같다.

육근	안근	이근	비근	설근	신근	의근
↓	↓	↓	↓	↓	↓	↓
육경	색경	성경	향경	미경	촉경	법경
↓	↓	↓	↓	↓	↓	↓
육식	인식	이식	비식	설식	신식	의식

3) 오온설五蘊說

오온五蘊은 인간을 구성하는 다섯 가지 기본 요소를 가리키는데, 인간을 먼저 신체(色)와 정신(受想行識)으로 구분하고 정신을 다시 네 요소로 나눈다. 즉 색온色蘊(신체)과 수온受蘊(느낌), 상온想蘊(통각), 행온行蘊(성향 들), 식온識蘊(지각)으로 세분한 것이다. 이 경우 신체는 내외의 물질 현상으로 일반화하고, 성·향·미·촉·법은 정신도 아니고 물질도 아닌 요소를 포함한다.

오온설五蘊說은 초기 불교 이래 단일하고 영원한 자아를 부정하는 무아설無我說을 확립하고자 하는 의도에서 형성된 분류법으로, 성립과 함께 곧바로 일반화해 인간과 세계 전체를 구성하는 요소로 간주되었다. 오온은 현상적 존재로서 끊임없이 생멸生滅하며 변화하는 것이기 때문에, 상주常住 불변하는 실체는 존재하지 않는다고 본다.

불교의 근본적 주장으로서의 무상無常·고苦·공空·무아無我를 설하는 기초로서 설명되었다.

위에서 살펴본 십이처설, 십팔계설, 오온설은 다 같이 우리 인생을 중심으로 한 일체 만유의 분류법으로 흔히 '삼과설三科說'이라 하여 한데 묶여 설해지고 있다. 그렇지만 이들 삼과설은 어디까지나 유위법有爲法(세간법)을 중심으로 한 것이다. 따라서 세계는 인연의 화합으로 모였다가 인연의 이산離散으로 흩어진다는 제법무아諸法無我의 도리를 밝히는 데 그 주안점이 있다는 것을 알아야 할 것이다.

드넓은 바닷물이라도 쉬지 않고 퍼낸다면
언젠가 그 밑바닥을 보게 될 것이다.
하물며 지극한 마음으로 구도의 길을 간다면
무슨 구함을 얻지 못하며
무슨 소원인들 이루지 못하겠는가.

《아미타경》

8. 공空 사상과 연기설緣起說

1) 공空 사상

공空사상은 대승 불교의 기본 사상으로, '고정적 실체實體가 없는 상태'를 말한다. 이를 좀 더 풀이하여 설명하자면, 현상계의 모든 존재는 연기緣起에 의해 아주 복잡한 관계성을 가지고 있기 때문에, 일체의 만물은 각기 독립적 또는 고정적으로 존재하는 것이 아니므로 '고정적 실체가 없다(무아無我)'라고 말하는 것이다.

이와 같은 공의 이치를 체득하기 위한 수행 방법을 불교에서는 '공관空觀'이라 하며, 이 공의 이치를 깨달으면 열반을 얻을 수 있다고 설한다.

공사상은 흔히 '무無'라는 말로도 표현되는데, 많은 불자들이 이를 인생의 허무함을 뜻하는 것이라고 이해하는 것 같다. 그러나 공空 또는 무無는 단지 허무함을 뜻하는 것이 아니다.

수많은 불자들에게 잘 알려져 있고, 늘 암송되고 있

는 《반야심경》은 공사상을 압축하여 보여주고 있다. 《반야심경》에는 유명한 '색즉시공色即是空 공즉시색空即是色'이란 구절이 있다.

색色이란 눈에 보이는 모든 물체, 즉 모든 물질적 존재를 말한다. 공이란 모든 것은 조건, 즉 인연들이 모여서 생긴 것이므로 그것들에는 고정성·영원불변성이 없음을 말한다. 따라서 '색즉시공 공즉시색'이란, 모든 것은 그 자체로서 독립적·고정적으로 존재하는 것이 아니라, 수많은 조건들에 의해 존재한다는 뜻이다. 이것을 '진공묘유眞空妙有'라고 한다.

불교의 공사상을 단지 '아무것도 없다'라든가 '모든 것은 아무런 의미도 가치도 없다'라는 등 허무적으로 이해하여, 자신의 삶에 대한 자세를 허약하게 해서는 안 될 것이다.

2) 연기설이란

불교의 핵심적 사상으로, '모든 물질적 존재와 정신

적 현상은 여러 가지 원인과 조건에 의해 생겨나거나 존재한다'는 원리를 말한다.

흔히 우리가 쓰는 '인연因緣'이나 '인과因果'라는 말도 원래의 뜻은 여기에서 온 것이다. 이 연기緣起 사상에는 존재론적인 측면과 실천론적인 측면이 있다.

존재론적 측면은, 인간과 사회를 포함한 외부적 사실 세계에서의 존재와 현상의 시간적 · 공간적 · 논리적 관련성을 밝히는 것을 말한다. 구체적으로는 그 무엇이든 다른 것과의 관련 속에서 발생하거나 존재함을 내용으로 한다.

실천론적인 측면은 불교의 인간관과 수행론이 결부되는데, 이 측면이 불교 연기설의 기본적이고 중심적인 내용을 이룬다. 또한 여기에서 비로소 인간 삶의 문제를 구체적으로 해결하려는 불교의 종교성이 부각된다.

불교에서 바라보는 기본적인 인간관은 '고苦'라는 개념으로 정의될 수 있다. 다시 말하면, 일상적인 우리 인간들의 삶은 괴로움과 불만의 연속이며, 비록 즐거움이 있다 할지라도 이는 일시적일 뿐 결코 영속적이지 않다는 것이다.

다만 불교에서는 이러한 상태에서 벗어나기 위한 노력과 실천의 방법이 강구되고 제시된다. 그리하여 우리의 삶이 어떠한 모습으로 영위되는가에 대한 관찰이 진행되고, 이 관찰의 결론으로써 정리된 것이 연기설이라 할 수 있다.

이 연기설 자체도 불교의 역사와 함께 내용과 이름을 조금씩 달리하여 설해지고 있는데, 그 가운데 가장 대표적으로 꼽히는 것이 열두 항목으로 구성되어 있는 '십이연기十二緣起' 설이다.

3) 십이연기설十二緣起說

존재의 기본적 구조 내지는 '인간의 괴로움과 번뇌가 어떻게 하여 성립되는가'라는 문제를 고찰하고 고통의 원인을 추구하여 그 인과 관계를 열두 항목으로 분류한 것이다.

우리가 불교를 믿고 공부하는 것은, 십이인연에서 말하는 괴로움과 생사 윤회의 근본 원인인 무명無明을 끊고 해탈解脫을 얻기 위함이다.

① 무명無明

인생이나 사물의 본래 모습에 대해 분명히 알지 못하는 것. 즉 존재하는 모든 것은 그 무엇도 고정적인 것이 없으며(無我) 끊임없이 변화한다(無常)는 사실을 올바로 알지 못하는 것으로, 모든 고통과 번뇌의 근본 원인이 된다.

② 행行

무명을 원인으로 하여 생긴 것으로서, 우리가 몸과 입과 마음으로 짓는 잘못된 행위와 그러한 행위에 의해 생긴 습관력을 말한다.

③ 식識

행을 원인으로 하여 생긴 식별 작용 또는 인식 작용을 말한다.

④ 명색名色

식을 원인으로 하여 생긴 물질(몸)과 정신(마음)을 말한다.

⑤ 육처六處

명색을 원인으로 하여 생긴 눈·귀·코·혀·몸·마음의 여섯 가지 감각과 지각知覺 능력을 말한다.

⑥ 촉觸

육처를 원인으로 하여 생긴 감각과 대상의 접촉을 말한다.

⑦ 수受

촉에 의해 일어나는 고통과 즐거움 등에 대한 감수感受 작용을 말한다.

⑧ 애愛

'갈애渴愛'라고도 하며, 수에 의해 일어난 고통과 즐거움을 느끼며, 좋은 것에는 강하게 집착하고 싫은 것은 피하려는 마음이 일어나는데, 이러한 갈애의 욕구를 모두 애라고 한다.

⑨ 취取

애로 인하여 밖으로 나타난 실제적 행위 또는 집착을 말한다.

⑩ 유有

취에 의하여 일어난 생존 또는 현상적 존재를 말한다.

⑪ 생生

유에 의해 일어난 것으로 다시 태어나는 것을 말한다.

⑫ 노사老死

생이 있음으로 인하여 그 후에 태어나고, 늙고, 병들어 죽어가는 것을 말한다.

◎ 경전에 설해진 연기

이와 같이 나는 들었다.

어느 때 부처님께서는 슈라바스티의 제타숲 외로운 이 돕는 동산에 계시면서 비구들에게 말씀하셨다.

"지금 인연법을 설명하리니 잘 기억하고 그 행을 닦아 익히라."

그때에 비구들은 부처님 분부를 받았다. 세존께서 말씀하셨다.

무명無明**이란 무엇인가.** 괴로움을 모르고 그 집기 集起와 그 멸함과 그 멸하는 길을 모르는 것이니, 이것을 무명이라 하느니라.

결합(行)**이란 무엇인가.** 결합에는 세 가지가 있다. 어떤 것이 셋인가. 이른바 몸·입·의지의 행이니, 이것을 결합이라 하느니라.

식별(識)**이란 무엇인가.** 여섯 가지 식별이니, 여섯 가지란 이른바 눈·귀·코·혀·몸·의지의 식별이다. 이것을 식별이라 하느니라.

이름(名)**이란 무엇인가.** 이른바 네 가지 색이 없는 근간根幹이니, 즉 느낌·생각·결합·식별의 근간이다. 이것을 명名이라 하느니라.

색色**이란 무엇인가.** 사대四大와 사대로 이루어진 몸이니, 이것을 색이라 하느니라. 이름은 각각 다르니, 명과 색이라 하느니라.

여섯 가지 감각기관(六處)이란 무엇인가. 주관적인 여섯 가지 감각기관이니, 이것은 눈·귀·코·혀·몸·의지의 감각기관이다. 이것을 여섯 가지 감각기관이라 하느니라.

부딪침(觸)이란 무엇인가. 여섯 가지 부딪침이니, 여섯 가지란 눈·귀·코·혀·몸·의지의 부딪침이다. 이것을 부딪침이라 하느니라.

느낌(受)이란 무엇인가. 세 가지 느낌이다. 어떤 것이 세 가지인가. 즉 즐거운 느낌, 괴로운 느낌, 괴롭지도 않고 즐겁지도 않은 느낌이다. 이것을 느낌이라 하느니라.

갈애(愛)란 무엇인가. 세 가지 갈애이니, 어떤 것이 세 가지인가. 애욕의 갈애, 존재의 갈애, 존재 없음의 갈애이니라.

취함(取)이란 무엇인가. 네 가지 취함이니, 어떤 것이 네 가지인가. 즉 탐욕의 취함, 소견의 취함, 계율의 취함, '나'의 취함이다. 이것을 네 가지 취함이라 하느니라.

존재(有)란 무엇인가. 세 가지 존재이니, 어떤 것이 세 가지인가. 애욕의 존재, 색의 존재, 색이 없는 존재이다. 이것을 존재라 하느니라.

생(生)이란 무엇인가. 생이란 어느 집의 태에 들어 갖가지 존재를 받아 다섯 근간을 얻고, 여섯 가지 감각 기관을 받는 것이다. 이것을 생이라 하느니라.

늙음(老)이란 무엇인가. 중생들의 몸에서 이가 빠지고, 머리털이 세며, 기력이 쇠하고, 감관感官이 무르녹으며, 수명이 날로 줄어들어 본래의 정신이 없는 것이다. 이것을 늙음이라 하느니라.

죽음(死)이란 무엇인가. 중생들이 받은 몸의 온기가 없어지면서 덧없이 변하여 다섯 친척이 각기 흩어지며, 다섯 근간의 몸을 버리고 목숨이 끊어지는 것이니, 이것을 죽음이라 한다. 비구들이여, 마땅히 알라. 그러므로 늙고 병들어 죽는 것이라 하느니라.

이것이 인연법으로서 그 이치를 자세히 설명한 것이다. 모든 부처 여래가 큰 자비를 일으켜 베풀어야 할 일을 나는 이제 마쳤다. 너희들은 나무 밑이나 노지露地에서나 혹은 무덤 사이에서 이것을 생각하고 좌선을 하면서 두려워하거나 어렵게 생각하지 마라. 지금 부지런히 힘쓰지 않으면 후회하여도 소용이 없느니라."

······ 중략 ······

그때에 비구들은 부처님 말씀을 듣고 기뻐하며 받들어 행하였다.

《증일아함경 48》

연기법 게송

이것이 있으므로 저것도 있고,
이것이 일어나므로 저것도 일어난다.
이것이 없으면 저것도 없고,
이것이 소멸되면 저것도 소멸된다.

《잡아함경》

9. 중도中道 사상과 팔정도八正道

1) 중도中道 사상

중도란 불교의 기본적인 삶의 방식 내지는 사고방식을 나타내는 말로, '두 극단을 떠나 어느 한편으로 치우치지 않는 바른 길'을 뜻한다.

불교에서는 일반적으로 세상 사람들은 두 가지의 극단적인 입장에 빠져 있다고 본다. 하나는, 이 삶은 한 번으로 끝나므로 자신의 욕구와 즐거움을 가능한 한 마음껏 추구해야 된다는 쾌락주의적 입장이다. 다른 하나는, 그러한 쾌락은 결국 허무虛無하며, 현세적 삶 자체도 그다지 큰 의미가 없다는 염세주의厭世主義 내지는 고행주의적 입장이다.

부처님은 이러한 생활 태도는 올바르지 못하며 이러한 방법으로는 열반을 얻을 수 없다고 설하시고, 삶의 진실된 모습을 올바로 보고 생활할 것을 권하신다. 이러한 가르침을 '고락중도苦樂中道'라고 하는데, 이것은 윤리적 측면에서 본 것이라 할 수 있다.

한편 철학적인 측면에서 설명하기도 하는데, 모든 존재와 현상은 영원히 변하지 않는 모습으로 존재한다는 입장과 그것들은 영원하지 않아서 사라져 없어진다는 두 입장을 떠난 것으로, 이것을 '유무중도有無中道' 또는 '단상중도斷常中道'라고도 한다.

부처님은 이처럼 극단적인 생각과 생활 태도를 피하라고 가르치심과 동시에 열반을 얻기 위한 중도의 구체적 실천 방법으로 여덟 가지의 올바른 방법, 즉 팔정도八正道를 설하고 있다.

흔히 우리는 어떤 일을 결정할 때 한쪽 측면밖에 보지 못하거나, 사회생활을 하면서도 자신의 입장이나 주장만을 고집하기 쉽다. 불교에서 말하는 중도의 입장이란, 이것도 아니고 저것도 아닌 불확실하고 어정쩡한 입장을 취하는 것이 아니다. 그 둘을 포함할 수 있으면서도 초월한 보다 높은 차원의 입장, 즉 진리의 입장에서 도리를 올바로 판단하는 것을 말한다. 그러므로 중도의 실천은 소극적이라기보다는 오히려 적극적인 방법이며,

적극 권장하여야 할 수행법이다.

◎ 경전에 설해진 중도

이와 같이 나는 들었다.

어느 때 부처님께서는 라자가하성 칼란다 대나무 동산에 계셨다. 때에 집을 나온 바차 종족의 한 사람이 부처님께 나아가 합장하고 문안問安 인사를 드린 뒤에 한쪽에 물러앉아 여쭈었다.

"어떠하나이까. 세존이시여, 내我가 있습니까?"

이때에 세존께서는 잠자코 대답하지 않으셨다. 그렇게 두 번 세 번 물었으나 세존께서는 여전히 대답하지 않으셨다.

그때 바차는 생각하였다. '나는 세 번이나 물었으나 사문 고타마(부처님의 성씨)는 대답하지 않으신다. 나는 그만 돌아가리라.' 그때에 존자 아난이 부처님 뒤에서 부채로 부쳐 드리고 있다가 여쭈었다.

"세존이시여, 저 바차가 세 번이나 여쭈었는데 세존께서는 왜 대답을 하지 않으시나이까. 그것은 저 바차로 하여금 '이 사문은 내가 묻는 것을 대답하지 못한다'라는 잘못된 생각을 더하게 하지 않겠나이까?"

부처님께서 아난에게 말하셨다.

"내가 만일 '나(我)'가 있다고 대답한다면 그가 가진 삿된 소견所見을 더하게 할 것이요, 만일 내가 '나'는 없다고 대답한다면 그가 가진 의혹疑惑을 더하게 하지 않겠느냐. 본래부터 '나'가 있었는데 지금 끊어졌다고 말하여야 하는가. 만일 본래부터 '나'가 있었다고 한다면 그것은 곧 상견常見이요, 지금 끊어졌다고 한다면 그것은 곧 단견斷見이다. 여래는 그 두 극단을 떠나 중도에 서서 설법한다. 이른바 '이것이 있기 때문에 저것이 있고, 이것이 일어나기 때문에 저것이 일어나는 것이다'라고. 즉 무명無明을 연緣하여 결합이 있고, 생로병사와 근심·슬픔·고통·번민이 있느니라. 만약 무명을 끊는다면 결합(行)이 없어지고, 생로병사와 근심·슬픔·고통·번민이 멸하느니라."

부처님께서 이 경을 말씀하시자, 존자 아난은 그 말씀을 듣고 기뻐하며 받들어 행하였다.

《잡아함경 34》

2) 팔정도八正道

팔정도八正道는 불교의 대표적인 실천 방법으로, 최상의 깨달음에 도달하기 위한 여덟 종류의 바른 생활 태도 내지는 실천 덕목을 말한다. 원래는 해탈의 경지에 들어가기 위한 수행법을 가리키나, 우리의 일상생활에도 쉽게 적용할 수 있다.

① 정견正見

'올바른 견해'를 말한다. 구체적으로는 불교의 올바른 세계관이나 인생관으로서 연기緣起나 사제四諦(苦·集·滅·道)에 대한 올바른 지혜이다. 그러나 아직 이러한 지혜가 확립되지 않은 일반 사람들의 입장에서 보면 '올바른 신앙'이라 할 수 있다. 일상생활에 있어서의 정견은, 무언가 일을 하려고 할 때 그 일에 대한 전체적인 계획이나 예측이라고 할 수 있다. 즉 편견偏見이나 사심 없이 올바르게 사물을 대하는 마음가짐을 말한다.

② 정사유正思惟

몸과 마음으로 행동을 하기 전의 '올바른 의사' 또는

'올바른 결의'를 말한다. 즉 부드럽고 자비하고 깨끗한 마음으로 생각하는 것을 뜻한다. 일상생활에서는 직장인이나 사업가 또는 학생 등이 자신의 입장을 항상 올바로 생각하여 의사를 결정하는 것이 정사유이다.

③ 정어正語

'올바른 언어 행위'를 말한다. 즉 거짓말, 남을 헐뜯거나 이간질하는 말, 필요 없는 말을 피한다. 진심어린 말, 남을 존중하며 화합시키는 유익한 말을 하는 것이 정어이다.

④ 정업正業

'올바른 신체적 행위'를 말한다. 즉 살생이나 도둑질, 불륜한 행위를 피한다. 모든 생명을 사랑으로 보호하며, 자선慈善을 행하고, 성도덕을 지키는 등 선행善行하는 것이 정업이다.

⑤ 정명正命

'올바른 생활'을 말한다. 일상생활에서는 매일 규칙적으로 올바르게 살아감으로써 건강을 증진하고, 일의 능률을 높이며, 경제생활과 가정생활이 건강하게 이루어지도록 하는 것이 정명이다.

⑥ **정정진**正精進

'용기를 가지고 올바르게 노력하는 것'을 말한다. 즉 정진이란 진리를 성취하기 위해 노력하는 것으로서 종교적·윤리적·경제적·육체적 건강 등 모든 면에서 선善을 증대시켜 이와 반대되는 악惡을 멸하고 제거하기 위한 노력을 가리킨다.

⑦ **정념**正念

'올바른 의식'을 갖고 목표를 언제나 잊지 않는 것이다. 즉 무상無常·고苦·무아無我 등을 항상 염두에 두고 잊지 않는 것이다.

⑧ **정정**正定

'정신 통일'을 뜻하며, 사선정四禪定(선 수행을 통해 올라가는 수행의 단계)을 말한다. 비록 일반인들에게는 사선정과 같은 정식의 선정은 얻기 어려울지 모르나, 일생생활에 있어서도 마음을 가라앉히고 정신을 집중시키는 것은 올바른 지혜를 얻거나 그것을 적절히 활용하기 위해 필요하다.

◎ 경전에 설해진 팔정도

이와 같이 나는 들었다.

어느 때 부처님께서는 슈라바스티의 제타숲 외로운 이 돕는 동산(기원정사)에 계시면서 여러 비구들에게 말씀하셨다.

"삿됨과 바름이 있으니 자세히 듣고 잘 생각하라. 너희들을 위해 설명하겠다. 어떤 것이 삿됨인가. 삿된 견해見解와 나아가서는 삿된 선정禪定이다. 어떤 것이 바름인가. 바른 견해와 나아가서는 바른 선정이다.

어떤 것이 바른 견해(正見)인가. 보시布施가 있고 여래의 교설과 재齋가 있으며, 선한 행위와 악한 행위, 선하고 악한 행위의 갚음이 있고, 이 세상과 다른 세상이 있고, 부모가 있고, 중생의 태어남(生)이 있다고 말하는 것이다. 또한 아라한이 열반으로 잘 향하고 잘 이르러 이 세상과 다른 세상에서 스스로 알고 증득하여 나의 태어남은 이미 다하고(我生已盡), 범행은 이미 서며(梵行已立), 할 바를 모두 마친(所作已作) 곳에 완전히 머물러 뒤의 몸을 받지 않음

(不受後有)을 스스로 안다고 말하는 것이다.

어떤 것이 바른 뜻(正思惟)인가. 탐욕을 여읜 뜻, 성냄이 없는 뜻, 해치지 않는 뜻이다.

어떤 것이 바른 말(正語)인가. 거짓말, 두말, 험한 말, 꾸민 말을 떠난 것이다.

어떤 것이 바른 행위(正業)인가. 살생과 도둑질과 사음을 떠난 것이다.

어떤 것이 바른 생활(正命)인가. 의복 · 음식 · 와구 · 탕약을 여법하게 구하고, 법답지 않게 구하지 않는 것이다.

어떤 것이 바른 방편(正精進)인가. 하고자 함(欲)과 정진精進의 방편이니, 번뇌를 떠나보내기 위해 부지런하고 조심하여 항상 물러섬이 없이 행하는 것이다.

어떤 것이 바른 생각(正念)인가. 진리를 수순하는 생각이니, 헛되고 망령되지 않은 것이다.

어떤 것이 바른 선정(正定)인가. 마음을 어지럽지 않은 곳에 머물러 두고 굳게 거두어 가져 고요히 삼매에 든 한 마음이다."

부처님께서 이 경을 말씀하시자, 여러 비구들은 그 말씀을 듣고 기뻐하여 받들어 행하였다.

《잡아함경》〈사정경邪正經〉

10. 사성제四聖諦

부처님께서는 최초의 중도적 입장에서 설법을 설하셨다. 네 가지 성스러운 진리, 즉 사성제四聖諦가 그것이다.

◎ 경전에 설해진 사성제

이와 같이 나는 들었다.

어느 때 부처님께서는 슈라바스티 국제타숲 외로운 이 돕는 동산(기원정사)에 계시면서 여러 비구들에게 말씀하셨다.

"네 가지 진리의 법을 닦아 행하라. 어떤 것이 네 가지인가.

첫째는 괴로움(苦)의 진리이니, 그 이치는 끝이 없어서 생각으로 도달할 수도 없고 말로도 다할 수 없다.

둘째는 괴로움의 집기集起의 진리이니, 그 이치는 끝이 없어서 생각으로도 다할 수 없고 말로도 다

할 수 없다.

셋째는 괴로움의 멸함(滅)의 진리이니, 그 이치는 끝이 없어서 생각으로도 다할 수 없고 말로도 다할 수 없다.

넷째는 괴로움의 멸함에 이르는 길(道)의 진리이니, 그 이치는 끝이 없어서 생각으로도 다할 수 없고 말로도 다할 수 없느니라.

어떤 것이 괴로움의 진리인가(苦聖諦)

생로병사의 괴로움, 근심·슬픔·번민의 괴로움, 미워하는 이와 만나는 괴로움, 구하는 것을 얻지 못하는 괴로움이다. 한마디로 모든 오온五蘊에 집착하는 괴로움이다. 이것을 괴로움의 진리라 하느니라.

어떤 것이 괴로움의 집기의 진리인가(集聖諦)

애정이 탐욕과 어울려 마음이 항상 집착하는 것이니, 이것을 괴로움의 집기의 진리라 하느니라.

어떤 것이 괴로움의 멸함의 진리인가(滅聖諦)

애욕이 아주 없어져 남음이 없고 다시는 새로 일어나지 않는 것이니, 이것을 괴로움의 멸함의 진리라 하느니라.

어떤 것이 괴로움의 멸함에 이르는 길의 진리인가

(道聖諦)

성현의 여덟 가지 길이니, 이른바 바른 소견(正見)·바른 생각(正思)·바른 말(正語)·바른 업(正業)·바른 생활(正命)·바른 노력(正精進)·바른 기억(正念)·바른 집중(正定)을 말한다. 이것을 괴로움의 멸함에 이르는 길의 진리라 하느니라.

비구들이여, 이와 같이 네 가지 진리는 진실함이요, 허망하지 않고, 세존의 말씀이기 때문에 진리라 한다. 그러나 이것을 깨닫지 못하면 언제나 나고 죽음 속에 있어서 다섯 길을 윤회하게 된다. 이제 나는 이 네 가지 진리를 얻었기 때문에 이 언덕(此岸)에서 저 언덕(彼岸)으로 갔으며, 이 진리를 성취하였기 때문에 나고 죽는 근본을 끊어, 다시는 후생 몸을 받지 않을 줄을 여실히 알았느니라."

······ 중략 ······

그때 비구들은 부처님 말씀을 듣고 기뻐하며 받들어 행하였다.

《증일아함경 17》

11. 삼법인三法印 · 사법인四法印

법인法印이란 '법의 표시' 내지는 '법의 특징'을 뜻하는 것으로, 불교의 가르침을 가장 특징적으로 나타내는 것을 말한다. 일반적으로는, 제행무상諸行無常 · 일체개고一切皆苦 · 제법무아諸法無我 · 열반적정涅槃寂靜의 사법인설과 이 가운데 일체개고를 뺀 삼법인설이다.

① 제행무상諸行無常

일체의 현상(諸行)은 한순간도 멈추지 않고 끊임없이 '무상無常'하게 생멸변화生滅變化함을 말한다. 물질이 항상 변화하여 고정적이지 않다는 것은 현대의 자연과학에 의해서도 증명된 바이며, 정신적인 현상 또한 마찬가지임을 쉽게 알 수 있다.

이처럼 나 자신의 몸과 마음은 물론, 나의 재산 · 지위 · 명예 등 세상에 영원한 것은 하나도 없다. 그것들은 끊임없이 변화하는 과정 속에 찰나적인 것이다.

그러므로 우리는 집착하는 마음을 버리고 겸허하게 남을 생각하는 마음을 가져야 한다. 또한 현재가 무상하기 때문에 오히려 지금의 한 순간 한 순간을 열심히 올바르게 살아가야 할 것이다.

② 일체개고一切皆苦

번뇌 속에서 헤매는 범부凡夫에게 일체의 현상은 고통임을 말한다. 왜냐하면 모든 현상과 존재는 순간순간 변화하고 생멸生滅하는 무상한 것이기 때문이다.

불교는 이러한 상태를 벗어나기 위한 노력과 함께 진리를 체득하는 방법을 강조하여 설하고 있다.

③ 제법무아諸法無我

모든 물질적 · 정신적인 존재(諸法)는 '무아無我', 즉 '나'라고 집착할 만한 존재가 없다. 영원불변한 본체나 성질을 갖고 있지 않음을 말한다. 흔히 우리는 변하거나 멸하지도 않는 영혼이나 신과 같은 절대적인 존재가 있다고 생각한다.

불교에서는 이러한 것을 부정하며, 어떠한 존재이건 여러 가지 조건들이 모여서 생긴 것에 불과하다고 설한다. 이 '무아'를 다른 말로는 '공空' 또는 '무無' 또는 '연기緣起'라고도 한다.

④ **열반적정**涅槃寂靜

모든 무명無明과 번뇌가 사라지고, 괴로움이 없는 최고의 평온한 경지를 말한다. 여기서 열반이란 '불어서 끄다'라는 뜻을 가진 범어 '니르바나nirvana'에서 나온 말이다. 탐욕과 화냄과 어리석음의 삼독三毒에 의해서 생겨난 모든 번뇌의 불꽃을 불어서 꺼버린 상태를 말한다. 이러한 열반의 상태는 평온하고 안락하여 '적정寂靜'이라고도 한다.

우리들은 열반의 세계, 즉 해탈 열반에 이르기 위하여 끊임없이 정진하고 수행하는 것이다.

지혜로운 이를 만나는 것은 행복한 일이다.
현명한 사람과 함께 있으면
기쁨이 넘쳐 강물로 흐른다.
그러므로 그의 곁에서 진정한 행복을 찾으라.

《법구경》

12. 업業

업業은 원래 행위나 작용을 뜻하는 말로, 우리가 몸과 입과 마음으로 짓는 모든 행위를 가리키며, 나아가서는 그러한 행위로 인해 생긴 영향력을 가리킨다. 흔히 우리가 쓰는 '자업자득自業自得'이니 '업보業報'니 하는 말 가운데 '업'도 같은 의미이다.

고대 인도인들은, 무언가 좋은 일을 하면 금생今生에서 아니면 내생來生에서 좋은 결과를 얻게 되고, 나쁜 일을 하면 그 행위가 영향력으로 남아서 나중에 반드시 나쁜 결과로 나타난다고 믿었다. 따라서 현재의 행복이나 불행을 비롯하여 자신이 처한 모든 상황은 과거에 자신이 지은 행위의 결과이며, 부처님께서도 "그 누구든 자신이 지은 행위의 결과를 피할 수는 없다(定業難免)"고 말씀하셨다.

불교에서 업業 사상을 이야기하는 것은 죽은 후(死後)의 행복이나 불행을 심판하기 위함도 아니고, 전생의 선악을 비추어보기 위함도 아니다. 현재 우리의 삶은 과거 자신의 업의 결과라고 볼 수 있으나, 그렇다고 인간이 업의 노예인 것은 아니다.

업은 자기 자신이 짓는 것이며, 인간은 과거의 업장 業障을 소멸시키고 제어할 능력을 갖고 있기 때문이다. 우리의 행복과 불행은 자기 자신의 책임 하에 결정되는 것이다. 자신의 의지에 의한 행위로 스스로 행복과 불행의 길을 선택할 뿐이다.

업의 힘에 굴복하여 희망과 노력을 포기할 필요는 없다. 더욱 많은 선행과 청정한 생활로 스스로 업장을 소멸할 수 있도록 노력하는 것이 업에 대한 올바른 이해이다.

불교에서는 열 가지 착한 업(善業)을 권장하며, 이는 계율과 연관이 있다. 경전을 통해서 열 가지 나쁜 업에 대해 설하시는 부처님의 말씀을 들을 수 있다.

◎ 경전에 설해진 업

이와 같이 나는 들었다.

어느 때 부처님께서 슈라바스티의 제타숲 외로운 이 돕는 동산에 계셨다. 그때에 세존께서는 여러 비구들에게 말씀하셨다.

"만일 일부러 짓는 업이 있으면, 나는 반드시 그 과보果報를 받되 현세에서 받거나 후세에서 받는다고 말한다. 만일 일부러 지은 업이 아니면, 나는 반드시 그 과보를 받지 않는다고 말한다. 그중에는 몸으로 일부러 짓는 세 가지 업(身口意三業)이 있다. 그것은 선하지 않아 괴로움의 결과를 주고 괴로움의 과보를 받게 한다. 입에는 네 가지 업이 있고, 뜻에는 세 가지 업이 있다. 그것은 선하지 않아 괴로움의 결과를 주고 괴로움의 과보를 받게 한다.

몸으로 일부러 짓는 세 가지 나쁜 업(身業)이 있으니, 그것은 선하지 않아 괴로움의 결과를 주고 괴로움의 과보를 받게 한다.

첫째는 산목숨을 죽이는 것(殺生)이다. 지극히 악해 피를 마시고 해치고자 하며, 중생과 곤충까지도 사랑하지 않는다.

둘째는 남이 주지 않는 것을 취하는 것(偸盜)이다. 남의 재물에 집착하여 도둑질할 뜻으로 취하는 것이다.

셋째는 사음邪淫을 하는 것이나. 그에게는 아버지의 보호하는 바 있고, 혹은 어머니의 보호하는 바 있고, 혹은 부모의 보호하는 바 있으며, 혹은 자매의 보호하는 바 있고, 혹은 형제의 보호하는 바 있으며, 혹은 아내의 부모가 보호하는 바 있고, 혹은 친척親戚의 보호하는 바 있으며, 혹은 같은 성姓의 보호하는 바 있고, 혹은 남의 부녀로서 채찍의 벌을 받는 두려움이 있으며, 이름을 빌린 여자 내지 화환으로 장식한 여자가 있으니, 이러한 여자를 범하는 것이다.

이것을 몸으로 일부러 짓는 세 가지 업(身業)이라 하고, 그것은 선하지 않아 괴로움의 결과를 주고 괴로움의 과보를 받게 하는 것이니라.

입으로 일부러 짓는 네 가지 나쁜 업(口業)으로서, 선하지 않아 괴로움의 결과를 주고 괴로움의 과보를 받게 하는 것은 무엇인가.

　첫째는 <u>거짓말(妄語)</u>하는 것이다. 그는 대중 가운데 있거나 권속들 가운데 있거나 혹은 왕가王家에 있다. 만일 그를 불러 '너는 알거든 곧 말하라'고 물으면, 그는 모르면서 안다 하고 알면서 모른다 하며, 보지 않은 것을 보았다 하고 본 것을 보지 않았다 하며, 자기를 위하거나 남을 위해 혹은 재물을 위해 알면서 거짓말을 하는 것이다.

　둘째는 <u>이간하는 말(兩舌)</u>을 하는 것이다. 이간질하는 말은 남을 갈라서게 한다. 여기서 듣고 저기에 말해 이것을 부수고자 하고, 저기서 듣고 여기에 말해 저것을 부수고자 한다. 모인 사람들을 떠나게 하고 떠난 자는 다시 또 떠나게 한다. 그러면서 당파黨派를 즐기며 당파를 칭찬해 말한다.

　셋째는 <u>악한 말(惡口)</u>이다. 그가 만일 말을 하면, 말 기운은 추악하고 악한 소리는 귀에 거슬려, 여럿이 기뻐하지 않고 여럿이 사랑하지 않으며, 남을 괴롭게 하여 안정을 얻지 못하게 한다. 그는 이러한 말을 한다.

　넷째는 <u>꾸며대는 말(綺語)</u>이다. 그는 때(時)가 아닌

데 말하고, 진실이 아닌 것을 말하며, 뜻이 없는 것을 말하고, 법이 아닌 것을 말하며, 지식知識이 아닌 것을 말한다. 또 지식 아닌 일을 칭찬하고, 때를 어기어 잘 가르치지 않으며, 잘 꾸짖지도 않는다.

이것을 입으로 일부러 짓는 네 가지 업(口業)이라 하고, 그것은 선하지 않아 괴로움의 결과를 주고 괴로움의 과보를 받게 하는 것이니라.

의지로 일부러 짓는 세 가지 나쁜 업(意業)으로서, 선하지 않아 괴로움의 결과를 주고 괴로움의 과보를 받게 하는 것은 무엇인가.

첫째는 탐냄(貪愛)이다. 남의 재물과 모든 생활의 기구를 항상 엿보고, 구하고 바라 나의 소득으로 만들고자 한다.

둘째는 미워하고 성내는 것(瞋)이다. 마음에 미움을 품어 이런 생각을 가진다. '중생은 죽어야 하고 묶어야 하며, 재물을 빼앗아야 하고 파면시켜야 하며, 배척해 쫓아내야 한다.' 그래서 그로 하여금 한량없는 괴로움을 받도록 한다.

셋째는 삿된 소견(痴暗)이다. 그의 소견은 거꾸로 되어 이와 같이 보고 저와 같이 말한다. 나눔(布施)도 없고 공양(齋)할 줄도 모르며, 주설呪說도 없다. 선과 악의 업도 없고 선악 업의 과보도 없으며, 이 세상과 저 세상도 없다. 아비도 없고 어미도 없다. 세상에는 진인眞人이 사는 좋은 곳도 없고, 이 세상 저 세상에 잘 가고 잘 향하며, 스스로 알고 스스로 깨달으며, 스스로 증득하고 성취하여 노니는 것도 없다.

이것을 의지로 일부러 짓는 세 가지 업(意業)이라 하고, 그것은 선하지 않아 괴로움의 결과를 주고 괴로움의 과보를 받게 하는 것이니라."
…… 중략 ……

부처님께서 이렇게 말씀하시니, 여러 비구들은 부처님 말씀을 듣고 기뻐하며 받들어 행하였다.

《중아함경 3》

13. 윤회輪廻와 해탈解脫

1) 윤회설輪廻說

사후死後 세계에 대한 관심은 시대와 장소를 불문하고 전 인류에게 공통된 것이었는데, 고대인들은 사람이 죽으면 몸뚱이는 썩어 없어지더라도 영혼은 다시 이 세상에 돌아온다고 생각하였다. 특히 인도에서는 이러한 관념이 크게 발전하여 체계화되었다.

고대 인도의 문헌에 설해진 오화이도설에는, 올바른 태도로 생활한 사람은 사후死後에 달의 세계에 가서 금생今生에서 쌓은 선업의 과보를 누린 뒤에 비가 되어 다시 이 세상에 돌아온다고 한다. 그리하여 식물로 나서 인간에게 섭취되고, 정자가 되어 태내에 들어가 새로운 신체로서 재생한다. 한편 악한 생활을 한 사람은 동물이나 곤충이 되어 태어난다고 한다.

〈오화이도설五火二道說〉

이상이 인도에 전해 내려오는 윤회의 내용인데, 불교에서는 이러한 관념을 수용하여 사상적으로 정리해 윤회의 구조를 교리화하였다. 그 대표적인 것이 육도윤회설六途輪廻說이다. 즉 우리 중생들은 미혹의 세계인 천상·인간·아수라·축생·아귀·지옥의 여섯 갈래 길(六途)을 헤매면서 고통을 받는다는 것이다.

육도 가운데 천상은 인간보다 뛰어난 신神들이 사는 세상인데, 비록 그러한 세상에 태어났다 할지라도 수명壽命이 다하면 결국은 죽는다. 그래서 또다시 다른 세상에 태어나 생로병사의 공포와 윤회의 고통을 맛보아야만 한다.

불교는 수행을 통하여 이러한 육도윤회의 세계에서 하루 빨리 벗어나, 행복의 세계이며 안온한 경지인 해탈 열반에 이르는 것을 목적으로 하고 있다.

2) 해탈解脫

세계의 모든 종교는 늙음이나 질병, 또는 죽음이 없는 안락安樂한 경지를 추구한다. 불교에서 말하는 윤회의 세계, 즉 인간 세계는 물론 천상의 세계라 할지라도 죽음에 대한 공포가 항상 뒤따르는 세계이다. 이 생사의 반복인 윤회의 굴레에서 벗어나는 것을 불교에서는 '해탈'이라 한다.

해탈이란 '자유로이 되는 것'을 뜻하며, 이 세상에서 맛보아야만 하는 걱정·슬픔·병듦·늙음·죽음 등의 모든 고통에서 벗어나 자유롭고 안락한 경지에 이르는 것을 말한다. 이러한 경지를 다른 말로는 '열반涅槃'이라고도 표현하는데, 부처님이 출가 수행하여 얻으신 경지가 바로 이것이다.

이렇게 볼 때 해탈이야말로 불교에서 추구하는 궁극의 목표라 할 수 있다. 우리는 흔히 해탈이니 열반이니 하는 것은 너무나 어려워서 자신과는 거리가 먼 것으로 생각하기 쉽다.

그러나 부처님을 비롯하여 해탈의 경지에 도달한 분들이 실제로 많이 있으며, 불교에서는 팔정도·육바라밀 등 해탈을 얻기 위한 구체적인 방법들도 다양하게 제시하고 있다.

그러므로 모든 것은 현재 나의 결심과 행동에 달려있음을 알고, 해탈 열반을 향하여 올바르고 보다 나은 삶을 위해 애써 정진해야 할 것이다.

14. 육바라밀六波羅蜜

바라밀은 범어 파라미타pramita를 옮긴 것으로, 고통의 모든 경계를 뛰어넘어 마음에 조금도 불편함이 없이 해탈자재한 대적정大寂定의 세계인 저 언덕에 도달한다 하여 '도피안到彼岸'이라고 한다. 우리가 살고 있는 현실세계는 나름대로의 고통이 항상 있으므로 이 세상을 '차안此岸'이라고 한다면, 차안의 반대편 이상세계가 '피안彼岸'이다. 이 피안에 이르는 방법이 바라밀이다.

모든 불자가 불법에 귀의한 다음 끝없이 높고 영원불변의 진리를 향해 구도의 높은 뜻을 세웠을 때, 그 높은 뜻을 성취시키는 가장 빠른 방법이 곧 여섯 가지 바라밀의 실천인 것이다.

① 보시布施
자비한 마음으로 아무런 조건 없이 베풀어라. 《금강경》에도 '아무런 조건 없이 나누어 주라(무주상보시無住相布施)'고 말씀하셨듯이, 모든 사람을 내 몸과 같이 측은하게 여기는 자비심으로 정성껏 베풀어야 한다. 어린 자녀가 필요한 것을 청하면 무엇이든지 해주고 싶은 것이 부모의 뜻이라면, 해주고 싶은 이 영역을 친한 이웃에서부터 시작하여 아무런 관계가 없는 뭇 사람에게까지 확대시키는 것이 보시의 참뜻이다.

보시의 종류에는 세 가지가 있다.

재시財施 물질적인 모든 것을 아낌없이 베푸는 것이다.

법시法施 불법을 모르는 사람에게 부처님 말씀을 깨우쳐주어 귀의하도록 하는 것이다.

무외시無畏施 5계를 잘 지키어 남을 침해하지 않고, 또 두려워하는 마음이 없도록 모든 사람에게 두려움의 근본을 확인하고 그 근본을 제거토록 하는 것이다.

∘ 보시의 실천

남을 대할 때에는 주는 마음으로 대하여라. 그리고 보수 없는 일을 연습하여라. 이것이 탐심을 제거하는 보시바라밀이니라.

② 지계持戒

불자로서 지켜야 할 5단계와 국가 사회의 법과 윤리도덕을 잘 지켜라. 계戒는 어둠을 밝혀주는 등불,

바다를 건너갈 수 있는 배, 아픈 사람에게 좋은 약, 구경 성불의 근본이다. 5계를 청정하게 지키면 항상 마음이 청정하고 집안이 화목해진다.

몸가짐을 단정히 하고 집안을 정결하게 하면 호법 신중護法神衆이 보호하여 항상 화목하지만, 반대의 경우에는 집안에 시끄러움이 그치질 않고 가족 모두가 불화不和하여 큰 발전이 없다.

○ **지계의 실천**

항상 후회하는 일을 적게 하라. 부처님처럼 참되게 살 일이니, 이것이 부끄러워하는 마음을 제거하는 지계바라밀이니라.

③ **인욕**忍辱

경제적인 어려움이나 정신적인 온갖 욕됨이 있어도 굳게 참으라. 경제적으로 견딜 수 없는 극한 상황에 이르렀다 해도, 불·보살님의 거룩하심을 잊지 말고 기도하라. 슬기롭게 참으면 다시 회복되어 자립하게 되고 큰 발전이 기약期約된다. 만약 일시적인 시련試鍊을 참지 못한다면 영원토록 회복할 수 없다. 또 자신에게 신체적인 고통과 정신적인 스트레스 등이 끝

없이 반복된다고 해도, 좌절挫折과 원한怨恨을 일으키지 마라. 오직 불·보살님의 가르침을 생각하면서 고통과 모욕됨의 근본을 고요히 살펴보면, 모든 것은 흘러가는 물과 같아서 곧 평정이 된다.

◦ 인욕의 실천

모든 사람을 부처님으로 보라. 부처님의 인욕을 배우고 깨쳐볼 일이니, 이것이 곧 성내는 마음을 제거하는 인욕바라밀이니라.

④ 정진精進

모든 일을 바르게 생각하고, 결정되면 게으름 없이 꾸준히 노력하라. 모든 것을 심사숙고하여 결정해야 하겠지만, 이왕 결정된 일은 중도中途에 포기한다든지 게으름을 피워서는 안 된다. 친구를 사귀더라도 신의信義로 서로를 위해 노력해야 한다. 이용 가치를 기준으로 친구를 사귀는 것은 불자佛子라고 할 수 없다. 설사 그 친구가 사회로부터 추방당했다고 해도, 측은惻隱해 하고 위로할지언정 이용 가치가 없어졌다고 소모품 버리듯 잊어서는 안 된다.

육바라밀을 닦음에 있어서도 마찬가지이다. 꾸준히

노력해야지, 게으른 마음으로 중도에 포기한다면 발전이 있을 수 없다.

○ 정진의 실천

옳거든 부지런히 실행하라. 쉬지 않는 실천 가운데 도道의 문이 열리나니, 이것이 게으름을 제거하는 정진바라밀이니라.

⑤ 선정禪定

자신의 안신입명安身立命을 찾아 마음을 고요히 안정하라. 오염된 강물을 정화시키기 위해서는 오염의 원인을 제거하고, 이미 오염된 물은 빨리 흘려보내야 한다. 이와 마찬가지로 우리 마음도 산란散亂한 것은 원인을 찾아 제거하고, 이미 일어난 번뇌를 제거해야 한다. 마음이 산란하지 않고 침착해야 모든 일을 잘 판단할 수 있는 지혜가 생기는 것처럼, 어떤 일을 할 때에는 다른 일에 끌려다니지 말고 그 일에만 집중해야 한다.

○ 선정의 실천

항상 마음의 중심을 잡아라. 중심이 있을 때 마음

이 안정되나니, 이것이 번뇌를 제거하는 선정바라밀
이니라.

⑥ 지혜智慧

사물의 근원과 생사生死의 근본을 볼 수 있도록 어리석지 마라. 마음이 청정하여 여여如如한 것이 부처요, 청정하도록 비춰주는 것이 법法이요, 이 모든 것을 거리낌없이 탁 트인 경계가 도道이다.

바르고 착한 것과 지혜롭고 어리석은 것 등 모든 것이 결국 우리 스스로의 마음에서 판단 분별되는 것이니, 언제나 슬기롭게 생각하여 근원을 볼 수 있는 지혜를 갖도록 노력해야 한다.

◦ 지혜의 실천

고정관념固定觀念을 버려라. 그리고 모든 것을 편견없이 보라. 이것이 무명無明을 제거하는 반야般若바라밀이니라.

15. 사무량심四無量心

① 자무량심慈無量心

어버이가 어린 자녀를 기쁘게 하여 기뻐하는 자녀의 모습에서 한없는 기쁨을 같이하고, 사랑하는 사람이 기뻐할 때 같이 기뻐하듯, 대승大乘 보살이 일체 중생을 내 몸과 같이 생각하여 수많은 중생에게 즐거움을 주려는 마음을 '자무량심'이라 한다.

자녀가 잘못하고 애인이 잘못해도 그 잘못됨을 꾸짖기보다는 잘 타일러서 자상하게 일러주는 것과 같이, 어떤 일이 있어도 성냄이 없어야 한다.
처음에는 친한 이부터 시작하여 모든 중생에게까지 그 영역을 확대하는 것이 필요하다.

② 비무량심悲無量心

어린 자녀를 두고 어버이가 세상을 떠나려고 할 때 어린 자녀가 한없이 가엾고 애틋하여 몸 둘 바가 없듯이, 대승 보살이 중생의 고통을 보고 그 고통을 벗겨주고자 할 때 한없이 슬퍼하는 마음이 '비무량심'이다.

처음에는 자무량심과 같이 친한 이부터 시작하여 점차로 그 영역을 모든 중생에게 확대해 가는 것이 바람직하다.

③ 희무량심 喜無量心

대승 보살이 중생이 번민에서 괴로워하는 것을 자신의 번민으로 승화시켜 뭇 중생으로 하여금 고통을 여의고 즐거움을 얻도록 하고, 즐거워하는 그 속에서 함께 즐거워하는 마음이 '희무량심'이다.

닦는 방법은 역시 처음에 친한 이부터 시작하여 점점 그 영역을 확대하여 간다.

④ 사무량심 捨無量心

우리가 공동의 업에 의해 대한민국이라는 한 울타리에서 태어난 것은 영겁의 인연 때문임을 알아야 한다. 그러므로 백의민족白衣民族이라는 한 맥락 속에서 뭉쳐야 함이 절실히 느껴지듯, 원수든 친한 이든 구별 없이 대승 보살이 모든 중생을 절대 평등平等하게 어여삐 여기려는 마음이 '사무량심'이다. 즉, 사사로움을 버리고 모두를 생각하는 삶이다.

수행 방법은 앞의 세 무량심과는 달리, 처음에는 평등한 마음을 자기와 아무런 관계가 없는 사람으로부터 시작하여 점차로 원수이거나 미운 이, 친한 이 할 것 없이 절대 평등한 마음을 일으키는 것이 요구된다.

다른 사람에게 충고하고자 할 때에는
때를 가려서 하고
거짓이 아니어야 하며
부드러워야 하고
인자한 마음으로 이야기하고
성난 마음으로 말하지 않는다.
《증지부경전》

16. 발원發願

발원이란 '발기서원發起誓願'의 줄임말로, 중생의 본래 모습인 상常·낙樂·아我·정淨의 본고향으로 돌아가려는 근원적인 바람과 마음의 본체인 청정무구한 부처님의 세계에 도달하려는 맹세를 말한다.

《화엄경》에 "원願을 세우지 않고 무작정 공부하는 것은, 배가 방향도 목적지도 없이 무작정 흘러가다 암초에 침몰하는 것과 같다"라고 했다. 원도 없이 공부하면 자칫 마군에게 포섭되는 결과를 초래하고 만다. 번뇌를 끊어 고요한 선정에만 안주하려는 것도 중생의 고통을 외면하는 것이 되고, 혼자 생사를 해탈하려 함도, 중생을 교화하지 않음도 마군에게 포섭된 바라고 하였다.

대원大願을 일으키는 것은 모든 보살행의 씨앗을 심는 것으로, 자비심을 길러 부처님의 종자를 끊기지 않게 한다. 도道를 이루고 중생을 교화하는 모든 힘은 깊고 넓은 원력願力에서 나오는 것이다. 그러므로 서원誓願만 있고 실행이 없으면 그 서원은 헛되고, 실행만 하고 서원이 없으면 그 실행에 방향을 잃게 된다. 서원과 실행이 함께할 때 비로소 불도佛道를 성취하게 된다.

  불자들은 반드시 커다란 서원을 세워서 맹세코 실천하겠다고 마음속 깊이 다짐하고, 발원문을 틈틈이 읽고 정진해야 한다.

사홍서원

가없는 중생을 건지오리다.
끝없는 번뇌를 끊으오리다.
한없는 법문을 배우오리다.
위없는 불도를 이루오리다.

자성의 중생을 건지오리다.
자성의 번뇌를 끊으오리다.
자성의 법문을 배우오리다.
자성의 불도를 이루오리다.

《천수경》

17. 참회|懺悔

　영명 연수 선사는 "성불의 길을 닦고자 하는 자는 반드시 참회를 행해야 한다. 몸과 마음을 비쳐 부처님께 귀명歸命하고, 비 오듯 슬피 울며 정성을 다하면 부처님의 가피加被를 받으리니, 마치 연꽃이 햇볕을 받아 활짝 피는 것과 같다."라고 하셨다.

　육조 혜능 대사는 "참懺이란 지난날에 지은 악업惡業, 즉 어리석고 교만하고 허망되고 시기 질투한 죄를 뉘우쳐 다시는 더 일어나지 않도록 하는 것이다. 회悔란 이 다음에 저지르기 쉬운 허물을 조심하여 그 죄됨을 미리 깨닫고 아주 끊어 다시는 짓지 않겠다는 결심이다."라고 하셨다.
　또한 "순간순간마다 미련하고 어리석은 데에 빠지지 않게 하소서. 이전부터 지어온 나쁜 짓과 미련한 죄를 모두 참회하오니 단번에 소멸하여 다시는 일어나지 않게 하소서. 순간순간마다 질투에 물들지 않게 하소서. 이전부터 지어온 나쁜 짓과 질투한 죄를 모두 참회하오니, 단번에 소멸하여 다시는 일어나지 않게 하소서." 하고 끊임없이 자신을 성찰하고, 불전에 나아가 참회하고 다짐해야 한다고 말씀하셨다.

세상에 탐욕과 거짓과 어리석음이 있는 한 참회는 계속되어야 한다. 올바른 삶으로 회귀하려는 참된 마음인 참회 정신을 생활화하여야 한다.

참회게

지난 시절 제가 지은 모든 악업은

옛적부터 탐진치로 말미암아서

몸과 말과 생각으로 지었사오니

제가 이제 모든 죄업 참회합니다.

《천수경》

18. 방생放生

방생이란 생명을 살려주는 것을 말하며, 큰 동물에서부터 미물중생까지 그 생명을 소중히 하여 다치지 않게 보호하는 자비한 마음의 실천이다. 이는 불살생계不殺生戒를 적극 실천하는 뜻이며, 방생의 정신인 자비·구호·평화를 불자 모두가 배워 행하는 것이다.

오늘날 방생은 물고기를 사서 강과 바다에 놓아주며, 염불·독경·참회·공양 등 법식을 행하여 생명 있는 중생에게 보리 인연을 심어주고 있다. 모든 중생은 다생多生 동안 서로 부모나 형제의 인연을 맺고 있으며, 불성佛性을 가지고 있어 성불成佛할 고귀한 생명이다.

방생을 하면 재난이 소멸되고 수명이 길어지며 복덕이 쌓인다고 하여 널리 행해지고 있는데, 생명을 살려주는 대자비 사상의 발로이니 방생할 때 정성을 다해야 한다. 방생은 여러 사람이 모여 방생법회를 행할 때도 있고, 재난을 만났거나 병중에 있어 기도하는 사람이 원을 세워 방생할 때도 있다.

생명을 놓아주는 것도 방생이지만, 현대적으로는 불쌍한 사람을 도와주고, 병들어 신음하는 사람을 치료하고, 등록금이 없어 학교를 못 가는 학생을 도와주는 것도 방생이다. 교도소를 방문하여 죄지은 사람을 교화하고, 부처님 말씀을 전해 진리에 눈을 뜨고 깨달음을 얻게 하는 것 또한 말할 수 없는 큰 방생이 된다.

19. 연꽃(蓮華)의 의미

불교에서 연꽃은 깨달음을 얻은 부처님을 상징한다. 나아가 빛과 극락정토를 상징하여 생명의 근원으로 인식되기도 한다. 꽃이 매우 아름다우므로 진리眞理 · 대도大道 · 절대絕對를 상징하며 세 가지 덕성을 가지고 있다.

첫째, 연의 열매(蓮實)는 천년이 지나도 썩지 않고 싹이 나므로 종자불실種子不失의 뜻이다. 즉, 부처님 되는 불성종자佛性種子는 남녀노소 동서고금東西古今을 막론하고 변함이 없으며, 누구나 다 부처님이 될 수 있다는 것을 뜻한다.

둘째, 더러운 곳에 살면서도 그곳에 물들지 않으므로 처염상정處染常淨의 뜻이다. 즉, 연꽃은 더러운 연못에서 피어났지만 꽃은 더러움에 물들지 않듯이, 부처님께서도 우리와 같은 중생의 몸으로 태어나셨지만 결코 중생의 속성에 물들지 않고 부처님이 되셨다는 것이다.

셋째, 꽃과 열매가 동시에 나타나므로 화과동시花果同時의 뜻이다. 즉, 중생은 태어날 때부터 부처님이 될 불성종자를 가지고 태어난다는 것이다.

백련白蓮의 하얀색은 맑고 투명하며 세속에 물들지 않는 순수함을 뜻한다. 불교에서도 중생의 본마음(佛性)은 맑고 순수하므로 있는 그대로가 부처님 마음 아닌 것이 없다고 하였다. 그러므로 맑고 순수한 본마음, 즉 불성을 하얀 연꽃에 비유한 것이다.

애련설 愛蓮說

수륙의 초목에 피는 꽃 중에는
사랑할 만한 꽃이 많이 있다.
그러나 진나라 도연명은 홀로 국화꽃을 사랑하였고
당나라 이후 많은 사람들은 모란을 많이 사랑했다.

그러나 나는
연꽃을 사랑한다.

연꽃은 비록 진흙 속에서 자라되
그 더러움에 물들지 않고
아름다운 꽃을 피기 때문이다.
또한 속은 비어서 사심이 없고,
가지가 뻗지 않아 흔들리지 않는다.
그 연꽃의 그윽한 향기가 멀리 퍼져 더욱 청정하고,
그의 높은 자세를 누구도 업신여기지 못한다.

그러나 앞으로
이 연꽃을 몇 사람이나 사랑하는지 모를 일이다.
모란만을 사랑하는 이 세상에서.

– 주무숙 (宋나라 詩人)

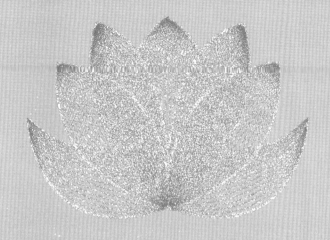

제8장 진리의 말씀

1. 삶의 지혜

유리하다고 교만하지 말고
불리하다고 비굴하지 말라.
자기가 아는 대로 진실만을 말하며,
주고받는 말마다 악을 막아
듣는 이에게 기쁨을 주어라.

무엇을 들었다고 쉽게 행동하지 말고,
그것이 사실인지 깊이 생각하여
이치가 명확할 때 과감히 행동하라.
지나치게 인색하지 말고
성내거나 미워하지 말라.
이기심을 채우고자 정의를 등지지 말고
원망怨望을 원망으로 갚지 말라.

위험에 직면하여 두려워 말고
이익을 위해 남을 모함하지 말라.
객기客氣 부려 만용蠻勇하지 말고
허약虛弱하여 비겁卑怯하지 말라.

사나우면 남들이 꺼려 하고
나약儒弱하면 남이 업신여기나니,
사나움과 나약함을 버려
지혜롭게 중도中道를 지켜라.

태산泰山 같은 자부심을 갖고
누운 풀처럼 자기를 낮추어라.
역경逆境을 참아 이겨내고
형편形便이 잘 풀릴 때를 조심하라.
터지는 분노를 잘 다스리고
때와 처지를 잘 살필 줄 알아라.

《잡보장경》〈용왕의 시〉 중에서

사랑스러운 예쁜 꽃이
빛깔도 곱고 향기가 있듯이
아름다운 말을 바르게 행하면
반드시 그 결과 복이 있나니.

《법구경》〈화향품〉

2. 마음을 다스리는 글

복福은 검소儉素함에서 생기고,
덕德은 겸양謙讓에서 생기며,
도道는 안정安定에서 생기고,
명明은 화창和暢에서 생기며,
근심은 애욕愛慾에서 생기고,
재앙은 물욕物慾에서 생기며,
허물은 자만심自慢心에서 생기고,
죄罪는 참지 못하는 데서 생기느니라.

눈을 조심하여 남의 그릇됨을 보지 말고,
입을 조심하여 착한 말·바른 말·부드럽고
고운 말을 할 것이며,
몸을 조심하여 나쁜 친구를 따르지 말고,
내게 상관없는 일에 부질없이 시비是非하지 말라.

어른을 공경하고 덕 있는 이를 받들며,
지혜로운 이 어리석은 이를 밝게 분별하고,
모르는 이를 너그럽게 용서하라.

오는 것을 거절 말고 가는 것을 잡지 말며,
내 몸 대우 없음에 바라지 말고,
일이 지나갔음에 원망하지 말라.

남을 손해損害하면
마침내 그것이 자기에게 돌아오고,
세력勢力을 의지하면
도리어 재앙災殃이 따르느니라.

불자여,
이 글을 읽고 낱낱이 깊이 새겨서
다 같이 영원永遠을 살아갈지어다.

미움 속에 살면서 미워하지 않음이여,
내 삶은 더없이 행복하여라.
사람들 서로서로 미워하는 그 속에서
나만이라도 미워하지 말고 물처럼 살아가자.

《법구경》

3. 진리의 말씀

1) 감사

감사하는 마음은 종교의 근본이다.
감사하는 마음을 통해
부처님이 계시다는 것을 깨닫게 된다.
그러므로 감사는 바로 기도다.

진정한 불자는
늘 감사하는 마음으로 사는 사람이다.
그는 부모, 친구 심지어 자기에게 상처를 준 사람이나
적에게조차 감사를 느끼기 때문이다.

당신에게 무자비無慈悲하게 구는 사람,
당신을 욕하는 사람에게 감사를 드려라.
그들은 당신에게 뭔가를 가르쳐 주었다.

어느 날 당신이 깨닫게 되는 날
모든 존재가 당신을 도왔다는 것을 느낄 수 있으리라.

자연은 우리에게 모든 것을 주었다.
저 푸른 하늘과 아름다운 꽃들과
울창한 수풀을 주었다.
목이 마를 때는 맑은 샘물을 주고,
배가 고플 때는 먹을 것을 수었다.

그러나 우리는 한 번도 자연에 감사한 적이 없었다.
오히려 자신의 불평不平만 늘어놓았다.
그러나 우리가 자연에게 준 것이
무엇이 있는지 돌아보자.

우리가 겸허謙虛한 마음으로 돌아가서 자신을 볼 때
우리가 누리고 있는 이 모든 것들을 준 존재에게
어찌 감사를 드리지 않을 수 있겠는가.

우리에게는 새로운 마음의 눈이 열릴 것이다.
늘 감사한 마음으로 살아가는 것이야말로
부처님의 자비 속에서 살아가는 길이다.

2) 마음의 치유治癒

마음은 우리의 손으로 만질 수 없다.
마음을 만져줄 수 있는 비결은
먼저 마음을 주어야만 한다.
그렇게 하지 않으면 마음의 빗장을 열 수 없다.
자신을 낮추어야 한다.
성숙한 마음은 상대방을 더 위하고, 세워주고,
덮어주고, 겸손하고, 양보하는 마음이다.
상대방의 싫은 소리도 들어주고,
상대방의 감정도 소화하고,
상대방의 결점도 잘 덮어줄 수 있을 때
상대방으로부터 마음을 얻는다.
마음을 얻는 것이 재물을 얻는 것보다 낫다.
마음을 얻는 순수한 지혜를 공급받아라.
마음을 잘 만져 주어라.
마음을 잘 치유해 주어라.
마음을 잘 이해해 주어라.
이렇게 하면 마음을 만질 수 있고
마음을 얻을 수 있게 된다.

3) 신행信行

 어떤 바라문이 "부처님이시여, 나는 밭을 갈고 씨를 뿌려서 내가 먹을 것을 마련하고 있습니다. 당신도 스스로 밭을 갈고 씨를 뿌려서 먹을 것을 마련하는 게 좋지 않겠습니까?"라고 물었습니다.

 부처님께서 답하였습니다.
"바라문이여, 나도 밭 갈고 있소.
나도 밭 갈고 씨 뿌려서 먹을 것을 얻고 있소.
믿음은 내가 뿌리는 씨,
지혜는 밭 가는 쟁기.
나는 몸으로, 입으로, 생각으로
나날이 악한 업을 제거하나니
그것은 내가 밭에서 김을 매는 것.
내가 모는 소는 정진이니
가고 돌아섬이 없소.
나는 이렇게 밭 갈고 씨 뿌려
감로甘露(=행복)의 열매를 거두노라."

《아함경》

우리의 신행信行이 어뗘해야 하는지를 농사짓는 일에 비유하여 설명한 내용이다. 즉, 농부가 땅을 갈아 파종을 하고 물도 끌어 대고 김도 매는 것처럼 우리들도 부지런히 마음 밭을 일구어 해탈解脫의 열매를 수확할 수 있도록 꾸준한 정진이 필요하다.

　　우리의 마음 밭에는 욕심·성냄·어리석음의 세 가지 독(三毒)이 있다. 이 독을 제거하는 첫 출발이 지혜의 밭을 가꾸는 쟁기질이다. 그 진리의 씨앗을 잘 가꾸고 성숙시키기 위해 소처럼 부지런히 정진해야 한다.

　　비록 빠르지는 못하지만, 한 걸음 한걸음 걸어간다면 반드시 해탈열반解脫涅槃이라는 감로甘露의 열매를 얻게 될 것이다.

4) 명상

용서容恕

만일 내가 다른 사람에게

몸으로, 입으로, 생각으로 잘못을 행했다면,

내가 평화롭고 행복하게 살 수 있도록

용서받기를 원합니다.

또한 누군가가 나에게

몸으로, 입으로, 생각으로 잘못을 행했다면

그들이 평화롭고 행복하게 살 수 있도록

나는 용서합니다.

자애慈愛

내가 행복하고 평화롭기를 원합니다.

내가 행복하고 평화롭기를 원하는 것처럼,

모든 사람들이 행복하고 평화롭기를 원합니다.

내가 악의에서 벗어나기를 원합니다.

내가 악의에서 벗어나기를 원하는 것처럼,

모든 사람들이 악의에서 벗어나기를 원합니다.

내가 정신적 · 육체적인 고통에서
벗어나기를 원합니다.
내가 정신적 · 육체적인 고통에서
벗어나기를 원하는 것처럼,
모든 사람들이 정신적 · 육체적 고통에서
벗어나기를 원합니다.

내가 평화롭고 행복하게 살기를 원합니다.
내가 평화롭고 행복하게 살기를 원하는 것처럼,
모든 사람들이 평화롭고 행복하게 살기를 바랍니다.

나눔
내가 닦은 보시, 지계, 예배, 찬탄, 존중, 공양 등
수행 공덕을 모두에게 남김없이 나누어 주겠습니다.
모든 사람들에게 이 은혜를 나누어 주기를 원합니다.
모든 사람들이 평화롭고 행복하기를
진심으로 기원합니다.

5) 행복

아침에 "잘잤다" 하고 눈을 뜨는 사람은
행복의 출발선에서 시작하고,
"죽겠네" 하고 몸부림 치는 사람은
불행의 출발선에서 시작하는 것이다.

하루를 '좋은날'로 만들려는 사람은
행복의 주인공이 되고,
"나중에"라고 미루며 시간을 놓치는 사람은
불행의 하수인이 된다.

웃는 얼굴에는 행복이 따르고
화내는 얼굴에는 불운이 그림자처럼 따라온다.

하루를 시작할 때
기쁜 마음으로 힘차게 시작하는 것이
행복을 만드는 비타민이다.

6) 어느 길을 갈 것인가

우리 앞에는 항상 오르막길과 내리막길이 놓여 있다. 이중에서 하나를 선택해야 한다. 각자의 삶의 양식에 따라서 오르막길을 오르는 사람도 있고 내리막길을 내려가는 사람도 있다.

오르막길은 어렵고 힘들지만 그 길은 인간의 정상에 오르는 길이다. 내리막길은 쉽고 편하지만 짐승의 길이고 수렁으로 떨어지는 길이다.

만일 우리가 평탄한 길만 걷는다고 생각해 보라. 10년, 20년, 한 생애를 늘 평탄한 길만 간다고 생각해 보라. 그 생이 얼마나 지루하겠는가? 그것은 사는 것이라고 할 수 없다. 오르막길을 통해 뭔가 뻐근한 삶의 저항 같은 것도 느끼고, 창조의 의욕도 생겨나고, 새로운 삶의 의지도 지닐 수 있다.

오르막길을 통해 우리는 거듭 태어날 수 있다. 어려움을 겪지 않고는 거듭 태어날 수 없다.

7) 인생 14대 교훈

① 인생 최대의 적은 자기자신이다.
② 인생 최대의 실패는 스스로 잘났다는 생각이다.
③ 인생 최대의 어리석음은 남을 속이는 것이나.
④ 인생에서 가장 슬픈 일은 질투다.
⑤ 인생 최대의 착오는 스스로 포기하는 것이다.
⑥ 인생 최대의 잘못은
　 스스로를 속이고 남을 속이는 것이다.
⑦ 인생에서 가장 가련한 성품은
　 스스로를 비하卑下하는 것이다.
⑧ 인생에서 가장 중요하게 지녀야 할 것은
　 정진精進이다.
⑨ 인생 최대의 파산破産은 절망絶望이다.
⑩ 인생 최대의 재산財産은 건강이다.
⑪ 인생 최대의 채무債務는 인정人情에 대한 채무다.
⑫ 인생 최대의 예물禮物은 관용寬容과 용서容恕다.
⑬ 인생에서 가장 부족한 것은 자비와 지혜다.
⑭ 인생 최대의 기쁨은 베푸는 일이다.

8) 인생 맛집

먼저 크고 깨끗한 마음이라는 냄비를 준비한 후, 열정熱情이라는 불에 달군다. 달구어지면 물 대신 자신감을 교만驕慢이라는 눈금이 안 보일 만큼 붓는다. 자신감이 잘 채워지고 나면 성실함과 노력이라는 양념을 충분히 넣어준다. 우정友情이라는 양념을 첨가하면 담백한 맛을 낼 수 있으니 잊지 말고 넣어준다.

특별한 맛을 원할 경우 가족·이웃 간의 사랑의 불을 우아하게 지펴준다. 사랑이 너무 뜨거워지면 집착이라는 것이 생겨 넘치게 되므로 불 조절을 잘해야 한다. 만약 집착이 생길 경우는 절제節制라는 국자로 집착을 걷어내면 맛이 조절된다. 깊은 맛을 원할 경우는 선행善行과 관용寬容을 넣어주면 깊은 맛이 난다.

질투와 욕심이 생길 경우 제때 제거하지 않고 방치해 두면 음식이 타게 된다. 이때 이해理解와 보시布施라는 것으로 조절하면 타는 것을 막을 수 있다. 권태倦怠라는 나쁜 냄새가 생길 경우 발심發心과 참회懺悔라는 향료를 넣으면 권태는 깔끔하게 사라진다.

인생 음식을 만들다가 힘들고 지칠 때 불공佛供과 기도를 첨가해 주면 활력이 생긴다. 인생음식에 활력이 충만하면 기쁨이라는 맛과 진정한 자유自由라는 맛이 막 솟아난다. 여기에 가정 화목和睦이라는 향이 더해지면서 인생 음식의 완성도는 더 높아진다.

인생음식은 혼자 먹기보다는 회향回向이라는 그릇에 담아 온 가족과 이웃이 함께 나눠서 먹는다. 이렇게 하면 그 집은 소문난 인생 맛집으로 알려져 금방 대박이 난다. 이때 느끼는 기쁨은 모두의 기쁨이 되어 저절로 행복해진다.

지혜로운 자는 항상 남에게 베푼다.
베풀긴 베풀되 자랑하는 마음이 없이
자기가 지은 공덕을 이웃에게 돌린다.
그런 이의 공덕은
현재와 미래에 이르도록 가이 없으리라.

《아함경》

9) 자연의 가르침

햇빛이 밝은 것은 어두운 세상을 투명하게 밝혀 깨끗하고 정직하게 살아가라는 가르침이고, 달님이 어둡고 외로운 밤 해맑게 웃는 것은 암울한 세상을 웃음으로 다스리기 위한 것이다.

바람이 부는 것은 꽃을 피우기 위함이고, 꽃이 웃는 것은 행복을 전파하기 위함이다. 물이 높은 곳에서 낮은 데로 흐르는 것은 더러운 마음을 씻어 내리기 위함이다.

구름이 높이 떠 아래를 보는 것은 우주의 온갖 만물을 굽어 살피기 위함이고, 비가 내리는 것은 인간의 메마른 감정을 적셔 서로 돕고 정情을 나누고 베풀라는 뜻이다.

한겨울에 눈이 내리는 것은 봄에 나올 어린 새싹이 얼어 죽지 않게 포근하게 감싸는 것처럼 모든 사람들을 감싸라는 가르침이다.

자연이 만물을 이롭게 하기 위하여 존재하는 것처럼 우리도 남에게 꼭 필요한 사람이 되도록 넉넉한 마음으로 살아가야 할 것이다. 자연을 본받아 삶을 살아가는 분이 바로 부처요, 보살이다.

10) 좋은 부모의 9가지 다짐

① 나는 아이의 스승이 되겠습니다.
② 나는 아이를 마음의 주인으로 키우겠습니다.
③ 나는 아이에게 마음으로 대화하는 법을
   가르치겠습니다.
④ 나는 아이를 복 받는 체질로 키우겠습니다.
⑤ 나는 아이에게 '할 수 있어' 하고 자신감을
   심어 주겠습니다.
⑥ 나는 아이의 체력, 뇌력, 심력을 길러 주겠습니다.
⑦ 나는 아이의 꿈과 상상력을 존중하겠습니다.
⑧ 나는 아이에게 부처님의 법을 가르치겠습니다.
⑨ 나는 아이에게 기도하는 법을 가르치겠습니다.

11) 칭찬

칭찬은 바보를 천재로 만든다.
말도 못하고 듣지도 보지도 못하던 헬렌 켈러에게
기적을 만들어 주었다.

한마디의 칭찬이 건강을 심어준다.
몸에서 엔돌핀이 생성되기 때문이다.

칭찬은 기쁨을 준다.
돈은 순간의 기쁨을 주지만
칭찬은 평생의 기쁨을 준다.
본인도 모르고 있는 부분을 찾아 칭찬하라.
그 기쁨은 10배, 100배로 증폭된다.
자기 자신을 칭찬할 줄 아는 사람이라야
남을 칭찬할 수가 있다.
미운 사람일수록 칭찬해 주어라.
언젠가 나를 위해 큰일을 해줄 것이다.

칭찬하는 데는 비용이 들지 않는다.
그러나 큰 비용으로도 해결할 수 없던 부분까지도

해결해 준다.

칭찬은 사랑하는 마음의 결정체이고,
비난은 원망怨望하는 마음의 결정체이다.
한 방울의 꿀이 수많은 벌을 끌어 모으시만
1만 톤의 가시는 벌을 모을 수 없다는 속담도 있다.

칭찬은 적군을 아군我軍으로 만들고
내 원수도 은인恩人으로 만든다.
목마른 사람에게 물을 주는 것이 공덕이다.
사람은 너나없이 칭찬에 목마름을 느끼고 있다.
칭찬으로 변화시키지 못하는 것은
어떤 것으로도 변화시키지 못한다.

칭찬은 불가능의 벽을 깨뜨리는 놀라운 힘이 있다.
자기를 사랑하는 사람만이 남을 칭찬할 수 있다.
먼저 자신을 사랑하라.
사랑의 눈에는 좋은 점만 보인다.

사람의 참모습은 칭찬에서 나타난다.
칭찬을 통해서 행복한 가정,

그리고 더욱 신나는 세상이 펼쳐진다.
칭찬은 부정적이고 소극적인 마음을
긍정적이고 적극적인 사고로 바꿔준다.
나의 한마디 칭찬이 의식 개혁改革의 시작이다.

칭찬은 웃음꽃을 피우게 하는 마술사이다.
세상에 가장 아름다운 꽃은 웃음이다.
내가 칭찬을 하면 상대방도 칭찬으로 답한다.

칭찬을 주고받는 세상이 지상천국이다.
칭찬 받으면 더 잘하려는 노력을 하게 된다.
칭찬 받고 싶은 마음이 의욕을 키워준다.
칭찬을 받으면 앞길이 훤하게 열린다.
마음을 열고 활력 있게 행동하게 되고
불가능도 가능으로 바뀐다.

칭찬을 하다 보면
네가 내가 되고 내가 네가 되어, 모두 하나가 된다.
칭찬을 하다 보면
꼭 칭찬 들을 일을 하게 된다.

12) 깨달음의 길

깨달음에 이르는 데는 오직 두 길이 있다.

하나는 지혜의 길이고 다른 하나는 자비의 길이다.

하나는 자기 자신을 속속들이 시켜보면서 삶을 매 순간 개선하고 심화시켜 가는 명상의 길이고, 다른 하나는 이웃에 대한 사랑을 실천하는 길이다.

이 지혜와 자비의 길을 통해, 우리가 이 세상에 태어날 때부터 지녀 온 불성佛性과 영성靈性의 씨앗이 맑고 향기롭게 꽃피어난다.

본래 청정한 우리 마음을 명상과 나눔으로 맑게 가꾸어 사랑이 우리 가슴속에 싹트는 순간 우리는 다시 태어난다. 이것이 진정한 탄생이고 부활이다.

세상이란 무엇인가.

바로 우리의 얼굴이고 우리 삶의 터전이다.

우리가 마음 수양을 하고 개인 수행을 한다는 것은 결국 자기로부터 시작해서 세상에 도달하라는 것이다. 자기 자신에만 멈추라는 뜻이 아니다.

13) 보살이 해야 할 일

우리들은 지금 부처가 되기를 발원하였으니 실천 방법을 세워야 한다. 나와 남에게 이로움을 주며 우주의 진리인 바른 법을 깨달아 부처가 되기 위해서는 어찌해야 할까.

《화엄경》에서 문수보살은 실천 수행하는 보살로서 해야 할 일들을 이렇게 말씀하셨다.

① 모든 욕심을 버리고,
   사랑하고 불쌍히 여기는 마음으로
   생명 가진 모든 것을 구해 주고 지켜 줘야 한다.
② 부처님의 가르침을 깊이 믿고
   마음에 지녀 잘 실천해야 한다.
③ 부처님의 가르침에 따라
   항상 평온한 마음을 지켜야 한다.
④ 매 순간 부처님의 공덕을 생각하며
   게으르지 말아야 한다.
⑤ 매일매일 부처님의 공덕처럼 되도록
   착한 일을 해야 한다.
⑥ 나만 차지하려고 욕심 부리고

싸우는 일이 없어야 한다.

⑦ 밝은 마음 착한 마음으로 이웃을 대해야 한다.

⑧ 부모님과 친구들의 생각을 잘 알아
따뜻한 마음으로 사이좋게 지내야 한다.

⑨ 내가 가진 것을 함께 나눠 쓰고 베풀어주어야 한다.

⑩ 모든 생명들 마음속에는 부처님 마음이 있음을 깨달아
소중히 여기고 존중해야 한다.

참된 불자로서 배우는 보살은,
부처님의 정법에 의지하여
모든 생명들을 존중하고 보호하며,
소중히 하는 대자비의 마음으로
웃어른을 공경하고 친구와 화해和解하며,
아랫사람을 아껴주고,
들에 피어 있는 풀 한 포기까지 사랑하는
보살이 되어야 할 것이다.

14) 인간관계에서 성공하는 12가지 지혜

① 내 입장에서 시작하면 실패하고,
  상대 입장에서 시작하면 성공한다.
② 나를 내세워 시작하면 실패하고,
  상대를 먼저 배려하면 성공한다.
③ 나를 칭찬하며 시작하면 실패하고,
  상대를 칭찬하며 시작하면 성공한다.
④ 이해해 주기를 바라고 시작하면 실패하고,
  이해하고 시작하면 성공한다.
⑤ 인사를 받으려고 시작하면 실패하고,
  인사를 먼저 하면 성공한다.

⑥ 잘난 것을 보이려 하면 실패하고,
  나의 부족함을 보일 때는 성공한다.
⑦ 받기만을 바라면 실패하고,
  대접을 하려고 하면 성공한다.
⑧ 용서를 받고자 하면 성공하지 못하고,
  용서를 하면 성공한다.
⑨ 잘못을 지적하고 시작하면 실패하고,
  칭찬으로 시작하면 성공한다.

⑩ 하기 싫은 일을 부탁하면 실패하고,
　상대가 귀찮게 여기는 일을 대신 해주면 성공한다.
⑪ 들어주기를 바라면 실패하고,
　겸허히 들어줄 때 성공한다.
⑫ 나를 알아주기를 바라면 실패하고,
　상대를 먼저 알아주면 성공한다.

남 듣기 싫은 성난 말 하지 말라.
남도 네게 그렇게 답할 것이다.
악이 가면 화가 돌아오나니
욕설이 가고 오고, 매질이 오고 간다.

종이나 경쇠를 고요히 치듯
착한 마음으로 부드럽게 말하면
그의 몸에는 시비가 없어
그는 이미 열반에 든 것이다.

《법구경》〈도장품〉

제9장 불자 예절
& 108 참회문

1. 절의 의미

1) 절이라는 말의 의미

절에 대해 물으면 사람들은 제각기 답한다.
부처님을 모셔 놓은 곳이다,
스님들이 사는 곳이다, 불도佛道를 닦는 곳이다,
절을 하는 곳이다, 절을 하면
모든 것이 절로 된다 하여 '절'이라 한다.

모두 맞는 말이다. 즉, 절이란 여러 스님들이 모여 부처님을 모셔 놓고 불도를 수행하는 곳을 말한다. 또한 불자들이 복福을 구하기 위해 부처님께 불공佛供을 드리고 절을 하다 보니, 소원이 이루어진다는 의미도 담겨 있다고 하겠다.

따라서 절은 성스럽고 장엄한 수행의 도량(道場)이며, 우리들의 마음을 닦는 도량이며, 자기의 잘못을 뉘우치는 참회懺悔의 도량이며, 꾸준히 노력하는 정진 精進의 도량이다.

2) 절의 다른 이름

① 가람伽藍

인도의 말인 승가람마僧伽藍摩의 줄인 말. 수행자들이 모여 산다고 하여 '중원衆園'이라고도 번역한다.

절 입구에 가면 해동제일가람(海東第一伽藍)이라고 쓰여 있다. 해동은 바다의 동쪽, 즉 대한민국을 말한다. 대한민국에서 최고 가는 절이라는 뜻이다.

② 사찰寺刹

절이 있는 공간, 즉 '부처님을 모신 땅'이란 뜻이다.

③ 사원寺院

'부처님을 모신 집이 있는 공간'이라는 뜻이다.

④ 정사精舍

몸과 마음을 고요하게 다스리고 깊게 사유하는 곳이라는 의미로, '수행하는 장소'라는 뜻이다.

그러므로 절은 '스님들이 기도하고, 수행 정진하면서 불자들의 교화에 힘쓰는 곳'이다.

불자들에게는 '부처님 가르침을 배워서 번뇌를 씻어버리고 지혜로 채우는 곳'이라고 하겠다.

3) 절에서 절을 하는 까닭

절은 존경하는 마음을 나타내는 것이며, 자기 자신을 모두 내맡긴다는 뜻이며, 겸손한 마음을 나타내는 방법이다. 오직 정성스러운 마음으로 절을 해야 한다.
마음이 어지러운 사람이 절을 많이 하고 나면, 나쁜 마음이 일어나지 않고 어지러운 마음이 가라앉아 참다운 깨달음이 열리게 된다.

4) 절의 열 가지 공덕

① 아름다운 몸을 받게 되고,
② 무슨 말이나 남들이 믿으며,
③ 어느 곳에서라도 두려움이 없으며,
④ 부처님께서 항상 보호하시며,
⑤ 훌륭한 위의威儀를 갖추게 되며,

⑥ 모든 사람들이 친하길 바라며,

⑦ 하늘 사람들이 사랑하고 공경하며,

⑧ 큰 복과 덕을 갖추게 되며,

⑨ 명命을 마치고는 극락세계 태어나며,

⑩ 마침내 부처님처럼 열반涅槃을 증득한다.

이러한 공덕은 다만 자신의 교만한 마음을 꺾고 삼보를 정성껏 받들어서 지성으로 절할 때 이루어진다. 나아가 절은 전신운동全身運動으로 건강에 제일이요 공덕도 되니, 절을 많이 하도록 하자.

2. 사찰 예절

1) 절에 들어서면서

절에 갈 때는 단정한 옷차림으로 정숙을 유지하며 공손하게 행동한다.

절(寺刹)에 들어서면 처음 만나는 문이 일주문─柱門 또는 불이문不二門이다. 문에 들어서면 가장 먼저 합장 반배를 한다.

스님을 만나면 먼저 합장하고 "성불하십시오" 혹은 "안녕하세요"라고 인사한다.

불공을 올릴 경우, 무슨 불공을 올릴 것인지 종무소에 들러 안내를 받는다.

2) 보시금과 공양물을 올리고 절하는 법

법당에 들어갈 때는 반드시 옆문을 이용한다.

향·초·쌀·꽃·과일 혹은 보시금을 준비하여 부처님께 올린 후 부처님께 합장 반배를 한다.

부처님께 절을 할 때는 오체투지五體投地로 3배를 올린다. 상황에 따라 108배, 1천 배, 3천 배를 해도 좋고, 조용히 참선을 해도 좋다.

경전을 독송이나 사경할 경우는 옆의 불자에게 방해가 되지 않도록 주의한다.

불공 올리는 날이거나 법회를 진행 중인 경우에는 조용히 참석한다.

3) 불공 · 기도를 드릴 때

불공佛供은 부처님께 공양을 올리면서 본인과 가족의 안녕 · 건강 · 행복 등 소원 성취를 기원하는 성스런 행위이다.

기도할 때는 경전을 읽어도 좋고, 절을 해도 좋고, '관세음보살' · '지장보살' · '나무아미타불' 등 불 · 보살님 명호를 부르는 염불을 해도 좋다.

가장 중요한 것은 정성과 간절함, 불 · 보살님을 굳게 믿는 '확신'이다. 정성과 간절한 마음으로 불공 기도를 올리면 반드시 이루어진다는 확신을 가지고 건강 쾌유, 사업 성취, 시험 합격, 소원 성취를 기도한다.

기도를 하고 나면 마음이 안정되고 편안해지며 든든해짐을 느끼게 될 것이다.

4) 스님 설법을 들을 때

스님의 설법說法을 들을 때는 '이 법문을 통해 나를 포함한 모든 사람이 지혜로 충만하여지이다'라는 생각으로 듣는다.

중요한 내용은 메모하고, 지인이나 도반에게 이야기하거나 문자로 전송하여 법문의 내용을 공유하면 더욱 좋다.

5) 법회를 마친 후 정리 정돈

불공이나 법회를 마치고 법당을 나올 때에는 다시 3배를 하고, 전등과 촛불을 끄고, 방석 정리를 한 후

나온다. 법요집이나 나눠 받은 인쇄물, 방석 등이 흩어져 있으면 깔끔하게 정리한다.

절에서 공양을 하게 되면, 차례대로 배식을 받아 맛있게 먹은 후 빈 그릇은 식기 반납구에 반납한다. 본인이 먹은 그릇은 각자 세척하는 경우도 많다. 공양간에 들어가 식기 세척 봉사를 해도 좋고, 대중 방 청소를 거들어주는 것도 공덕을 쌓는 좋은 방법이 된다.

능히 탐애貪愛와 어리석음을 없앤다면
그 마음은 해탈을 얻으니,
해탈을 얻음으로 말미암아
무소의 뿔처럼 혼자서 가리라.

《벽지불인연론》

3. 108 참회문

시방삼세 제불보살님과 역대 조사님들께
지극한 마음으로 이 몸 다 던져 참회하고 발원합니다.
지난 세월 지은 공덕이 적어
부처님 참된 진리 등지고 살아왔음을 참회합니다.
작은 인연이지만 오늘부터 크게 키워
참된 불자가 되고자 발원하여
불법승 삼보에 귀의하오며 정성으로 절을 올립니다.

1) 귀의

1. 지극한 마음으로 부처님께 귀의합니다.
2. 지극한 마음으로 부처님 법에 귀의합니다.
3. 지극한 마음으로 승가에 귀의합니다.

2) 참회

4. 나는 어디서 왔는가, 어디로 갈 것인가를

생각하지 않고 살아온 죄를 참회하며 절합니다.

5. 나는 누구인가, 참 나는 어디 있는가를
   망각한 채 살아온 죄를 참회하며 절합니다.

6. 나의 몸을 소중하게 여기지 않고 살아온 죄를
   참회하며 절합니다.

7. 나의 진실한 마음을 저버리고 살아온 죄를
   참회하며 절합니다.

8. 조상님의 은혜를 잊고 살아온 죄를
   참회하며 절합니다.

9. 부모님께 감사하는 마음을 잊고 살아온 죄를
   참회하며 절합니다.

10. 일가 친척들의 공덕을 잊고 살아온 죄를
    참회하며 절합니다.

11. 배울 수 있게 해준 세상의 모든 인연들을
    잊고 살아온 죄를 참회하며 절합니다.

12. 먹을 수 있게 해준 세상의 모든 인연들을
    잊고 살아온 죄를 참회하며 절합니다.

13. 입을 수 있게 해준 세상의 모든 인연들을
    잊고 살아온 죄를 참회하며 절합니다.

14. 이 세상 이곳에 머물 수 있게 해준 모든 인연들의
    귀중함을 잊고 살아온 죄를 참회하며 절합니다.

15. 내 이웃과 주위에 있는 모든 인연들의 감사함을
    잊고 살아온 죄를 참회하며 절합니다.
16. 내가 저지른 모든 죄를 망각한 채 살아온
    어리석음을 참회하며 절합니다.
17. 전생·금생·내생의 업보를 소멸하기 위해
    지극한 마음으로 참회하며 절합니다.
18. 성냄으로 인해 악연이 된 인연들에게
    참회하며 절합니다.
19. 모진 말로 인해 악연이 된 인연들에게
    참회하며 절합니다.
20. 교만함으로 인해 악연이 된 인연들에게
    참회하며 절합니다.
21. 탐욕으로 인해 악연이 된 인연들에게
    참회하며 절합니다.
22. 시기심으로 인해 악연이 된 인연들에게
    참회하며 절합니다.
23. 분노심으로 인해 악연이 된 인연들에게
    참회하며 절합니다.
24. 인색함으로 인해 악연이 된 인연들에게
    참회하며 절합니다.
25. 원망하는 마음으로 인해 악연이 된 인연들에게

참회하며 절합니다.

26. 이간질로 인해 악연이 된 인연들에게
    참회하며 절합니다.

27. 비방함으로 인해 악연이 된 인연들에게
    참회하며 절합니다.

28. 무시함으로 인해 악연이 된 인연들에게
    참회하며 절합니다.

29. 비겁한 생각과 말과 행동을 참회하며 절합니다.

30. 거짓말과 갖가지 위선을 참회하며 절합니다.

31. 남의 것을 훔치는 생각과 행동을
    참회하며 절합니다.

32. 한갖 취미나 즐거움으로 다른 생명을
    희생시키는 일을 참회하며 절합니다.

33. 오직 나만을 생각하는 것을 참회하며 절합니다.

34. 악연의 씨가 되는 어리석은 생각을
    참회하며 절합니다.

35. 어리석은 말로 상대방이 잘못되는 악연을
    참회하며 절합니다.

36. 어리석은 행동으로 악연이 될 수 있는 인연에게
    참회하며 절합니다.

37. 집착하는 마음과 말과 행동을 참회하며 절합니다.

38. 내 눈으로 본 것만 옳다고 생각한 어리석음을
    참회하며 절합니다.

39. 내 귀로 들은 것만 옳다고 생각한 어리석음을
    참회하며 절합니다.

40. 내 코로 맡은 냄새만 옳다고 생각한 어리석음을
    참회하며 절합니다.

41. 내 입으로 맛본 것만 옳다고 생각한 어리석음을
    참회하며 절합니다.

42. 내 몸으로 받은 느낌만 옳다고 생각한
    어리석음을 참회하며 절합니다.

43. 내 생각만 옳다는 어리석음을
    참회하며 절합니다.

44. 삼생의 모든 인연들을 위해 지극한 마음으로
    참회하며 절합니다.

45. 내가 살고 있는 지구를 생각하지 않은
    어리석음을 참회하며 절합니다.

46. 세상의 공기를 더럽히며 살아온 어리석음을
    참회하며 절합니다.

47. 세상의 물을 더럽히며 살아온 어리석음을
    참회하며 절합니다.

48. 나만을 생각하여 하늘과 땅을 더럽히며 살아온

어리석음을 참회하며 절합니다.

49. 나만을 생각하여 산과 바다를 더럽히며 살아온
　　어리석음을 참회하며 절합니다.

50. 나만을 생각하여 꽃과 나무를 함부로 자르는
　　어리석음을 참회하며 절합니다.

51. 이 세상을 많고 적음으로 분별하며 살아온 죄를
　　참회하며 절합니다.

52. 이 세상을 높고 낮음으로 분별하며 살아온 죄를
　　참회하며 절합니다.

53. 이 세상을 좋고 나쁨으로 분별하며 살아온 죄를
　　참회하며 절합니다.

54. 이 세상을 옳고 그름으로 분별하며 살아온 죄를
　　참회하며 절합니다.

55. 병든 사람에 대한 자비심의 부족을
　　참회하며 절합니다.

56. 슬픈 사람에 대한 자비심의 부족을
　　참회하며 절합니다.

57. 가난한 사람에 대한 자비심의 부족을
　　참회하며 절합니다.

58. 고집스러운 사람에 대한 자비심의 부족을
　　참회하며 절합니다.

59. 외로운 사람에 대한 자비심의 부족을
　　참회하며 절합니다.
60. 죄를 지은 사람에 대한 자비심의 부족을
　　참회하며 절합니다.

　3) 감사

61. 부처님께 귀의하게 되어 감사한 마음으로
　　절합니다.
62. 부처님의 법에 귀의하게 되어 감사한 마음으로
　　절합니다.
63. 승가에 귀의하게 되어 감사한 마음으로
　　절합니다.
64. 모든 생명은 하나로 연결되어 있다는 것을
　　알게 되어 감사한 마음으로 절합니다.
65. 모든 생명은 소통과 교감이 이루어진다는 것을
　　알게 되어 감사한 마음으로 절합니다.
66. 모든 생명은 우주의 이치 속에서 살아간다는 것을
　　알게 되어 감사한 마음으로 절합니다.
67. 나와 남이 하나임을 알게 되어 감사한 마음으로

절합니다.

68. 세상의 아름다움을 알게 되어 감사한 마음으로
절합니다.

69. 생명의 신비로움을 알게 되어 감사한 마음으로
절합니다.

70. 새소리의 맑음을 알게 되어 감사한 마음으로
절합니다.

71. 바람소리의 평화로움을 알게 되어
감사한 마음으로 절합니다.

72. 시냇물 소리의 시원함을 알게 되어
감사한 마음으로 절합니다.

73. 새싹들의 강인함을 알게 되어 감사한 마음으로
절합니다.

74. 무지개의 황홀함을 알게 되어 감사한 마음으로
절합니다.

75. 자연에 순응하면 몸과 마음이 편안하다는 것을
알게 되어 감사한 마음으로 절합니다.

76. 자연이 생명 순환의 법칙이라는 것을 알게 되어
감사한 마음으로 절합니다.

77. 자연이 우리들의 스승이라는 것을 알게 되어
감사한 마음으로 절합니다.

78. 가장 큰 축복이 자비심이라는 것을 알게 되어
    감사한 마음으로 절합니다.
79. 가장 큰 재앙이 미움, 원망이라는 것을 알게 되어
    감사한 마음으로 절합니다.
80. 가장 큰 힘이 사랑이라는 것을 알게 되어
    감사한 마음으로 절합니다.

4) 발원

81. 항상 부처님의 품 안에서 살기를 발원하며
    절합니다.
82. 항상 부처님의 법 속에서 살기를 발원하며
    절합니다.
83. 항상 스님의 가르침을 따르기를 발원하며
    절합니다.
84. 부처님, 저는 욕심내지 않기를 발원하며
    절합니다.
85. 부처님, 저는 화내지 않기를 발원하며 절합니다.
86. 부처님, 저는 교만하지 않기를 발원하며
    절합니다.

87. 부처님, 저는 시기하지 않기를 발원하며
    절합니다.

88. 부처님, 저는 모진 말 하지 않기를 발원하며
    절합니다.

89. 부처님, 저는 거짓말하지 않기를 발원하며
    절합니다.

90. 부처님, 저는 남을 비방하지 않기를 발원하며
    절합니다.

91. 부처님, 저는 남을 무시하지 않기를 발원하며
    절합니다.

92. 부처님, 저는 남을 원망하지 않기를 발원하며
    절합니다.

93. 부처님, 저는 매사에 겸손하기를 발원하며
    절합니다.

94. 부처님, 저는 매사에 최선을 다하기를 발원하며
    절합니다.

95. 부처님, 저는 매사에 정직하기를 발원하며
    절합니다.

96. 부처님, 저는 매사에 긍정적이기를 발원하며
    절합니다.

97. 부처님, 저는 자비로운 마음으로 살기를

발원하며 절합니다.

98. 부처님, 저는 맑고 밝은 마음 가지기를
    발원하며 절합니다.

99. 부처님, 저는 모든 생명이 평화롭기를
    발원하며 절합니다.

100. 부처님, 저는 이 세상에 전쟁이 없기를
     발원하며 절합니다.

101. 부처님, 저는 이 세상에 가난이 없기를
     발원하며 절합니다.

102. 부처님, 저는 이 세상에 질병이 없기를
     발원하며 절합니다.

103. 부처님, 저는 보살행을 실천하며 살아가기를
     발원하며 절합니다.

104. 부처님, 저는 반야지혜가 자라기를
     발원하며 절합니다.

105. 부처님, 저는 수행하는 마음이 물러나지 않기를
     발원하며 절합니다.

106. 부처님, 저는 선지식을 만날 수 있기를
     발원하며 절합니다.

107. 부처님, 저는 이 세상에 부처님이 오시기를
     발원하며 절합니다.

5) 회향

108. 부처님, 오늘 지은 이 인연 아낌없이 시방법계에
   회향하며 절합니다.

대자대비하신 부처님이시여,
거듭 참회하고 발원하옵니다.
저의 어두운 마음에 보리의 종자 심어져
참된 불성이 나타날 수 있도록
자비심으로 거두어 주소서.
시방삼세 제불보살님과
역대 선지식들께 진심으로 바라오니
저의 참된 발원이 물러나지 않도록 지켜주시옵소서.

나무 석가모니불
나무 석가모니불
나무 시아본사 석가모니불

제10장 찬불가

1. 삼귀의

거 룩 한 부 - 처 님 께 귀 의 합 니

다 거 룩 한 가 - 르 침 에

귀 의 합 니 다 거 룩 한

스 - 님 들 께 귀 의 합 니 다

2. 청법가

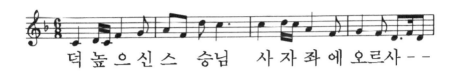

덕 높 으 신 스 승님 사 자 좌 에 오르사 - -

사 자 후 를 합 - 소서 감 로 법 을 주 소서

옛 인 연 을 잊 고서 새 인 연 을 맺 도록

대 자 비 를 베 - 푸사 법 을 설 하 옵 소서

3. 예불가

한 줄기 의 향으로써   한 없 는 향운계

를 ─ 지─어 서   삼 보 님 께

올리오니   넓 으신 자비로 써 ─ 받으소

서 일 심   정 례   시방삼

세 에 항 상 계 옵 신 부─처 님   께 두─손

모 아 비옵니 다   다 함 없 는 삼 보

님 크 - 나 크 신 자비로 써   저 희

들   의 뜨거운   기 - 원   을 들으소

서   석 가 모니 불 - 석 가 - - 모니 불

석 가 모니 불 - - - -   석 가 모니 불 - - -

-    나 무 석 가 모 니 불

4. 보현행원

내 이제 두 손 - 모아 청하옵나 - 니
내 이제 엎 드 - 려서 원하옵나 - 니

시 방 세 계 부 처 - 님 우 주 대 - 광 - 명
영 겁 토 록 열 반 - 에 들 지 맙 - 시 - 고

두 눈 어둔 이 내 몸 굽 어 살 피 - 사
이 세 상 의 중 생 을 굽 어 살 피 - 사

위 - 없는 대 법 - 문을 널 리 여 - 소 - 서
삼 계 화 택 심 한 - 고 난 구 원 하 - 소 - 서

허 공 계 와 중 생 - 계 가 다 할 지 라 - 도
허 공 계 와 중 생 - 계 가 다 할 때 까 - 지

오 늘 - 세 운 이 서 - 원 은 끝 없 사 오 - 리
오 늘 - 세 운 이 서 - 원 은 끝 없 사 오 - 리

5. 우리도 부처님같이

어 둠은한순 간 그 대로가빛이라 네
원 망은한순 간 모 든것이은혜라 네

바 른생각바른 말 바 - 른 - 행 동 이
지 족하는마 - 음 감 사 하 는 마 음 이

무 명을거-두 고 우 주를밝 히 는
나 누는기-쁨 을 맛 볼 수 있 - 는

이 제는 가-슴 깊 이 깨 달 을 수 있-다
이 제는 여 - - 실 히 깨 달 을 수 있-다

네 정진하 세 정진하 - 세 물러남이없는정 -

진 우리도 부 처 님 같이 우리도부처님같이

6. 홀로 피는 연꽃

조금느리게

맑은바 람 스 - 미 는 초여름 연못에
해가지 는 산 - 기 슭 고요한 연못에
달이뜨 는 두메산 골 적막한 연못에

모 든 시 름 잊 - 은 듯 초연하 게 피 - 는 모
임 은 가 도 홀로남 아 청아하 게 피 - 는 모
꿈 을 꾸 듯 물 - 에 떠 소담하 게 피 - 는 모

습 흘깃보 면 여민듯 이 다시보 면
습 눈을뜨 면 선연하 게 눈감으 면
습 다가올 듯 멀어지 고 멀어질 듯

웃는듯 이 홀연히 풍겨오 는 그윽한 님의향
아련하 게 오탁의 연못속 에 아름도 하시어
다가오 는 아쉬운 님의모 습 내맘에 머물거

기
라 아 - 아 연 꽃 이 지 - 는 구
라

나 아 - 아 연 꽃 이 피 - 는 구 나

7. 관세음의 노래

조금느리고 경건하게

삼 계의 중-생-을　천 안으로 살-피시고
임 이여 나-투소서　그 모습 - 보-이소서

고 해의 중-생-을　천수로써 건 지 시 는
어 두운 이세상-에　그 - 모습보이소 서

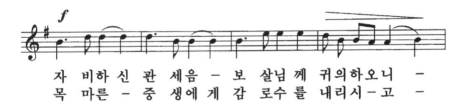

자 비하신 관 세음 - 보 살님 께 귀의하오니 -
목 마른 - 중 생에게 감 로수 를 내리시-고 -

저 희들의 어린마-음　거 - 두어주옵소 서
길 잃은 - 중생에-게　바 른길을 열으소 서

나무 구고구난　관세-음-보살　나무대자대비　관세-음-보살

8. 진리의 행진곡

조금빠르게

보 아라 이 우주는 크 게밝 았 다
인 류여바 른정신 새 로차 려 라

만 생령의 어버이가 되 - 옵 시 는
생 사괴롬 널리구원 하 - 옵 시 는

부 처님 진 리 의 대 - 광 명 이
부 처님 진 리 의 대 - 광 명 이

저 동녘 하 늘 에서 밝 았 - 다
온 우주 곳 곳 마다 새 롭 - 다

나 가자 나 가자 진 리의 고장 진 리의 고 장

님 의거 룩한 성 전으로 성 전으 로

9. 우리의 기도

오늘 의 이 시간 은 기도 의 시 - 간 티없
　　의 이 시간 은 기도 의 시 - 간 진실
괴로 운 이 시간 은 기도 의 시 - 간 연약
　　픈 이 시간 은 기도 의 시 - 간 지극

는 우 - 리의 기 도의시 간 오늘 간 항상
한 우 - 리의 기 도의시
한 우 - 리의 기 도의시 간 슬 - 간 항상
한 우 - 리의 기 도의시

1.　**2.**

우 리와 함 께 하 시는 부 처 님을 찾 아 서

기 도드 리 는 거룩 하 고아 름 다 운 기도

의 시 간 나 무 석 가모 니 불

10. 붓다의 메아리

경쾌하게 M.M ♩ = 116

우 리 는 메 아 리 붓 다 의 메 아 리
우 리 는 메 아 리 붓 다 의 메 아 리

이 웃 과 이 웃 을 이 어 주 는 메 아 리
먼 겨 레 먼 나 라 맺 어 주 는 메 아 리

먹 구 름 헤 치 고 응 달 을 양 달 로
괴 로 움 나 누 고 슬 픔 을 달 래 며

온 겨 레 가 슴 에 퍼 져 가 는 메 아 리
저 하 늘 끝 까 지 퍼 져 가 는 메 아 리

mp — mf

우 리 는 메 아 리 붓 다 의 메 아 리

mp — mf

파 랗 고 싱 그 러 운 붓 다 의 메 아 리

11. 불교도의 노래

장중하게

삼 계 의 고 해 에 길 을 밝 히 고
인 연 의 쓰 고 도 아 리 는 사 슬
연 꽃 아 피 어 서 부 처 님 아 래

사 생 의 세 계 에 새 빛 을 더 할
윤 회 의 고 달 픈 머 나 먼 길 을
사 자 야 모 여 서 불 법 지 켜 라

용 맹 이 여 오 라 - 뜨 는 해 처 럼
풀 - 려 서 진 여 의 꽃 동 산 이 라
무 - 량 한 우 리 들 힘 을 다 하 여

겨 레 와 중 생 을 두 루 비 치 라
향 기 와 여 천 지 에 넘 쳐 나 가 라
영 겁 을 빛 내 고 또 빛 내 리 라

우 리 는 감 로 로 공 양 하 나 니

우 리 에 게 죽 음 도 이 미 없 도 다

12. 부처님께 귀의합니다

조금느리게

부 처 님   부-처 님   거 룩 하 신   - 부-처
부 처 님   부-처 님   자 비 하 신   - 부-처

님   저 이 제   - 발원하오 니   이 원 을   들으소
님   저 이 제   - 합장하오 니   가 피 를   내리소

서   나 무 아   - 미 타-- 불   중 생 의   이 - 원
서   나 무 아   - 미 타-- 불   중 생 의   이 - 원

을   들 - 어   주 - 소 서   나 무
을   들 - 어   주 - 소 서   나 무

아 - 미 타 불   나 - 무 아 - 미 타
관 세 음 보 살   나 - 무 관 세 음 보

불   부 처 님   께 귀 의 합 니 다
살   부 처 님   께 귀 의 합 니 다

13. 부처님 오신 날

천천히 장엄하게

꽃 보 라 흩 날 리 는 룸 비 니
사 뿐 히 자 국 마 다 바 치 는

동 – 산 한 줄 기 – 찬 란 한
연 – 잎 태 양 보 다 밝 은 등

빛 이 －－－－ 우 주 를 덮 고 거 룩 한
높 이 －－－－ 드 － 옵 시 고 사 생 의

싯 달 태 자 탄 생 하 – 실 – 때 － －
모 든 고 난 녹 여 주 – 시 – 고 － －

유 아 독 존 큰 소 리 누 리 퍼 지 네
이 세 상 에 오 신 날 사 월 초 파 일

14. 탑돌이

도 세 - 도 - 세 백 팔 번 을 도 세

도 세 - 도 - 세 백 팔 번 을 도 -- 세

부 처 님 은 - 성 중 - 의 성 - 중 생 들 의 자 부 시 -- 고
대 자 대 비 - 상 서 - 구 름 - 온 누 리 를 감 싸 시 -- 고
하 늘 보 다 - 넓 고 - 넓 은 - 원 력 바 다 같 으 시 -- 고

하 늘 중 의 -- 하 늘 이 며 - 온 누 리 의 빛 이 시 어 - 라
대 지 혜 의 -- 감 로 수 는 - 모 든 중 생 기 르 시 -- 네
흰 칠 하 신 -- 큰 위 덕 은 - 햇 살 같 이 눈 부 셔 -- 라

오 오 오 -- 오 오 -- 오 -- 오

부 처 님 은 - 성 중 - 의 성 - 중 생 들 의 자 부 시 -- 고

하 늘 중 의 - 하 늘 이 며 - 온 누 리 의 빛 이 시 어 - 라

도 세 –도 –세 백 팔 번 을 도 세   도 세 –도 – 세 백 팔 번 을 도 – 세

대 자 –대 비 –상 –서 –구 름 온 –누 리 –를 감 싸 –시 –고
대 지 –혜 의 –감 –로 –수 는 모 –든 중 –생 기 르 –시 –고
하 늘 –보 다 –넓 고 –넓 은 원 –력 바 –다 같 으 –시 –고
흰 칠 –하 신 –큰 –위 –덕 은 햇 –살 같 –이 눈 부 –셔 –라
극 진 –하 신 –자 –비 –방 편 모 –든 중 –생 건 지 –시 –네

오 – – 오 – – – 오 – – 오 – – –

부 처 님 은 성 중 성   중 생 의 자 부 시 고
부 처 님 은 성 중 성   중 생 의 자 부 시 고

하 늘 –중 의 –하 –늘 –이 며 온 –누 리 –의 빛 이 –시 어 라

도 세 –도 –세 백 팔 번 을 도 세   도 – 세 도 – 세 백 팔 번 을 도 – 세

15. 연등

조금빠르게

광명의등　지혜의등　연　등연등　연 － 등
중생의등　자비의등　연　등연등　연 － 등

불　을　밝 － 히자　기 － 원　드 － 리며　둥 근등
불　을　밝 － 히자　서 － 원　세 － 우며　연 꽃등

네모 등　마 음을　밝 － 히자　봉　축
팔모 등　누 리를　밝 － 히자　봉　축

봉 － － 축　연　등연등　연 － 등
봉 － － 축　연　등연등　연 － 등

16. 부처님 마음일세

보통빠르게

자 - 비 - 로 - 운 그 손 길 - 이 참 - 다 - 운 불심

이구요 - 너 그 러 - 운 말 한 마 - 디 그

- 으 - 한 향이 로 - 다 - 속 들이곱고 고 - 운

성 실 한 그 - 마 음 이 영 원 - 히 변

함 없 - 는 부 - 처 - 님 마 음 일 - 세

불자의 길

초판발행 | 2025년 2월 1일

편저자 | 정엄 스님

발행인 | 김제구
발행처 | 리즈앤북

출판등록 제2002-000447호
전화 02)332-4037
팩스 02)332-4031
이메일 ries0730@naver.com

ISBN 979-11-90741-48-4 (03220)